COMO EDUCAR AS CRIANÇAS NO MUNDO DAS TELAS?

IGOR AMIN

Igor Amin Ataídes

COMO EDUCAR AS CRIANÇAS NO MUNDO DAS TELAS?

Editora responsável: Rosana de Mont'Alverne Neto
Assistente editorial: Poliana Moreira
Revisão: Natália Vieira
Comunicação: Carlos Andrei Siquara
Ilustração: Julia Bianchi Zavagli
Capa: Igor Amin
Conteúdo Transmídia: Igor Amin
Projeto gráfico e diagramação: Eduardo Ferreira

Catalogação na publicação
Elaborada por Bibliotecária Janaina Ramos – CRB-8/9166

A862

Ataídes, Igor Amin

Como educar as crianças no mundo das telas? / Igor Amin Ataídes – Belo Horizonte: Aletria, 2021.

246 p.; 16 X 23 cm

ISBN 978-65-86881-68-4

1. Ensino audiovisual. 2. Educação. 3. Autonomia digital. I. Ataídes, Igor Amin. II. Título.

CDD 371.335

Índice para catálogo sistemático
I. Ensino audiovisual

Este projeto é realizado com recursos da Lei Municipal de Incentivo à Cultura de Belo Horizonte, por meio do Edital BH nas Telas [Edital LMIC 2018-2019 - Modalidade Fundo Municipal de Cultura].

Nº DO PROJETO

1229/2020

INCENTIVO:

BH NAS TELAS
PROGRAMA DE DESENVOLVIMENTO DO AUDIOVISUAL

CULTURA

PREFEITURA BELO HORIZONTE
GOVERNANDO PARA QUEM PRECISA

AGRADECIMENTOS

Agradeço aos ancestrais que me trouxeram a este mundo por meio da minha incrível mãe, Janine, e meu querido pai, Paulo. Aos avós heróis de filmes, Jacob, Nini e Carminda, e a todos os tios, tias, primos e primas. Ao meu irmão amigo, Yuri, e a toda minha família.

À minha orientadora, Profª. Drª. Fernanda Valim, que, como uma grande amiga, abriu janelas para o voo desta pesquisa de mestrado na Universidade Federal dos Vales do Jequitinhonha e Mucuri - UFVJM. À coorientadora, Profª. Drª. Elayne Braga, e aos professores Gustavo, Pedro, Leonardo, Ana, Vitória, Adriana, Raquel e a todos os colegas da universidade.

A todos que toparam encarar este sonho da educação audiovisual comigo. Vocês sabem o quanto fazem parte de mim, pois minhas experiências também são experiências de Vinícius, Brunas, Malus, Joãos, Rauls, Thiagos, Renans, Rafaéis, Janders, Joanas, Cláudios, Jus, Titos, Renatas, Brenos, Anas, Bems, Arturs, Fábios, Luísas, Luizas, Déboras, Andrés, Leandros, Vanessas, Edus, Carlos, Cristinas, Sérgios, Cecílias, Sílvias, Olívias, Milenas, Helenas, Sofias, Marias, Vitors, Maris, Gabis, Lourdinhas, Raquéis, Susans, Dadas, Didis, Marguiis, Roquinhos, Paulos, Ailtons, Césares, Mônicas, Fernandas, Lauras, Adolfos, Mayans, Lídias, Lucas, Marcelas, Brunos, Marílias, Albertos, Vanessas, Franciscos, Danis, Alans, Rodrigos, Eduardos, Patrícias, Nídias, Yolandes, Pedros, Lunas, Maias, Susanes. A toda equipe do longa-metragem '*O que queremos para o mundo*?', mediadoras e mais uma constelação de pessoas plurais que fui privilegiado de acompanhar nesta missão de cocriar mundos.

Dedico também este livro ao meu telefone celular, *notebook* e a todas as telas que me acompanharam até aqui, somos gratos à condição financeira de termos a tecnologia à nossa disposição.

À P. R. Sarkar, um querido professor de óculos fundos que abriu meus olhos para o infinito.

SUMÁRIO

1. LUZ, CÂMERA, AÇÃO

É PRECISO TRANSVER O MUNDO.[1]

Manoel de Barros

Convite a leitoras e leitores

Para começo da nossa leitura, confesso que não sei responder a esta pergunta que dá nome ao livro: afinal, como educar crianças no mundo das telas? Uma pergunta que ressoa em minha cabeça desde quando iniciei uma pesquisa sobre a possibilidade do uso do audiovisual para ensinar coisas. Ou melhor, como realizar outros tipos de experiências que vão além do paradigma de "ensinar" e "aprender" o audiovisual como se fosse uma disciplina da escola. Busco compreender a potência dessa linguagem para pensar formas criativas de educação para e com as crianças. Um deslocamento da ideia de "ensino-aprendizagem" se levarmos em conta uma tradução literal dessas duas palavras[2]. Irei falar sobre práticas de mediação que extrapolam a ideia de trocas baseadas apenas na ideia do emissor e do receptor, mas uma mediação que vai além dos nossos próprios olhos, permeando tudo aquilo que está ao nosso redor, tudo aquilo que gera *interação* pelo fazer, pelo brincar, pela celebração da imaginação com crianças.

Se eu tivesse uma resposta, provavelmente estaria trabalhando no departamento de inovação de grandes corporações do mercado hegemônico das telecomunicações ou lecionando em grandes universidades do mundo. Como não sei respondê-la, posso tranquilizar você, leitor e leitora, dizendo que tenho uma boa ideia de como começar essa jornada em busca de respostas para essa questão. A ideia parte de um convite para que eu e você, leitor, mães, pais, educadoras, educadores, pesquisadores e produtores de conteúdos infantis, que são o público-alvo deste livro, possamos juntos somar esforços na investigação dos caminhos de como as crianças podem aprender a viver de forma saudável em um mundo mediado pelas telas. Não que todas elas estejam somente adoecendo por causa das telas, mas, sim, pelo fato de nós, adultos, termos dúvidas em relação aos usos desses recursos, que vão desde o domínio da técnica ao uso criativo da linguagem audiovisual. Ainda estamos aprendendo a caminhar nesse novo universo e sempre nos deparamos com dúvidas, descobertas e desafios que aparecem nessa relação de troca com as crianças por meio da *Educação Audiovisual*.

Se os usos cotidianos das tecnologias são apontados em qualquer noticiário de TV, *posts* em *blogs* especializados ou mesmo em pesquisas científicas e acadêmicas como um caminho sem volta para a humanidade, gostaríamos então de pensar e refletir um pouco mais sobre a relação entre educação, infâncias e potencialidades do audiovisual para a construção de outros mundos possíveis.

As discussões sobre a relação entre crianças e telas sempre foram urgentes para mim, só não imaginava que a rapidez gerada pelo distanciamento social durante a pandemia da Covid-19, em 2020, traria holofote para as novas práticas de interação com o conhecimento. Tecnologias educacionais; Educação a Distância (EaD); cursos *on-line*; aulas telepresenciais; *games*; aplicativos; filmes didáticos; redes sociais; *blogs* temáticos; *lives*; videoconferências; conectividade; democratização do acesso; letramento digital; entre outras práticas relevantes para quem sofreu uma espécie de *teleficação* instantânea da vida após a paralisação das escolas. Questões como responsabilidade, mediação, ética, saúde e criatividade no uso das telas tornaram-se pontos-chave nas discussões sobre o mundo digital, sendo potentes ou ameaçadoras para a relação formal e de pouco afeto entre professores e alunos para além dos muros da escola. Muitas dúvidas nasceram durante a pandemia relacionadas a uma apropriação adequada das tecnologias no ensino, principalmente por falta de orientações claras provindas de governos, empresas, desenvolvedores de conteúdos ou da própria sociedade sobre quais deveriam ser as formas mais democráticas e saudáveis para a aprendizagem nesse novo contexto.

O desdobramento sobre esse fenômeno me encaminhou para uma questão muito importante: a de pensar um pouco mais sobre como seria a construção da identidade das crianças na contemporaneidade, cada vez menos fixa ou sólida, que se desenvolve fragmentada ou se junta a outras identidades, na perspectiva da criança como um sujeito que agora tem as telas como um ambiente para criar relações com seus mundos culturais. Novas identidades surgem aí e estamos interessados em compreender como elas se configuram.

Essa parceria que proponho entre mim, autor, e vocês, que educam crianças, seja em casa, na escola, nas telas ou na sociedade em geral, conforta-me. Juntos nos tornaremos *cocriadores* de um pensamento sobre as telas, tomando como ponto de partida as experiências provindas do que narro aqui em primeira pessoa, por meio de relatos da minha prática como profissional nos campos do audiovisual e da educação. Se acolherem essa ideia, tenho a convicção de que não estarei sozinho para levar à sociedade essa discussão que, até o momento, deixa de cabelo em pé famílias, instituições educativas e o mercado, que se perguntam quais caminhos seguir com as telas. Por um lado, nos indagamos sobre como lidar com as novas tecnologias e a linguagem audiovisual para ensinar e aprender; por outro, como os interesses políticos do capital estimulariam o consumo e criariam estereótipos identitários padronizados e hegemônicos por meio das telas. Aliás, se nos propusermos juntos a investigar modos de educar crianças entre telas, torna-se fundamental entendermos de forma crítica e criativa o que está por trás delas. Eu mesmo sempre estive por trás dos conteúdos dos projetos que serão relatados aqui e vale a atenção para um olhar crítico sobre minha própria prática como Educador Audiovisual e sobre os interesses que me conduziram durante os processos audiovisuais com as crianças, para que tais relatos não caiam em afirmações que tentam instaurar uma verdade absoluta ou categórica sobre como devemos educar com as telas. Pretendo narrar, de forma detalhada, os caminhos que percorri com as crianças, a partir de uma metodologia de trabalho que fui construindo junto a elas, apresentando aqui o "como eu fui lá e fiz" durante esse tempo, criando processos criativos com as crianças nesse exercício de vermos o mundo por meio do assistir e do produzir conteúdos audiovisuais em diversos formatos de tela. Telas aqui são vistas como todo dispositivo que reflete o mundo por meio de uma máquina, como um celular que te acompanha no bolso, um *tablet* na escola, uma

TV na padaria, o cinema no *shopping* ou nas ruas. E também por que não os *videogames*, óculos de realidade virtual ou tudo aquilo que surgirá provido de telas em breve? Os estudos acadêmicos me ajudaram a compreender a importância de tomarmos partido, de observar como se criam as teorias, como podemos criticar visões de mundo limitadas. Buscar reconhecer que a imparcialidade não existe, mesmo quando se mostra um caminho a ser buscado.

Se você tem algum tipo de resistência quando se trata de se aprofundar nas questões teóricas, faço um convite para irmos além. A abertura para uma reflexão sociológica da cultura das infâncias é muito importante para as discussões que permeiam o mundo das telas. A teoria e a prática caminham juntas. São dois campos do conhecimento que podem sanar diversas dúvidas se consideramos ouvir essas duas irmãs. Sou uma prova disso. Desde quando me lancei nesta aventura da escrita de um livro, fui transformado ao conseguir pensar e agir dentro daquilo que fazia sentido para mim como um pesquisador. Não se sintam tímidos quando as teorias aparecerem junto aos seus pensadores e pensadoras. Considerem que eles foram convidados para esta conversa no intuito de nos auxiliarem na reflexão proposta. Acredito que, independentemente de nossa formação acadêmica, todos e todas temos condições de compreender muito do que será retratado, ainda mais por sermos indivíduos que temos presente em nossas vidas a relação entre crianças e telas. Você não caiu de paraquedas neste livro; sua busca por um mundo das telas mais afeito à criança com a qual você convive te fez chegar nesta leitura.

Proponho transformar meu texto em um diálogo, à medida que narro minha própria história, trazendo uma interação com mais intimidade e sensibilidade sobre a potência da Educação Audiovisual. Aliás, minhas próprias experiências narradas foram meu objeto de estudo.

Faço questão de marcar meu envolvimento com as crianças como tema deste livro, optando por narrar em primeira pessoa do singular (eu) para contar quais foram minhas experiências com as crianças. Não desconheço que este "eu" está atravessado por um nós, por uma coletividade, já que não existe linguagem sem a relação com o mundo. Vivo em sociedade e por isso acredito que todos os nossos diálogos, seja com outros pensadores e pensadoras, com minhas amigas e amigos, além de todas as crianças que pude conhecer até agora, construíram e constroem o que eu penso e escrevo. Assumo que por trás da minha voz existem várias outras ecoando.

Inicialmente, tinha proposto o nome deste livro como uma afirmação categórica ou propositiva, a exemplo de "como educar as crianças entre telas". Os questionamentos em relação ao título surgiram logo em seguida, diante de uma suposta prepotência na tentativa de trazer "receitas de bolo", fórmulas prontas ou uma afirmativa sobre "como educar", capaz de indicar um modo fixo, único ou verdadeiro sobre como educar as crianças. Confesso que o nome inicial do livro tinha a intenção de seduzir os leitores para que buscassem encontrar um modo próximo ao que eu mesmo encontrei em meu ofício ao longo desses anos. Não imaginava, porém, que no fim das contas só poderia dizer ou afirmar algo a partir das minhas experiências como criador de narrativas audiovisuais para e com as crianças no contexto educativo. Logo notei que, ao me juntar a vocês, poderíamos ampliar as discussões daquilo que notei como rastros ou trilhas para chegarmos a um lugar muito especial e que não seria possível, no contexto da educação, criar fórmulas ou modos seguros e recomendáveis que garantissem um trabalho relevante das crianças com as telas. Reconheço que as trajetórias de um educador e de uma educadora são singulares e profundamente dependentes de circunstâncias históricas e interseccionais.

Essa ideia de relatar o "como" eu faço para me arriscar a educar crianças no mundo das telas veio de uma necessidade de assumir o meu lugar de fala durante a pesquisa deste livro. O lugar de fala é mais do que meu lugar de atuação como Educador Audiovisual, já que o termo vem sendo usado para rediscutir o deslocamento do pensamento hegemônico, a ressignificação das identidades, sejam elas de raça, de classe ou de gênero, para uma possibilidade de construção de novos lugares de fala com o objetivo de trazer maior visibilidade a outros sujeitos. Toda a discussão pressupõe a compreensão sobre como o poder e as identidades funcionam juntos a depender de seus contextos. A discussão sobre o colonialismo é fundamental porque ela cria, legitima ou deslegitima certas identidades. As desigualdades, nesse contexto, são criadas pelo modo como o poder articula essas identidades e resultam de uma estrutura de opressão que privilegia certos grupos em relação a outros.

As discussões vêm apontando para a necessidade de um projeto de descolonização epistemológica, partindo da reflexão sobre a importância da identidade, refletindo sobre o fato de que a localização é importante para o conhecimento e que experiências são diferentes a depender de suas localizações. O lugar de fala das crianças poderia ser aproximado a essa discussão mais ampla, pois o imaginário cultural sobre a infância e a própria criança também foi colocado num lugar de hierarquização, elegendo o adulto como o privilegiado epistêmico dessa relação. As crianças conhecem, muitas vezes, mais e melhor os usos dessas tecnologias do que nós adultos, porém isso não garante que elas assumam seus lugares na contemporaneidade. As vozes das crianças estariam subestimadas hoje? O lugar social que elas ocupam e o modo como é possível tirar proveito disso precisa ser debatido. Falar de lugar de fala é falar sobre discurso e poder, um lugar institucional de fala, de autorização para falar, uma reflexão sobre quem pode ou está autorizado institucionalmente a falar com legitimidade.

Muitas vezes foi apontado a mim que minha pesquisa apresentava dificuldades de mostrar por meio da escrita ou de registros audiovisuais tudo aquilo que eu relatava oralmente a partir das experiências. Surgia um grande desafio: como mostrar todas aquelas ricas experiências, que foram além das imagens em movimento ou do meu próprio julgamento sobre a percepção das crianças diante dos processos proporcionados pelas tecnologias audiovisuais educativas. A melhor forma foi mesmo a de assumir, ao longo do relato, o meu lugar de fala, o de um *Educador Audiovisual.*

Sobre afirmar algo sobre como "educar as crianças", seria prepotência da minha parte a tentativa de apontar a melhor forma de ensinar uma criança em plena contemporaneidade; mas um fato é certo: para ensiná-las algo, ou aprendermos com elas, precisamos estar atentos à forma como suas identidades são construídas.

Não se formam mais identidades como antigamente, de forma rígida, única ou a partir de relações frias com o mundo. Mesmo que as identidades sejam formadas hoje de maneira diferente do que antes, o que nos parece evidente, precisamos nos atentar ao modo como hoje avançamos as discussões sobre a complexidade em relação a essas formações. São identidades múltiplas, seja pelo impacto das próprias telas com o apogeu do acesso rápido à informação, seja pela globalização. Seja ainda pelo fato de as crianças apresentarem diferenças em relação aos seus lugares de fala, suas origens geográficas, além das identidades de raça, classe e gênero. Uma criança pobre provavelmente não tem aquilo que entendemos como infância ligada ao mundo da tecnologia, a exemplo do tempo de lazer sem limites nas telas. São várias as infâncias possíveis, com seus saberes, costumes e possibilidade de invenção de uma identidade que faça sentido para si em sua relação com o mundo.

Gostaria de deixar claro a vocês leitores que sempre estive atento aos movimentos gerados por educadores e cineastas nos campos teóricos e práticos do que é conhecido como *Cinema e Educação,* porém optei por não dialogar centralmente com tais referências, já que existem várias pesquisas que relatam o histórico de como surgiram as possibilidades de ensino por meio da linguagem cinematográfica, os debates sobre as nomenclaturas mais adequadas para esse campo de estudo (qual o melhor termo: *cinema* ou *audiovisual*?), exemplos de diversos projetos em escolas que ressaltam a importância da alfabetização do olhar, letramento digital, legislações, possíveis caminhos para uma pedagogia da imagem em movimento, o compromisso dos responsáveis pelas crianças, entre outras. Assumo aqui um papel de alguém inserido na práxis desse movimento, alguém que esteve atuando de forma prática e que gostaria muito de compartilhar suas experiências de interação com linguagem audiovisual junto às crianças. Adianto que o que menos aprendi até agora foi justamente o saber sobre qual a melhor forma de ensinar o audiovisual para crianças. Poderia afirmar que eu desaprendi tudo aquilo que imaginava ser o ideal para aplicar em processos educativos audiovisuais, já que tudo parecia depender da época na qual realizei tais processos, do contexto social e das características culturais às quais pertencem as crianças que participam das experiências audiovisuais. Nesse percurso, o que mais aprendi com as crianças foi como ver o mundo de outra forma. E é sobre isso também que irei falar neste livro: o resultado, talvez inacabado, das aprendizagens provindas da minha relação com as crianças e as telas. Vocês poderão perceber como isso alterou minha própria visão de mundo.

Mesmo não tendo uma resposta concreta para a pergunta que nomeia o livro, não posso negar que a prática me revelou um rastro por onde caminhar. Acredito que uma das formas eficientes para educar as crianças no mundo das telas seria a de nos tornarmos *Educadoras* ou *Educadores Audiovisuais*. Esse foi o caminho que eu mesmo encontrei para me relacionar com as crianças por meio das telas. Você perceberá ao longo do livro que também poderá se tornar uma ou um *Educador Audiovisual*, desenvolvendo habilidades como as que aprendi ao logo do percurso; isso caso estejam interessados, curiosos ou angustiados ao lidar com este mundo complexo sobre o qual iremos tratar daqui para frente. É isso que busco estimular em mim: me autoeducar *audiovisualmente* a cada dia, engajar aqueles educadores que fazem nossas formações e também as crianças com as quais me relaciono por meio dos projetos que invento.

O livro como resultado de uma pesquisa

Antes de avançarmos, esclareço que este livro é resultado do meu mestrado interdisciplinar em humanidades na Universidade Federal dos Vales do Jequitinhonha e Mucuri – UFVJM, durante os anos de 2018-2020, na linha de Educação, Cultura e Sociedade, em diálogo com a linha dos Estudos da Linguagem e Cultura. O título inicial do projeto de pesquisa era "A descolonização do olhar sobre as infâncias: a construção de identidades híbridas por meio da linguagem audiovisual", e teve como propósito pensar a relação entre a sensibilização do olhar e a cultura da infância por meio da produção de narrativas audiovisuais a partir de uma perspectiva interdisciplinar, interessada na potencialidade de se pensar esses saberes articulados com questões de poder, identidade, alteridade e subalternidade a partir de uma seleção de vídeos e de experiências práticas realizadas em minha trajetória como profissional (2006-2021).

Uma honra foi poder pesquisar em uma universidade pública brasileira localizada em uma região com riquezas inumeráveis nos campos sociais, culturais e ambientais. É tão bom poder nos lançar em uma pesquisa sendo acolhidos por pessoas e pela natureza, tudo flui de forma agradável quando estamos à vontade para os desafios enfrentados nessa intenção clara de promover um bem-estar às infâncias por meio do audiovisual e da educação. O desejo de me aproximar do mestrado profissional partiu da possibilidade de partilhar minhas experiências como Educador Audiovisual e de repensá-las criticamente ou problematizá-las mais a fundo. Foi o Programa de Mestrado Profissional e Interdisciplinar em Ciências Humanas, aberto à ousadia da entrega de produtos como resultado da pesquisa, que possibilitou a escrita deste livro que você lê agora. Considero minha escrita desafiadora, no sentido de buscar criar novas linguagens a partir de uma escrita em primeira pessoa, amparada por textos que buscam relatar experiências criativas que vivi com as crianças. O livro vai além dos formatos de mídia convencional, como um filme sendo filme, um livro sendo livro, uma música sendo música. Por isso, resolvi então propor aqui uma outra forma de leitura, capaz de expandir nossas percepções, por meio de uma brincadeira lúdica de remetimentos, e construir outras possibilidades de formatos, mais híbridos talvez e mais adequados para lidar com o tema da pesquisa desenvolvida.

Gostaria de dizer por que considero os recursos deste livro algo inovador. A novidade surge por uma necessidade de relatar uma experiência vivida com a linguagem audiovisual, porém por meio da escrita, no desejo de que ela pudesse circular em espaços formais e informais, não estando reclusa ao universo acadêmico. Como seria possível conversar sobre experiências nas telas utilizando exclusivamente uma mídia de leitura convencional? Nasceu assim a ideia de deslocar leitores e leitoras para um diálogo mais próximo, a partir de uma interação que fosse capaz de ampliar as possibilidades de leitura verbal escrita por meio de *hiperlinks* e conteúdos originais, desenvolvidos para potencializá-la, e não apenas para referenciar ou exemplificar algo dito. Uma oportunidade de conversa ao lado daquele que escreve, gerando interação de uma forma simples, mas que utiliza a capacidade de convergência de linguagens para uma leitura expandida sobre a realidade vivenciada por mim. Ouça-me, veja-me, reflita em seu tempo sobre as experiências que irei partilhar e que juntos iremos também criar. Nesse sentido, entendemos que vocês, leitores e leitoras, são colaboradores indispensáveis para que este livro se realize como uma experiência de leitura *entretelas*.

Piscadas: uma leitura além das notas de rodapé

O que você acha de realizarmos uma leitura diferente daquela encontrada nos livros convencionais? Funcionará assim: quando você visualizar, ao longo do texto, um número como notas de rodapé, busque no final do livro uma página com as referências indicando um dos cinco símbolos ou *emojis* entre colchetes [▶ ♫ ✹ ✈ ⬢]: receba-os como um convite para expandir as possibilidades de leitura que se seguem. As "piscadas" funcionam como um dispositivo criativo que ampliará sua experiência de leitura, possibilitando que você seja remetido a conteúdos multimídia, como *links*, vídeos, acesso à galeria de fotos, *podcast*, diários de bordo, músicas, novas leituras e convites para práticas educativas e audiovisuais. Imagino que os capítulos são mais leves e potentes dessa forma, indo além das notas de rodapé e referenciais teóricos, comuns na escrita acadêmica. Retirar as notas de rodapé tradicionais e deslocá-las para as telas é mais que um exercício de fragmentação da leitura linear, é um outro tipo de modalidade para promover um olhar expandido daquilo que narro como experiência. Não seria recomendado você ler este livro sem assistir aos conteúdos aos quais me refiro a partir de agora, ainda que esse percurso seja perfeitamente possível. Junto às piscadas também existe em cada capítulo um código QR (Quick

Response Code), uma espécie de código digital que levará você ao meu *site* para que possa acessar os conteúdos mencionados pelas piscadas. Para isso, basta colocar a câmera de um celular na frente do código ou baixar um aplicativo de leitura QR para que ele *teletransporte* vocês a uma página virtual.[3] Você poderá inclusive comentar abaixo das piscadas, na página *on-line* do *site.* Os comentários chegarão direto no meu *e-mail* e será um prazer lê-los e poder dialogar com vocês. Dessa forma, poderei acompanhar suas perguntas, comentários e observações sobre o livro. Olha que legal poder escrever um livro, produzir cópias digitais e impressas e por meio da tecnologia abrir um diálogo entre leitores para que possamos expandir as discussões aqui presentes!

Se você for uma leitora ou um leitor com disposição e entusiasmo, tenho certeza de que vai adorar navegar por este *livro transmídia.* Veja então o significado de cada uma das cinco piscadas que você vai encontrar ao longo da leitura:

O *play* para acessar ***Links*, Galeria de Fotos e Vídeos** [►];

A nota musical para ouvir ***Podcasts* e Músicas** [♫];

O sol para ampliar as **Referências Teóricas** [✹];

O avião para conhecer meus **Diários de Bordo** [✈];

O hexágono para praticar com o **Inventário dos Educadores Audiovisuais** [⬢].

Sobre os capítulos

Apresento a seguir um resumo sobre os capítulos do livro. Em seu conjunto, os textos percorrem reflexões de fundo sobre a construção de identidades relacionadas à educação audiovisual das crianças. O primeiro capítulo, *Luz, Câmera, Ação,* é a introdução do livro, que explica por que resolvi escrevê-lo.

No segundo capítulo, '*O que queremos para o mundo?*', contextualizo qual é meu lugar de fala ao apresentar o primeiro tópico, intitulado *De onde eu falo.* A intenção é que todas e todos possam tomar conhecimento da relação de respeito que busco estabelecer com as crianças no sentido de não tentar falar por elas, mas, sim, falar a partir das aprendizagens provindas das minhas experiências como Educador Audiovisual. Sigo com *Mais perguntas do que respostas,* um texto que mostra o quanto as crianças me ensinaram a buscar mais questões do que respostas definitivas a partir de uma frase elementar, a qual lancei a elas quando estava me indagando sobre a seguinte questão: *Afinal de contas, o que queremos para o mundo?* Apresento também um embasamento teórico a respeito do direito à fala das crianças nas telas e sua relação com as pessoas que mediam esse processo, sendo elas pais, mães, educadores, educadoras ou produtores de filmes infantis. O capítulo finaliza com *Identidades e telas*, que revela o principal elemento sobre as discussões a que o livro se propõe, como a compreesão de como as identidades das infâncias são construídas mediadas pelas telas, a partir de uma reflexão entre teorias e conceitos que permeiam a questão da construção de identidades.

O terceiro capítulo, *Relatos de um Educador Audiovisual,* é dividido em duas seções. *A importância das oficinas* conta a história das primeiras oficinas audiovisuais que realizei para crianças e os conteúdos gerados ao longo desse processo, como essas ideias serviram de pesquisa para que eu desenvolvesse um pensamento mais amplo sobre o impacto do uso das telas nesta proposta das crianças criarem narrativas de forma emancipatória para expressarem com liberdade o que queriam para o mundo. Em *Medi(t)ações audiovisuais com as crianças* é relatado como essas oficinas se expandiram na busca por um processo de mediação que considerava a conscientização como propósito. Foram diversas experiências de como trabalhar o mundo das telas com as crianças a partir de sua escuta, em uma percepção ativa de como podemos utilizar também *séries e filmes educativos,* a exemplo de uma série produzida para o canal *Gloob* e a direção de distribuição educativa do longa-metragem '*O que queremos para o mundo?*', ampliando as possibilidades de ensino-aprendizagem a partir de uma abordagem que buscou ser amigável e respeitosa diante da cultura das infâncias.

Inicio o quarto capítulo, *Quando encontrei seis mundos*, com *Da pequena à grande tela,* narrando como a produção de conteúdos audiovisuais educativos abriu portas para muitas outras formas de mediação com as telas, como em exposições multimídia, brincadeiras e novos formatos de tecnologias audiovisuais na educação. Trata-se de algo que vai além do conteúdo ao priorizar novas formas das crianças interagirem com as telas. Na seção *O jogo dos mundos,* finalizo com uma síntese de como essas diversas aprendizagens anteriores me deslocaram para uma relação transdisciplinar junto ao projeto, a ponto da nossa equipe e eu desenvolvermos uma brincadeira audiovisual, um jogo cooperativo e um aplicativo de celular que, desde então, tornaram-se matrizes de pensamento sobre como podemos ampliar o olhar das crianças para o mundo das tecnologias quando elas se conectam com outros mundos além do tecnológico, uma prática que notamos fazer sentido para a cultura das infâncias. Acredito que as criações desses mundos possibilitam para as crianças uma forma de conexão entre as telas e outros ambientes, revelando suas subjetividades, as relações interpessoais, o contato com a natureza, a imaginação e a presença em um mundo baseado na realidade em vez da virtualidade.

Finalmente, em *Por um mundo das telas amigáveis,* apresento o último capítulo deste livro. Uma espécie de manifesto em que apresento as conclusões do livro, baseadas em minhas experiências até o momento como Pesquisador e Educador Audiovisual. A conclusão aborda certas habilidades para educar as crianças no mundo das telas. Esta é uma grande aprendizagem para mim, os conhecimentos que pude desenvolver no contato com as crianças por meio da cultura digital. Irei descrever como desenvolvi algumas características com a prática da Educação Audiovisual, em que apresento as seis habilidades mais importantes para mim e que poderão inspirar vocês a seguirem um possível caminho para educar crianças no mundo das telas. Vale ressaltar que essas mesmas habilidades poderão também ser estimuladas nas próprias crianças. São diversos "comos" que podemos assumir de acordo com o interesse de educar entre telas. Não necessariamente precisamos ser técnicos, profissionais ou pesquisadores das áreas de cinema ou educação para esse fim.

Que juntos possamos realizar uma ótima leitura!

O QUE QUEREMOS PARA O MUNDO?

O SONHO DE UM MUNDO MELHOR NASCE DAS ENTRANHAS DE SEU CONTRÁRIO.[4]

Paulo Freire

De onde eu falo

Este livro é um exercício do olhar crítico e ao mesmo tempo sensível sobre as memórias marcantes que tenho como educador no campo do audiovisual em busca de respostas possíveis para a seguinte questão: como educar as crianças no mundo das telas? Diante dessa pergunta mais ampla, outras se desdobram; afinal, quem sou eu e por que acredito ser alguém capacitado a respondê-la?

Meu nome artístico é Igor Amin e se você der um *Google* ou buscar no *YouTube* por esse nome, vai encontrar um monte de conteúdos, vídeos, filmes e projetos que desenvolvo desde 2006, data marcante em minha trajetória, já que foi nesse ano que fiz meu primeiro micrometragem autoral. Depois de mais de uma década caminhando entre as telas, ainda não me tornei um cineasta famoso ou um educador premiado. Evidentemente, ao me apaixonar pelas possibilidades de ensinar e aprender com a linguagem audiovisual, faço desta invenção a minha profissão. Foi essa a forma que encontrei para viver uma vida profissional saudável, divertida e alegre.

Passei a me reconhecer como um *Educador Audiovisual* desde quando precisei escrever minha profissão nas fichas dos hotéis, em viagens a trabalho. Na maioria das vezes, são hotéis em que fico hospedado a convite de festivais de cinema. Foram nos festivais que comecei a realizar oficinas relacionadas a esse campo de estudos chamado *Cinema e Educação,* oficinas para crianças, jovens e adultos em eventos como a *Mostra de Cinema de Tiradentes.*[5] Foi nessa mesma mostra que participei como aluno da minha primeira oficina de cinema em 2005. Retornei em 2010 junto ao realizador audiovisual Vinicius Cabral, um dos meus mentores e sócios na *Cocriativa Conteúdos Audiovisuais,*[6] nossa produtora. Juntos, ministramos a oficina intitulada *Produção Audiovisual em Novas Mídias*, umas das primeiras oficinas dessa natureza a ser realizada em festivais de cinema no Brasil, a partir da proposta de conectar a ideia de novas mídias e a produção audiovisual junto a processos colaborativos com jovens. Nas edições seguintes da mostra, acabamos trocando o nome da oficina para *Processos Audiovisuais Cocriativos*, pois fazia mais sentido para nós. Nesta mesma época, criávamos projetos audiovisuais alternativos, como o *Nem só o que anda é móvel*[7] e a *TVCocriativa,*[8] *webcasts* colaborativos que tencionavam o papel do conteúdo na internet por meio da apropriação, mixagem e viralização de narrativas videográficas produzidas por mídias móveis, ambas com cunho político, afetivo e criativo. Em 2012, exibi meu primeiro curta-metragem, *Os sonâmbulos,*[9] que abordava a relação dos meus sonhos quando criança ao dormir na casa da minha avó. O curta foi realizado com uma câmera digital amadora e, para serem ator e atrizes, convidei um primo e duas primas que aceitaram protagonizar a história, uma espécie de *brincar de fazer filme* nas férias em Visconde do Rio Branco, no interior da Zona da Mata de Minas Gerais, cidade onde nasci. Em 2016, lancei meu primeiro longa-metragem, o filme '*O que queremos para o mundo?*'.[10] A matéria do jornalista Walter Sebastião, no jornal *Estado de Minas,* anunciou aquilo que imaginei ser uma das propostas principais do filme e que então recebeu um destaque no jornal a partir do título proposto por ele: "Longa dá voz às crianças e põe o cinema a serviço das inquietações dos adolescentes".[11]

Seria possível a viabilização de um lugar de escuta das crianças a partir de um filme? Ou ainda, seria possível que as crianças construíssem suas próprias narrativas audiovisuais por meio de suas vozes, ocupando as diversas possibilidades que as novas tecnologias traziam para essa linguagem? Nosso trabalho transitava justamente neste encontro com as crianças no mundo das telas e as possibilidades de construção de narrativas audiovisuais com respeito a seus lugares de fala. Mais do que produzir vídeos, sons e imagens em movimento, minha trajetória vem mostrando como as crianças mobilizam as tecnologias, pois junto com elas propomos narrar quem somos e o que queremos para o mundo.

Gostaria de esclarecer que sou um homem adulto, nascido no interior de um país terceiro mundista, o Brasil, rapaz de classe média, branco, privilegiado por diversos fatores, como o de ter estudado em escolas privadas e de ter acesso à internet desde novo, por exemplo. Nasci em uma família de árabes, que chegaram refugiados do Líbano durante a guerra, meus bisavôs e bisavós eram negros de um lado, indígenas do outro e portugueses de mais um outro, características que me formaram em um contexto multicultural comum a quem nasceu em um país colonizado.

Cheguei ao mundo em 1986, ano cravado do início da considerada geração *millennial*, também conhecida como *geração Y*, crianças que nascem em meio a computadores, novas tecnologias e que buscam soluções para seus problemas por meio destes artefatos. Também nos chamam de índigo, crianças conhecidas pelo uso exacerbado de sua intuição, dom recebido logo quando chegam via *download* em suas mães. Ainda adolescente, mediquei-me com muitas doses do que habita nossa cultura globalizada, pois sou de uma geração que dizem ter tudo à mão, uma geração que pode buscar qualquer conhecimento nas telas, que precisa dominar todo o conhecimento do mundo para se lançar no mercado, que pode fazer yoga, meditar e gostar de música africana e filmes japoneses, sem nenhum problema. O limite é o céu, uma frase muito complexa para jovens em início de carreira.

Anos depois, formei-me em Comunicação Social, com tendências artísticas durante o curso, indo parar lá na França – país onde nasceu o cinema – para exibir meu primeiro vídeo, *Moysés, Dentista,*[12] feito de forma caseira em um celular. Esse foi meu primeiro conteúdo audiovisual, que lançou em mim todas as motivações em meio a uma efervescência cinematográfica vivida durante a faculdade em um grupo de estudos da PUC Minas, o "Poéticas Audiovisuais Contemporâneas". Foi nesse grupo que me despertei para as potências das imagens no contexto das mídias emergentes, como os celulares. Essa experiência com os microvídeos, vídeos de até 3 minutos feitos com dispositivos audiovisuais amadores, foi essencial para impulsionar meu trabalho como realizador audiovisual no contexto de festivais de cinema, fóruns e no mercado da economia criativa do estado de Minas Gerais. Muitos estudos e reportagens surgiram em busca da compreensão do que estávamos experimentando com as novas linguagens do audiovisual naquela época. O vídeo me levou para um outro campo de percepção do que eu estava propondo fazer naquele momento, ao experimentar o celular como um dispositivo para construção de narrativas audiovisuais, inclusive despertando a vontade de criar processos colaborativos e de contar histórias por meio das telas. Foi isso que me puxou feito um imã para o campo da educação. Como poderia inventar estratégias para criar narrativas sobre temas relacionados às inquietações de crianças e jovens brasileiros por meio da expressão audiovisual? Comecei a criar então conteúdos colaborativos com celulares e para internet por meio de oficinas, espécies de mutirões criativos com jovens da mesma linhagem que a minha.[13] Linhagem aqui se trata de uma brincadeira com um perfil de juventude inquieta com as limitações dos meios convencionais de comunicação e afeitos às oportunidades que a internet e os dispositivos móveis nos deram. Não só o que nos limitava naquela época, mas também por uma vontade de ocupar um *lugar de fala*[14] por meio da internet.

O que eu fazia não se limitava ao estereótipo de um cineasta ou de um educador, passei então a me classificar cada vez mais como Educador Audiovisual – EA. Inclusive, a partir de agora, passo a abreviar meu *avatar* (EA) para dinamizar nossa leitura. No meu ponto de vista, essa é uma nova profissão do século XXI, em acensão para aquelas pessoas que trabalham com novas tendências para educação, tecnologia, telas e produção de filmes educativos, ainda mais em um momento no qual a educação não presencial se torna cada vez mais uma realidade nas escolas. Gostaria de deixar claro que não posso falar pelas crianças, que não posso dizer o que elas sentem quando estão em contato com as telas, que não posso julgar suas falas diante de minhas vontades pessoais. Só posso falar de acordo com minha própria experiência, de como esta trouxe uma percepção para que eu me tornasse um profissional conscientizado nos campos do *Audiovisual* e da *Educação*, atento a tudo aquilo que adquiri com as vivências com as crianças. É a partir desse contexto que construo meu lugar de fala para dialogar com vocês, leitoras e leitores.

Mais perguntas do que respostas

Ao longo de meu percurso para a escrita do livro, no interesse de narrar as minhas experiências como Educador Audiovisual, acabei somando uma série de leituras acadêmicas e me dei conta de que eu reunia muito mais perguntas do que respostas sobre como educar as crianças no mundo das telas. A primeira grande pergunta que motivou minha trajetória como EA foi aquela que coincide com o projeto '*O que queremos para o mundo?*'.

Um marco em minha vida pessoal e profissional foi quando criei o '*O que queremos para o mundo?*', em 2012, ideia que se tornou uma espécie de projeto de vida, unindo várias coisas que sempre busquei: trabalhar conectado com pessoas que admiro, dedicar minha criatividade audiovisual e tecnológica para desenvolver iniciativas educativas junto às infâncias e assim poder resgatar em minha criança interior diversas potências esquecidas. Por fim, a maior das motivações: viver tranquilo em meio à natureza, um modo de viver que sentia falta, já que usufruí pouco desse prazer quando criança. O projeto cresceu tanto que precisei fundar o Instituto Mundos[15], uma empresa sediada nas montanhas do Vale do Jequitinhonha, no interior de Minas Gerais, e que busca gerar impacto positivo no mundo por meio de projetos que integram Audiovisual, Educação e Natureza. Hoje, o projeto '*O que queremos para o mundo?*' amadureceu a ponto de se tornar uma comunidade de Educadores e Educadoras Audiovisuais, intencionada a ensinar e a aprender com adultos e crianças de forma engajada, para que possam transformar as telas em um ambiente amigável para todas e todos. Trabalhamos para que as telas sejam um lugar de escuta, imaginação e bem-estar, por meio de ações criativas que gerem impacto positivo em escolas e comunidades. Exatamente por tudo isso que ele representa, muita história tenho ainda para contar desde o dia do seu nascimento.

Aprendi, no curso de graduação em *Publicidade e Propaganda*, que um projeto audiovisual de sucesso precisa ter uma marca forte, ser bem-apresentado, gerar desejo no público-alvo, estar agregado aos apelos sensoriais, além de ter um nome de impacto ligado ao seu propósito para o mercado. Ora, por que não pensar nessas estratégias publicitárias para encantar pessoas no campo da educação e gerar impacto positivo no mundo? E foi durante um curso de meditação que me veio o *insight* do nome '*O que queremos para o mundo?*'. O projeto nasceu a partir de uma pergunta subjetiva sobre como eu poderia produzir conteúdos audiovisuais para crianças praticando uma escuta empática, essa capacidade de nos colocarmos no lugar do outro, sem desrespeitar suas diferentes formas de ver o mundo. Cansado de produzir meus filmes para o público adulto, devido a um julgamento muito racional sobre os conteúdos, resolvi de uma vez por todas produzir filmes para as crianças.

Vamos então à problemática por trás deste livro: como narrar minhas experiências como Educador Audiovisual a partir daquilo que pude observar, na prática, sob a influência causada pelas tecnologias audiovisuais na construção da identidade das crianças? Como trazer propostas de Educação Audiovisual para os adultos que estão implicados nesta missão de educar as crianças pelas telas?

Mesmo não acreditando em receitas, eu precisei criar um roteiro para dar conta do recado. O caminho foi usar a criatividade para imaginar roteiros próprios, assim como professores criam seus planos de aula, sincronizados com a intuição que nasce quando estamos nos esforçando para encontrar o melhor caminho a seguir.

A primeira coisa que eu faço é observar os movimentos, as angústias e as motivações das crianças, com olhos atentos e coração aberto. Paro e respiro para continuar em um estado de presença com elas. Cada vez mais, percebo que a respiração consciente é uma chave para voltarmos ao aqui e agora e poder assim estar mais leves no contato com elas.

Depois disso, sigo exercitando uma escuta empática, um trabalho às vezes difícil para nós, adultos, com mentes agitadas ou indiferentes para dar atenção ao outro. Acredito muito nos processos que permitem a valorização das diferenças das crianças. Continuo a caminhada a partir daí, trazendo um desafio prático de aprendizagem, o poder das narrativas para a possibilidade de inventar, de imaginar e construir novas possibilidades de existência, assim como a liberdade de expressarem o que querem para o mundo.

Dois aspectos me parecem importantes: o primeiro deles, a consciência de quem eu sou quando estou nas telas, para evitar minha própria dispersão diante do excesso de conteúdos que recebemos e produzimos. Já o segundo, a liberdade, no sentido da ausência de regras impostas ou pré-definidas no momento da interação com as crianças, para que elas se sintam à vontade para construírem suas narrativas.

Por fim, celebramos juntos o fim da experiência, seja em vídeos produzidos ou por meio dos manifestos criativos promovidos durante o processo, buscando levar nossas histórias para o maior número de pessoas. Essa é uma das ideias de como conduzir processos educativos audiovisuais nos quais as crianças são, por fim, quem nos ensinam a ver o mundo de outra forma, alterando nossas próprias percepções.[16] Muito subjetivo, porém extremamente transformador, pois percebo o impacto dessas práticas na construção da minha própria identidade. Quando relato isso para as pessoas, uma nova pergunta surge: mas como você faz isso na prática? E a resposta, frequentemente, é a seguinte: eu invento projetos de educação audiovisual.

O que queremos para o mundo? Essa foi uma pergunta direcionada a mais de 3 mil crianças no Brasil e em países de outros continentes, como Ásia, África e Europa, por meio das lentes de uma câmera e de outros tipos de abordagem audiovisual, com oficinas em escolas, exposições audiovisuais, programas de TV, produção de filmes educativos, "*apps*" – aplicativos de celular e *games*. Todas essas ações passaram a ser reunidas neste projeto de Educação Audiovisual. Gostaria de lembrar a vocês que minhas experiências são relatadas no convívio com crianças de uma certa faixa etária, sendo de 5 a 12 anos, mais especificamente de 7 a 10 anos, na maioria das atividades que realizei. Essas crianças geralmente ocupam o posto do ensino fundamental nas escolas formais, momento no qual as crianças começam a pensar sobre o mundo e sua relação com ele.

'O que queremos para o mundo?' pode ser considerado um projeto *transmídia*, pois seus conteúdos vêm sendo pensados a partir de narrativas que não se limitam a uma única mídia. Mais do que produzir um filme ou realizar uma oficina - que pode resultar em um produto como um vídeo, por exemplo - o que mais importa para mim são os meios por meio dos quais as crianças articulam suas narrativas do que propriamente a forma desse conteúdo e suas qualidades técnicas. Para mim, um longa-metragem ou um vídeo espontâneo e curtinho, de uma criança se expressando livremente, podem possuir o mesmo peso ou interesse. O termo *transmídia* ficou conhecido, a partir de 2003, por meio dos estudos de Henry Jenkins, pesquisador e professor do *Massachusetts Institute of Technology* (MIT), especialmente no livro *Cultura da convergência* (2009). Jenkins define a narrativa transmídia como "uma nova estética que surgiu em resposta à convergência das mídias - uma estética que faz novas exigências aos consumidores e depende da participação ativa de comunidades de conhecimento" (JENKINS, 2009). Pense no prefixo "trans" e vamos imaginar quantas palavras podemos elaborar com ela. Adoro usar e transformar a linguagem para inventar, criar e trazer sentido para minhas ideias, já que a partir do prefixo "trans", podemos transbordar, transfigurar, transmutar, transformar, *transdisciplinarizar*, transmitir e - por que não - transgredir as mídias institucionalmente mais consagradas, como o rádio, o cinema e a TV. Se somos educadores-artistas, representando a linguagem audiovisual como nossa potência, seria em nossa imaginação que poderíamos reinventar os modelos de ensinar na escola e assim *transvermos* o mundo por meio dela[17]. Como diz o poeta Manoel de Barros: "o olho vê, a lembrança revê, e a imaginação transvê. É preciso transver o mundo." (BARROS, 2000, p. 75).

Essa curiosidade de ouvir as crianças por meio das telas, indo além daquilo que eu gostaria de escutar delas, abriu um espaço de escuta em mim, diante de um movimento de resistência à possibilidade de me tornar *adultocêntrico* em minha prática como Educador Audiovisual.[18] Acredito que qualquer prática de Educação Audiovisual direcionada às infâncias que tenha a intenção de negar a identidade do outro se torna um ato de violência diante da potência das crianças agirem no mundo. Isso seria uma inconsistência, pois utilizar as telas para distanciar as crianças de terem contato com sua ancestralidade, sua própria cultura, seus territórios e sonhos é algo muito sério. Paulo Freire me ajudou a entender onde nasce o sonho de um mundo melhor. Ele nos diz o seguinte:

> O sonho de um mundo melhor nasce das entranhas de seu contrário. Por isso corremos o risco de tanto idealizarmos o mundo melhor, desgarrando-nos do nosso concreto, quanto o demasiado "aderidos" ao mundo concreto, submergirmo-nos no imobilismo fatalista. Por isso, aceitar o sonho do mundo melhor e a ele aderir é aceitar entrar no processo de criá-lo. Processo de luta profundamente ancorado na ética. De luta contra qualquer tipo de violência. (FREIRE, 2000, p.61)

Penso que o adulto, em uma sociedade *adultocêntrica*, pode ser visto como aquele que tem uma condição privilegiada, já que as crianças não são consideradas agentes sociais para esse tipo de sociedade. Por isso, interessa-me sonhar um mundo dentro e fora das telas, para que aqueles grupos identitários de crianças possam ter condições de enfrentar as desigualdades estabelecidas por suas localizações sociais. Crianças negras, indígenas, pardas, que sofram discriminação racial, pertencentes ao contexto da neurodiversidade, habitantes dos interiores do Brasil ou dos países que foram colonizados, que têm seus direitos privados de uma educação para e pela autonomia, ou seja, todas as crianças com acesso restrito ao uso de tecnologias de ensino-aprendizagem, que vivam em um contexto de vulnerabilidade social.

Por que não sonhar também um mundo das telas para as diferenças, para que as crianças que possuem hoje uma condição privilegiada de classe, como a que tive, não sejam as únicas que tenham a garantia das necessidades básicas, incluindo uma educação de qualidade? Ocupo-me em criar um mundo das telas para todas as crianças, com práticas afirmativas e inclusivas, que contraponham os valores excludentes construídos a partir de privilégios. Este é o meu maior desafio, o de usar meu privilégio como adulto, branco, intelectual, empossado de câmeras e recursos tecnológicos, para aprender a cada dia a ouvir mais as crianças.

Perguntas são como dispositivos para deixar a vida mais ativa, motivada àquilo que reverbera em nossas telas mentais ao entrarmos em contato com a tão rica cultura das infâncias. Questões como '*O que queremos para o mundo?*' e '*Como educar as crianças no mundo das telas?*' são fundamentais para minha pesquisa como EA. No intuito de respondê-las durante a pesquisa deste livro, brotaram as reflexões que desenvolvo aqui. Nesse contexto de atividades, percebia que as crianças apresentavam uma maior sinceridade do que nós adultos, ao expressarem seus sentimentos diante das propostas que eram trazidas em oficinas audiovisuais. Talvez porque as regras sociais e institucionais ainda não tenham sido totalmente colocadas e impostas a elas, o que abre margem para ações menos premeditadas, mais espontâneas, uma aceitação maior de novas experiências, como estas ligadas ao uso das telas, não apenas para aprender a vivenciar uma aprendizagem técnica, mas sim para mediar a construção de novo imaginário por meio da linguagem audiovisual.

Em contrapartida, essas trocas nasciam de provocações diante da câmera, a exemplo do pedido que eu fazia para as crianças darem um depoimento "sem pensar muito" sobre "quais coisas estão boas ou ruins no mundo". Era sempre uma surpresa quando eu exibia algum tipo de conteúdo criado por mim e direcionado a elas em uma escola, centros culturais ou mesmo para as crianças com quem eu convivia no dia a dia, como primos, filhas de amigas etc. Elas diziam quando não gostavam do filme, do que gostavam, o que sentiam, além dos sons de arrepios emitidos na sala escura de um cinema durante os festivais que meus filmes participavam.

Passei a pensar sobre o desenvolvimento de uma abordagem mais adequada para produzir filmes com crianças, não a partir do que eu gostaria de dizer para elas, mas sim a partir do que elas comunicassem comigo. Uma inversão da lógica do adulto que fala para as crianças, mas sim daquele que as escuta e a partir daí se engaja na produção de conteúdos audiovisuais baseados nessa troca. Essas ideias de observar e escutar as crianças com as telas foram um grande desafio para mim, já que não tinha estudado pedagogia ou trabalhado no campo da educação infantil. Porém, eu notava nas crianças uma sede por serem ouvidas, já que eu sempre estava junto a elas como amigo, aberto a entrar em seus mundos. Crianças não são seres menores, em desenvolvimento, que precisam o tempo todo de ajuda para a compreensão da vida, até mesmo porque quanto mais envelhecemos, mais ficamos em dúvida sobre o que é a vida, não é mesmo? As crianças trouxeram um sentido para minha existência, são minhas companheiras capazes de nos fazer imaginar o mundo em que desejamos habitar[19].

No início, a partir do ano de 2006, as oficinas eram efêmeras, no sentido de não criarmos nenhum tipo de vínculo com as crianças após a realização das atividades, nem formularmos um pensamento crítico antes, durante e depois das experiências. Foi ao revisitar o material filmado e compartilhado em nossas redes sociais do projeto que essas memórias da experiência formularam um olhar mais profundo sobre o que eu fiz. Considero que a realização de oficinas audiovisuais para crianças seja algo bem diferente do que penso realizar hoje: uma proposta de educação audiovisual para e com as infâncias.

O vídeo em questão, resultado desta oficina de 3 horas de duração no ano de 2013, conta uma história fictícia do encontro entre um menino europeu e um *curumim*, palavra de origem tupi que se refere a crianças indígenas para alguns povos originários. Um conteúdo de 1 minuto e 44 segundos, nomeado pelas crianças participantes como *Preserve todos os dias o meio ambiente.*[20]

A linguagem do vídeo foi construída por meio de um rápido registro que revelava os momentos de criação da narrativa na sala de leitura do centro cultural onde estávamos. O vídeo tem uma mistura de elementos narrativos escolhidos pelas próprias crianças, como vinheta de abertura, registro documental, narração ficcional e animação realizada a partir do desenho delas mesmas. Uma questão a ser levada em consideração era a de eu mostrar a elas alguns conteúdos que estava produzindo com outras crianças em oficinas, e percebo hoje que isso influenciava nas escolhas delas. É a mesma coisa daquela criança acostumada a olhar o desenho do colega ao lado e buscar ali uma referência para que ela não fuja dos padrões impostos no processo educativo.

A proposta era que cada criança trouxesse por meio da expressão visual, no caso um desenho, possíveis soluções para os estragos causados pelo homem na natureza e assim compartilhasse com todas e todos os presentes. Surgia então uma espécie de contação de histórias feita oralmente como um telefone sem fio. Então, a partir de uma escuta criativa delas, mediávamos um processo de construção de suas narrativas. Eu achava tudo muito lindo, divertido e naquele momento não fazia ideia do quanto eu possuía uma certa autoridade, por ser um adulto e também apresentado como um jovem cineasta de 27 anos. Dependendo da forma como eu conduzisse o processo, eu poderia interferir na construção de narrativa sugerida às crianças. Bastava nascer em mim uma vontade de querer ajudá-las a dizerem o que pensavam sobre os problemas do mundo, para o auxílio se tornar uma imposição de ideias de como o vídeo poderia ser realizado. Quanto a isso, eu me segurava sempre, gastando às vezes dois terços da oficina, ou seja, quase que 2 horas, tentando criar uma forma de fazer com que todas as crianças pudessem se sentir parte da narrativa. Isso tudo foi muito válido para mim, pois eu me lembrava da minha própria experiência em sala de aula ao perceber o quanto alguns colegas tinham uma atenção maior dos meus professores do que eu.

O vídeo é assinado com os créditos finais pontuando a minha facilitação e a da Educadora Audiovisual Bruna Carvalho e com direção das crianças participantes das oficinas – Filipe, Sara, Ivan, Tiago, Samir, Saulo, Ana, Cézar, João, Nicole e Sofia –, crianças entre 7 a 9 anos. João (7 anos), uma criança branca, que usava óculos, adorava desenhar e foi inscrito na oficina por seus pais. Ele era muito tímido no início do processo, quase que se escondia atrás de seus óculos de grau. Ele resolveu se candidatar para ser o narrador de uma possível história, após abrirmos essa possibilidade durante uma conversa em roda e todos ficarem em silêncio ao perguntarmos quem poderia nos ajudar a conectar todas aquelas ideias. Foi ele quem propôs uma síntese das ideias dos desenhos de forma coletiva, que seria traduzida em um micrometragem. O texto narrado e escrito por ele contava a seguinte história:

> Um belo dia, um barco europeu chegou ao Brasil. Nele, havia um menino muito curioso que ficou amigo de um curumim. Os dois, em um passeio na mata, encontraram uma máquina do tempo, que os levou até a lagoa da Pampulha no ano de 2015. Eles ficaram tristes pois a lagoa estava muito poluída e então entraram na máquina do tempo e chegaram num futuro distante onde haviam inventado uma máquina que sugava apenas o lixo das lagoas. Eles voltam para o presente pensando que seria mais fácil não ter poluído tanto. Nem sempre se encontra uma máquina do tempo. Por isso devemos preservar todos os dias o meio ambiente. (PRESERVE todos os dias o meio ambiente, 2013)

É possível ver, em 15 segundos do vídeo, a presença de João à direita da tela, com uma blusa vermelha de manga curta e uma blusa preta de manga comprida por baixo. Estava lá ele, desenhando um barco europeu. Além de seu entusiasmo ao narrar a história, percebe-se como seu discurso está relacionado com parte daquilo que acabara de aprender nas aulas de história, assim como me relatou. A questão do lapso temporal presente no vídeo, em uma espécie de vai e volta entre o presente, passado e futuro, revela sua memória e aquilo que foi aprendido com 7 anos na escola, relacionando fatos históricos a um desafio da natureza no presente. Na conclusão de sua história, o menino narra como seria mais fácil não ter poluído o meio ambiente, já que não são todos os dias que se encontra por aí alta tecnologia para limpeza das águas, representadas pela paisagem da Lagoa da Pampulha, parte da identidade arquitetônica e social da cidade de Belo Horizonte (MG).

Algumas perguntas surgiam posteriormente em minha cabeça ao analisar esse vídeo após a exibição para as famílias, que, ao fim do processo, assistiam conosco ao que as crianças haviam cocriado. Para quem João estava narrando essa história? De onde nasceu a ideia entre as crianças participantes da oficina de que antes da chegada dos colonizadores portugueses no Brasil já havia uma paisagem poluída nesse local? Quem seria João, o menino muito curioso ou o curumim? Por que somente uma máquina do tempo poderia levar os dois meninos da história para uma possível solução para o problema da poluição? De onde nascem tantas máquinas no imaginário das crianças? Uma criança indígena, que possui uma cultura integrada com a natureza, poderia ter poluído aquela lagoa antes da chegada do barco europeu?

Não era comum ver filmes protagonizados pelas próprias crianças na internet, já que eles possuíam os traços dos desenhos delas, em um processo educativo realizado em oficinas. Os vídeos eram concebidos, pré-produzidos, filmados, editados e compartilhados na internet em apenas 3 horas. Para nós, EA envolvidos, era uma espécie de jogar um jogo de *videogame* em que só seria possível passar de fase se as crianças pudessem assistir a seus filmes no final da experiência.

Era fantástico perceber como elas ficavam tímidas, orgulhosas, envergonhadas, entusiasmadas ao verem uma história construída por elas mesmas. Sem contar todo o universo criado a partir da linguagem cinematográfica, ao brincarem de fazer filme com uma claquete, construindo o cenário, utilizando uma câmera de verdade de filmar, entendendo então quais eram as dinâmicas necessárias e formas de organização hierárquica de um *set* de filmagem. O diretor era quem dava a ação no divertido canto de "Luz, Câmera, AÇÃO". Ficava incomodado quando percebia que eu estava ensinando a elas a operarem como profissionais de cinema, que trabalham há mais de um século, desde o nascimento das estruturas do ofício cinematográfico em plena era industrial.[21] Hierarquia entre equipe, disciplina a ser seguida por meio do plano de filmagem, rigidez com o tempo de gravação e foco na qualidade técnica do produto a ser filmado são coisas que arrepiam meus cabelos quando entro em um *set* de filmagem até hoje.

Resistir a isso era difícil para mim, pois não havia desenvolvido uma metodologia ou algo parecido para ensinar as crianças uma outra forma de fazer filmes. A intenção não era trazer uma narrativa imposta a elas a partir dos meus desejos, focada na técnica ou na qualidade do produto filmado, mas sim no processo de escuta delas.

Existe algo que aproxima as/os Educadores Audiovisuais, as/os Cineastas e as/os Educadores: eles são facilitadores de processos. Enquanto os cineastas facilitam a construção da narrativa audiovisual a partir da escuta de sua equipe, do seu conhecimento diante daquele ofício e da sua motivação, o educador ensina a partir de seus saberes e da escuta de seus estudantes, podendo aperfeiçoar seu ato de ensinar ao aprender por meio de tal mediação. A meu ver, os Educadores Audiovisuais são aqueles profissionais que interagem com seus estudantes a partir de uma facilitação na qual seus ouvidos se tornam suas telas. Foi quando comecei a me atentar mais para essa pergunta sobre o que as crianças queriam para o mundo do que para a estrutura de como seria possível fazer o filme com elas. A partir daí passei a reconhecer uma transformação no modo como vinha compreendendo as infâncias por meio da linguagem audiovisual, promovendo assim uma virada da minha mentalidade.

Outro exemplo desta relação de descolonização do meu olhar sobre as infâncias aconteceu em 2010 na cidade de Delfinópolis (MG), na Serra da Canastra. Estava passando minhas férias nessa cidade do interior mineiro, local com riquezas ambientais infinitas. Bem ao lado da pousada, cortaram uma árvore. Inicialmente não vi problemas nisso, pois não sabia o motivo real que justificasse aquele fato. Imaginei que era uma madeireira ao lado que havia providenciado o corte de um arbusto qualquer. Estava caminhando e, ao chegar próximo da tal árvore cortada, estavam lá duas crianças em silêncio, com aparência triste ao observarem aquela árvore caída no chão. Ao ver aquela cena, senti uma indignação que despertou em mim a curiosidade de saber o porquê de cortarem a árvore. As crianças e eu descobrimos que a empresa de internet da região teria cortado a árvore ao lado da pousada alegando que seus longos galhos estavam atrapalhando o sinal da internet na região. Aquele acontecimento nos inspirou a criação de um roteiro para uma gravação. Foi aí que eu e as crianças resolvemos então fazer um filme sobre esse ocorrido. O resultado foi um filme de não ficção, pois se trata de uma história ficcional baseada em um fato real e construída com as próprias crianças. Nascia naquele momento meu segundo curta-metragem infantil, *Dona Árvore*,[22] com codireção de Bruna Carvalho.

Lembro-me do sentimento que tive quando sugeri essa ideia de fazermos um filme com essas crianças durante uma tarde na pousada. Sentia-me impotente, pois não conseguia tomar providências legais para que houvesse uma punição da empresa naquele fim de ano. Percebia que, como um EA, naquele momento, a única coisa que eu poderia fazer era mostrar ao mundo, por meio das telas, o tamanho absurdo desse ato e como a ação tinha sido violenta para as duas crianças. Assim como aquele breve episódio, crescer seria um processo de naturalização dessas pequenas e grandes violências? A tristeza das crianças, Jéssica e Ana Flor, diante da árvore caída, acabou servindo como incentivo para a cocriação de um manifesto em forma de filme.

Percebi, ao longo do tempo, que as crianças não fazem um filme por vaidade, competição ou por necessidade, mas porque brincam de fazer um filme. Nesse processo, interagem entre elas, interagem com as coisas ao redor, com as belezas do mundo e seus possíveis problemas, imaginam, criam novas possibilidades. Foi em meio a esta grande brincadeira que descobri o quanto é bacana observar as crianças através do visor de uma câmera, um dispositivo que, naquele momento, foi capaz de transformar um sentimento em um olhar atento. Durante a feitura do curta-metragem, Jéssica teve a ideia de escrever uma carta para a árvore. Sob meu enquadramento e após cantar "Luz, Câmera, Ação", Jéssica escreveu em uma folha em branco aquilo que veio em sua mente. A carta dizia: "Dona árvore, eu queria que você nascesse de novo, porque eu tô muito triste que cortaram você. Um beijo e um abraço. Jéssica". Ana Flor deu a ideia de plantarem a carta junto com duas sementes de pitanga ao lado da árvore. Isso se tornou, durante a edição do curta, na madrugada do mesmo dia, o que chamamos de clímax da narrativa, ponto máximo da história que se abre para a resolução do conflito inicialmente apresentado. O filme termina com Ana Flor convidando Jéssica para ver um milagre que havia acontecido no local onde plantaram a carta: ali haviam nascido pitangas! De uma forma bem improvisada, foram as próprias crianças que enfiaram um galho com pitangas de um pé próximo para resolverem, com muitos sorrisos, o conflito da história e o pedido da carta da menina. Cobrava-me de ter um bom roteiro para realizar meus filmes até perceber que fazer um filme sem roteiros também era possível.

Anos depois, ao encontrar com a proprietária da pousada, ela me contou que naquele local havia nascido uma pitangueira. Eu não acreditei, pedi fotos e nunca as recebi. Uma coisa é certa: dentro de mim nasceu uma pitangueira. Quero voltar um dia nesse local para poder lembrar de como essa experiência com Ana Flor e Jéssica trouxe a mim um *insight:* o de construir histórias com as crianças a partir da observação e da escuta daquilo que elas sentem. Esse filme educativo promoveu uma mudança no meu olhar para a importância de refletirmos sobre temas ambientais junto com as crianças, a exemplo de como aprendi do que se trata uma poda ilegal de árvores.

Dona Árvore foi selecionado em festivais como o FICA – Festival Internacional de Cinema Ambiental de Goiás. Eu e Bruna, codiretora do curta, fomos convidados para exibir o filme no evento em 2011, além de realizar a primeira oficina de '*O que queremos para o mundo*'. Conhecemos dois portugueses, Mário e José, que eram organizadores e curadores do Cine'ECO Seia 2012 – Festival Internacional de Cinema Ambiental da Serra da Estrela.[23] Eles acabaram nos convidando para exibir nosso curta-metragem ambiental e infantil para as crianças da cidade de Seia, na Serra da Estrela, em Portugal. Descobri que o Ministério da Cultura financiava, naquela época, passagens para cineastas representarem seus filmes em festivais de cinema com relevância em outros países e foi aí que ganhei uma passagem para uma experiência *além-mar*. A parte mais bacana dessa viagem foi conhecer crianças portuguesas, seus modos de vida e de ser criança. Fiz então novos amigos, assim como aquela criança *curumim* que se juntou a uma criança que havia chegado em um barco europeu na Lagoa da Pampulha, no vídeo *Preserve todos os dias o meio ambiente.*

Minha curiosidade sobre a diversidade de culturas das crianças sempre me motivou a realizar intercâmbios pedagógicos, iniciativa que chamei de *Mochilão* '*O que queremos para o mundo?*'. Eu queria mesmo era pegar minhas ideias, arrumar as malas e sair por aí conhecendo as crianças nos quatro cantos do mundo. Dizem que quando você tem um propósito muito claro de onde quer chegar, fica mais fácil encontrar os caminhos a serem trilhados. As viagens a Portugal aconteceram uma, duas, três vezes e daí em diante não pararam mais.

Logo quando estive pela primeira vez em Portugal, pude conhecer o professor Pedro Macedo, também coordenador do Grupo de Estudos Ambientais na UCP – Universidade Católica Portuguesa do Porto. Foi durante um coquetel do Festival de Cinema Ambiental que ele nos fez o convite para voltarmos à cidade de Cascais para realizar oficinas para crianças e jovens durante um grande encontro global de orçamento participativo que iria acontecer um ano depois daquele encontro na Serra da Estrela. Em plena crise europeia, fomos contratados, recebemos por nosso trabalho pela primeira vez em *euro* e participamos de um intercâmbio pedagógico e audiovisual durante um mês e meio no país. Sentia muita segurança de realizar oficinas devido à prática com mais de 200 crianças que passaram por meus ouvidos naquela época. Uma espécie de orgulho e ao mesmo tempo conforto, já que eu havia criado uma fórmula mágica para realizar oficinas rápidas, dinâmicas e divertidas. Pensei, em um primeiro momento, que não seria um desafio realizar uma mediação audiovisual, já que falávamos a mesma língua, o português.

No primeiro dia de atividade, eu e o Educador Audiovisual Vinicius Cabral nos apresentamos para crianças e adolescentes inscritos na oficina e iniciamos nossas dinâmicas de praxe, para sensibilizá-los sobre temas como o cuidado com o planeta e consigo mesmos. Voltei para o hotel muito triste, pois tive a impressão de que os meninos e as meninas não haviam gostado da nossa proposta. O que não imaginava era que eu estava sofrendo um choque cultural junto a uma impressão segura de que crianças abraçariam logo de cara nossa proposta de abordagem. Era justamente o fato de as crianças portuguesas não falarem o que sentiam que me deixava maluco. Era como se eu estivesse pedindo para escutá-las e elas querendo ficar em silêncio, apenas me ouvindo. Pergunto-me como elas podiam ser tão frias comigo, mas não imaginava que isso era um estereótipo criado por mim sobre elas. Eu, sempre brincalhão como educador, não conseguia arrancar delas um sorriso.

Resolvi então partir para as etapas de ação prática da oficina, em vez de aguardar uma ideia pronta delas sobre o filme proposto. Eu estava preocupado com o produto, mais do que com o processo, pois gostaria de mostrar algo bacana para aquelas pessoas que nos haviam convidado com tanto vigor para estarmos durante todo aquele tempo no país. Foi exatamente no momento em que parei de falar e as convidei para fazermos um filme, mesmo sem tema definido, que as crianças começaram a expressar suas vontades. Um dos mais novos do grupo, Simão (12 anos), foi quem brincou que eles poderiam ser super-heróis para um mundo mais sustentável. O tema sustentabilidade era pauta marcada do evento, porém eu tinha expectativas de elas trazerem uma solução menos óbvia para o mundo, fugindo dos clichês de filmes americanos. Quanto mais tentava modificar a ideia sutilmente, mais elas queriam tornar-se super-heróis e super-heroínas.

Confesso que tive resistência em produzir um filme educativo sobre heróis em um primeiro momento. Eu estava questionando pela primeira vez a ideia de *eurocentrismo* a partir de uma experiência real. O fato de eu mesmo querer estar no centro das atenções como o instrutor da oficina também influenciava minha resistência. Como já não havia alternativa em termos de tempo para mudarmos a ideia, resolvemos começar a colocar em prática a ideia dos heróis para que então conseguíssemos entregar um resultado filmado a tempo de ser apresentado no último dia do congresso. Foi então que entreguei todas minhas expectativas para as próprias crianças e adolescentes. Isso fez com que ideias fantásticas começassem a surgir, uma semente para o que viria a ser a *websérie* de 5 episódios chamada *Heróis Sustentáveis.*[24] A sinopse descrevia com muita clareza a motivação dos meninos e meninas: "*Heróis Sustentáveis* – nossos jovens heróis saem às ruas em enquete para descobrir quais superpoderes em prol da sustentabilidade têm os habitantes de Cascais – Portugal". Chamou minha atenção a forma como esses vídeos foram pensados em um formato de convites para a participação dos moradores locais diante de questões importantes, como uma amizade, alimentação e transporte mais sustentável para a localidade. Ao final dos vídeos, assinavam com frases que incentivavam as pessoas a viverem de maneira mais sustentável a partir de um convite para o diálogo com aquelas crianças: "Diga-nos qual é seu superpoder e ganhe uma bicicleta", referindo-se ao convite do transporte sustentável; "Diga-nos qual é seu superpoder e ganhe um tomate", ao incentivarem uma alimentação mais saudável e agroecológica; e por fim "Diga-nos qual é o seu superpoder e ganhe um amigo", ao refletirem sobre a importância da amizade no contexto das relações sociais.

Ao me entregar completamente ao processo (talvez seja esse meu superpoder), voltei para casa com novos amigos e amigas. No último dia de oficina, em frente ao lindo carrossel da cidade de Cascais, resolvi pedir um depoimento em vídeo para Simão sobre o que ele queria para o mundo. Após eu dizer "gravando", ele me respondeu: "O que eu quero para o mundo é que os impostos das pessoas mais ricas sejam maiores do que os impostos de pessoas mais pobres".[25] Estaria o garoto reproduzindo um discurso vindo de algum adulto? Não sei. O que me toca nesse depoimento são as lembranças recorrentes que ele traz a mim. Toda vez que se discute sobre a urgência de uma reforma tributária no Brasil, lembro-me de Simão, mais do que das notícias sobre esse tema em meu *feed* das redes sociais. O garoto já havia aberto em mim uma reflexão importante sobre privilégios de classes.

A ideia de fala ou voz inspirada nas discussões de Spivak (2010) não trata apenas da pronúncia oral ou da possibilidade de que esses grupos considerados subalternos se manifestem ou emitam suas reflexões. A fala aqui se aproxima da possibilidade ou não de ter seu discurso legitimado, de ocuparem ou não um lugar enunciativo na ordem do discurso hegemônico. As relações de legitimidade social do discurso são complexas, não se reduzem a um poder individual de fala, mas a uma relação histórica e hierárquica de forças em disputa na sociedade. Ouvir e falar não são ações tão simples quanto possam parecer. Quando uso aqui expressões como "lugar de fala" ou "dar voz à criança", é algo mais complexo do que se pode imaginar, ligado a diversas problemáticas levantadas pelos pensadores e pensadoras pós-coloniais.[26] Até mesmo porque ninguém dá voz a alguém, todos temos vozes. O que podemos fazer é nos abrirmos para a escuta da fala do outro, de forma presente e verdadeira.

É possível sermos empáticos com as crianças se exercitarmos a lembrança de quando estávamos vivendo no tempo das infâncias. Todos já fomos crianças um dia, mesmo habitando territórios diferentes, classes distintas, assim como outros contextos socioculturais. Isso traz um diferencial no diálogo com as crianças. Um homem branco ou uma mulher negra podem acessar este espaço, independentemente de suas diferenças de gênero ou raça. Ao ouvir uma criança, abrimo-nos para uma escuta a partir da atenção de quem já vivenciou esse período da vida. Lembra quando alguém pede para você se conectar com a sua "criança interior"? Esse exemplo mostra o quanto de memórias podemos acessar como um filme que passa por nossa cabeça e assim aproveitarmos para compreender e respeitar o lugar de fala das crianças na contemporaneidade.

A linguagem audiovisual não existe sem a presença do outro que por ela se comunica. Quando utilizamos o audiovisual como linguagem para nos comunicar, torna-se necessário que exista o outro como condição para a troca de informação, já que não há escuta e visão se não houver ouvidos e olhos de outras pessoas abertas a dialogarem pelas telas.

Acredito que para educar o outro, precisamos primeiro passar por um processo de autoeducação. Cabe a nós educarmos *audiovisualmente* as crianças, assim como a nós mesmos, para que possamos ouvi-las atentamente junto aos recursos tecnológicos audiovisuais a que temos acesso, contribuindo assim para que suas vozes se tornem mais amplas. Mesmo em silêncio, as crianças poderão subjetivar sua experiência pelo fato de poderem ter uma consciência de que suas falas reverberam no *mundo das telas*. Esta é uma abordagem importante e necessária, para que os Educadores e as Educadoras Audiovisuais medeiem processos com uma atenção plena às necessidades das crianças, convidando-as a participarem da invenção de narrativas próprias.[27]

Percebo nessa caminhada a importância de nos prepararmos para lidar com o *mundo das telas* sem torná-lo um dispositivo colonizador dos olhares sobre as infâncias. Este é um mundo no qual as estruturas normativas, como a mídia convencional e o sistema financeiro, produzem os dispositivos tecnológicos para ver e fazer filme, assim como estão aptos a operar para que a criança consuma informações de acordo com seus interesses normativos, fortalecendo problemas estruturais aqui já mencionados.

Seria importante criarmos dentro das escolas públicas um ambiente para a aprendizagem em que seja possível experienciar a linguagem audiovisual sem pressa, a exemplo de podermos exibir um filme por completo e juntos nos unirmos para criação de um debate consistente sobre as ideias daquele conteúdo, sem correr o risco de ser interrompido pelo sinal do fim da aula. A "grade" curricular não permite desenvolvermos outros modelos de aprendizagem devido à rigidez das práticas nas escolas convencionais. Devemos considerar a desigualdade de acesso às tecnologias. As crianças com melhores condições financeiras, estudantes de escolas privadas e famílias munidas de muita tecnologia no cotidiano possuem agendas lotadas, na compulsão de precisarem aprender algo a cada instante do seu dia; conciliam suas rotinas com jogos de *videogame*, séries da TV, vídeos na internet e com as atividades extracurriculares, como as aulas de reforço, robótica, natação, futebol, férias no exterior, entre outros. Já não há mais tempo para deixarem as telas de lado, abrirem um espaço para o ócio e a contemplação da vida por algum momento, assim como terem mais tempo para se conectarem com outras dimensões da vida, como o contato com a natureza. Seria possível promovermos um *descanso de tela*[28] a crianças e seus familiares, para assim poderem usufruir de outras coisas na vida? E por que não fazermos das telas um ambiente para incentivar outras práticas que vão além delas, criando portanto outros ritmos de convivência em sociedade?

As narrativas audiovisuais produzidas para e com as crianças deveriam ser realizadas em um diálogo aberto com elas, em que seja possível acessarmos nossa imaginação, com um tempo apropriado para que estejamos celebrando nossas aprendizagens além das telas. Assumo compromisso de não colocar as telas como algo mais atrativo para a criança do que aquilo que elas prezam tanto, como o brincar. Mesmo eu sendo um entusiasta tecnológico, não estou alienado de que as telas são apenas um recurso para as crianças se relacionarem com o mundo, e não o único e melhor deles. Percebo o quanto algumas crianças elegem as telas como suas maiores companheiras por falta de incentivo para brincarem, correrem, explorarem a textura dos elementos da natureza. Usam cada vez menos seu tempo para a construção e invenção de objetos que irão enriquecer sua própria fantasia, já que muitas coisas chegam prontas para elas. A experiência de fazermos algo para então depois usufruirmos disso é fundamental para nosso imaginário. Pude experienciar isso que estou dizendo, já que me lembro de meus vizinhos construindo um carrinho de rolimã e descendo ladeira abaixo, enquanto eu estava jogando *videogames* no meu quarto e assistindo a eles brincando. Cresci com vontade de brincar e por isso hoje me considero um Educador Audiovisual brincante. Talvez more aí a diferença do meu trabalho, eu estou mais interessado em brincar com as telas do que nas telas brincar. Assim, imagino criar com as crianças uma oportunidade de ocuparmos um lugar adequado para a expressão, sem correr o risco de nos tornarmos objetos em vez de sujeitos do conteúdo.

A presença da voz da criança na câmera sempre me interessou mais do que a imagem delas por si só, talvez pelo fato de entender suas vozes como um portal para que pudesse adentrar em seus universos. O que as crianças falam de forma verdadeira pode ser um canal para que nós, adultos, possamos compreender como se constroem suas identidades, atores e atrizes sociais com ampla capacidade de agenciar transformações na forma pela qual resistimos às ameaças de uma sociedade patriarcal e *eurocêntrica*.

Existe uma ilusão e uma cumplicidade dos adultos - a exemplo de nós, pais, mães, educadores, educadoras e principalmente os produtores de filmes infantis - na crença de que podemos falar em nome da criança.[29] Sinto que quando comecei esta jornada como produtor de conteúdos audiovisuais para crianças eu tinha essa percepção inconsciente, mas fui aprendendo que o caminho não era bem esse. Como falar pelas crianças sem ouvi-las primeiro? Se considerarmos que Educadores Audiovisuais são mediadores da relação das telas com as crianças, compreenderíamos que não podemos falar pelas crianças. Uma das coisas que podemos fazer é abrirmos as brechas para que possam ser ouvidas, criando espaços nos quais elas possam se articular com os recursos provindos do *mundo das telas*. Minha maior aprendizagem até agora é a de que devemos facilitar para que as infâncias possam falar para que, quando elas o façam, possam ser ouvidas. Faço dois convites a vocês. O primeiro, o de buscarem inspiração a partir dos relatos que estou promovendo neste livro. E, por fim, atentarmo-nos aos processos de construção de identidades das infâncias no *mundo das telas*.

Identidades e telas

É muito interessante perceber como a identidade das infâncias interage mediada pela tecnologia. A tela é pensada neste livro como um mundo complexo, novo, pouco explorado, o *mundo das telas*. Parece que atualmente nossas vidas estão presas dentro de um celular, no qual nossos cotidianos são transmitidos feito um espetáculo cinematográfico. Ou como disse um aluno para uma amiga, professora de uma escola pública em Serro (MG): o celular é meu melhor amigo. Os celulares *smartphones* se tornaram uma extensão de nossos corpos. Cinemas no bolso dos seres humanos, inventados para ampliar (ou modificar) nossa percepção. As telas tornaram-se um mecanismo de fuga quando estamos tristes, quando não temos o que fazer, um lugar para exaltar nossos egos, servindo como um objeto de distração para que as crianças façam aquilo que não querem, como almoçar, evitando a pirraça, ou quando não estamos disponíveis para fazer algo com elas. Quem não se assusta ao ver uma criança parecendo estar hipnotizada diante daquela luz brilhante no rosto? As telas viraram nossas amantes, conselheiras ou companheiras de uma sociedade fundada no medo e na solidão. Pergunto-me o tempo todo: as telas podem nos levar a algum lugar? Imagino que a vários lugares, tóxicos ou saudáveis.

As tecnologias em si mesmas não são boas ou ruins, depende dos usos que fazemos delas. Depois de tudo o que vivemos durante a pandemia do *coronavírus*, percebemos que o uso das telas com o foco na educação é um caminho sem retorno, apontando para um caminho em que precisaremos mais do que nunca nos readaptar a essas novas plataformas e aprender a lidar com este novo mundo. Fica mais fácil para aqueles que nasceram após minha geração compreenderem melhor este novo mundo. Para o contexto histórico, a geração da qual faço parte é marcada por um *boom* da popularização dos PCs – *Personal Computers*, que não eram vistos como um meio de escape, assim como nossos pais o usam. As telas tornam-se uma fuga, pois são uma saída fácil diante do cansaço e da necessidade de fazer com que os filhos e as crianças obedeçam a seus chamados e respeitem seus pedidos. As tecnologias entram, muitas vezes, sem muita mediação, apenas como uma estratégia para se livrar do momento trabalhoso que é educar e se fazer presente. Sabemos da exaustão de familiares e educadores gerada no cuidado com as crianças, por isso devemos nos atentar a como as telas vêm sendo utilizadas para moldar as identidades das crianças que vivem no século XXI. Ou seja, não podemos considerar as telas como um meio vazio. São os mesmos motivos que nos tornam sem tempo para o lazer e o tempo com nossos filhos que fazem com que as telas se tornem uma fábrica de gerar dinheiro.

Gostaria de chamar a atenção para o fato de que as crianças, com sua capacidade assídua de imitarem e observarem o que e quem está ao seu redor, estão vendo tudinho que estamos fazendo por meio de nossa má educação digital. Ou dominamos as telas, ou elas nos dominam, já que o poder também está presente na cultura digital. Não podemos culpar as crianças de se tornarem compulsivas com o uso de celulares, *tablets* e TVs, já que são nossos comportamentos e atitudes que revelam um novo jeito de lidar com as telas, máquinas inseparáveis para nos relacionarmos com um mundo cada vez mais automatizado.

É impressionante, com tanto acesso à informação nas telas, como os discursos continuam sendo reproduzidos, moldando um pensamento sobre uma cultura que não consegue ampliar os limites impostos ao longo da história. A exemplo da imagem dos povos indígenas como um grupo só, e não vários grupos constituídos por culturas, costumes e formas de interação com o meio ambiente diferentes. Eu, privilegiado por meu amplo acesso à informação, desconhecia quem são, onde estão e quais lutas esses povos enfrentam. A ideia de que hoje tudo está disponível na internet não garante que iremos compreender questões como essa.

Se não trouxermos pautas como a equidade racial e a diversidade cultural para a Educação Audiovisual, desperdiçaremos uma potência de usarmos a linguagem das telas como um meio para resistência. Confesso que nunca consegui compreender tamanha complexidade dos diversos grupos identitários que habitam a cultura das infâncias. Identidades que se misturam cada vez mais devido ao acesso a outras culturas no espaço virtual, porém existem pontos enraizados, como certos estereótipos que fortalecem o projeto colonizador para minimizar o outro. Eu mesmo era uma pessoa que sabia dessa diversidade dos povos indígenas, mas nunca me desafiava a conhecer profundamente quem são eles. As infâncias me ajudaram mais uma vez nessa descoberta.

Graças à internet, meu trabalho como EA estava sendo muito espalhado entre as pessoas do meio audiovisual em 2011. Isso me fez receber diversas mensagens de projetos interessados nas oficinas que eu ministrava. O projeto sul-mato-grossense *Memórias do Futuro*[30] me convidou para ministrar oficinas audiovisuais para um coletivo de jovens pesquisadores brincantes que estava sendo formado no estado, em prol da preservação da cultura do brincar no tempo das infâncias. Foi lá que tive o contato com jovens com uma diversidade tremenda, que viviam nas cidades, grupos ribeirinhos e um grupo de adolescentes que viviam no interior do estado, na Aldeia Amambai, dos povos Guarani Kaiowá.[31]

As crianças desenvolvem ao longo da vida certos estados de satisfações, como a alegria de ver o mundo, assim como a possibilidade de imaginá-lo diferente. E, por isso, alimentar a imaginação infantil é lançar-se em uma revolução junto a elas. Nasceu a ideia de juntarmos em um só vídeo a memória do brincar de duas jovens, uma que vivia na cidade de Campo Grande (MS), Lizandra, e outra em uma aldeia Guarani Kaiowá em Amambai (MS), Francieli. Um pequeno documentário intitulado *Amigas da Infância.*[32] A sinopse dizia: duas meninas separadas pela distância e pelo tempo, mas unidas pelas brincadeiras.

Enquanto editava junto aos jovens a gravação durante uma tarde, tivemos a ideia de contrapor os depoimentos, mostrando como havia uma desigualdade presente na condição dessas duas meninas, diante do contexto social, cultural e econômico. Isso não inviabilizava o fato de terem boas lembranças do como era brincar quando crianças. O vídeo revelava como suas identidades eram diferentes de acordo com suas realidades. Enquanto uma tinha balanço para brincar, outra brincava no cipó. Uma delas não tinha ninguém para brincar, a outra não tinha brinquedos e se divertia com os animais. Uma delas ganhou um cavalinho de pau, e outra tinha um cavalo de verdade, chamado Lindoia. Enquanto uma teve sua festa de aniversário registrada por uma sessão de fotos quando era criança, resultando em um álbum de fotografias daquele momento, a outra menina guardava apenas na memória suas imagens do tempo de infância. Na descrição, qual seria a menina branca e qual seria a garota indígena?

A experiência audiovisual fez com que duas jovens, com a constituição de identidades bastante diferentes, pudessem desenvolver uma amizade, indo além de suas diferenças e se unindo para preservação da memória de suas culturas. Foi na *timeline* da ilha de edição que comecei a entrar em contato com a realidade dos povos indígenas. Coincidentemente, neste mesmo ano, as questões indígenas ganharam grande repercussão nas redes sociais e na mídia, depois que os povos Guarani Kaiowá sofreram diversas ameaças de despejo de suas terras no Mato Grosso do Sul. Sem apoio governamental e social para sua luta pelo território, foram auxiliados pelo CIMI (Conselho Indigenista Missionário) e conseguiram ter visibilidade a partir de redes sociais como *Facebook* e *Twitter*, ao publicarem, no dia 11 de outubro de 2012, uma carta de ameaça de suicídio coletivo. No período, diversas pessoas, inclusive eu, substituímos os sobrenomes nos perfis pessoais do *Facebook* por "Guarani Kaiowá" em apoio à causa.

Depois dessa experiência, passei a buscar em meu trabalho a inclusão de discussões sobre a cultura nas infâncias no contexto dos povos originários do Brasil para que estes também pudessem ocupar seus lugares nas telas. Ao realizar uma oficina para um público ou fazer um filme educativo sobre determinadas culturas, como a dos povos Guarani Kaiowá, podemos ampliar nosso conhecimento como educadores, aprendendo com diferentes culturas muitas coisas especiais, como outras formas de brincar, de interagir com a natureza e de reivindicar os direitos que cabem a todas e todos nós.

Nossa equipe do '*O que queremos para o mundo?*' estava prestes a realizar algumas intervenções audiovisuais durante a Conferência das Nações Unidas sobre Desenvolvimento Sustentável, a Rio+20, realizada em junho de 2012 no Rio de Janeiro, que ficou conhecida por comemorar o marco dos vinte anos de realização da Conferência das Nações Unidas sobre Meio Ambiente e Desenvolvimento (Rio-92), contribuindo para a definição da agenda do desenvolvimento sustentável para as próximas décadas no mundo. Eu não podia deixar de estar lá para difundir os conteúdos produzidos junto com as crianças. Pedi para que os meus novos amigos, jovens pesquisadores brincantes Guarani Kaiowá, produzissem algum conteúdo para exibirmos no contexto da Rio+20. Estávamos ansiosos para saber se eles me enviariam algo e, por meio de uma vídeo-carta, pude conhecer melhor o que eles queriam para o mundo. O que me surpreendeu não foi a estrutura narrativa do material que me enviaram, mas sim sua profundidade. Por meio de palavras em sua língua nativa Guarani Kaiowá, responderam com vigor aquilo que queriam para o mundo. São palavras que ressoam em mim até hoje como uma espécie de manifesto para estar presente na identidade dos projetos que desenvolvo. O vídeo foi intitulado *Ore Roipota Tekoha Guasupe*[33], tradução de '*O que queremos para o mundo*' na língua Guarani Kaiowá. Essa frase não era uma pergunta como a de nosso projeto, mais sim uma afirmação.

Para encerrar esse relato, descrevo quais eram as falas que expressavam o desejo de cada jovem, sintetizadas em vinte e três palavras ou breves frases de cada um deles no vídeo: Pya Guapy (Paz); Ñangareko Kaguy Porãre (Preservar a natureza); Ñemity (Mais alimento); Vyapa (Felicidade); Tekombo'e (Educação); Vyapa (Felicidade); Tekojója (Igualdade); Ñepytyvõ (Colaboração); Tembiapo (Mais trabalho); Ani Jaikovai (Menos violência); Sa'i mboraihu (Menos pobreza); Enagareko y're (Preservar a água); Marangatu (Sagrado); Jehaihu (Amor); Vy'apa (Alegria); Tesãi (Saúde); Ani ñañomotí (Menos humilhação); Tekombo'e (Educação); Ñembyaty (União); Vy'apa (Alegria); Teko Vya (Comunhão).

Ao pensar o audiovisual como uma prática descolonizadora dos olhares sobre as infâncias, assumi um compromisso para que as telas pudessem ter uma influência positiva na vida de todas as e todos os participantes das atividades que desenvolvo. As telas como auxílio para a construção das identidades dessas crianças e jovens, que vivem em condições marginalizadas no Brasil, poderiam ser pensadas como um meio para que elas pudessem interagir entre si, revisitar suas memórias como povos originários, valorizar suas culturas, assim como intercambiar olhares junto a outros povos. Vale ressaltar que o censo demográfico de 2010 divulgou a existência de 305 etnias diferentes no Brasil e 274 línguas indígenas.[34] A população indígena em 1500 era de aproximadamente 3 milhões de habitantes divididos entre mil povos diferentes. Até que ponto estamos assistindo a ou produzindo filmes educativos que nos mostrem a realidade das crianças indígenas, quilombolas, ribeirinhas, assim como das crianças que vivem em assentamentos rurais e assim por diante? A chegada das telas também poderia ser vista como uma chegada colonizadora dos olhares desses povos, por isso acredito que deveriam ser utilizadas a favor dos interesses daqueles que recebem esse novo recurso de comunicação e expressão, principalmente ligado às diversas possibilidades de uso no campo da educação atenta às diferenças identitárias.[35]

Não há dúvida de que a educação para as telas precisa se atentar para a questão das identidades, já que é improvável e duvidoso que as crianças das novas gerações nasçam sabendo utilizar as telas. O que parece plausível é o fato de elas já nascerem imersas nesses ambientes tecnológicos, cercadas pelos dispositivos desde pequenas. Em função disso, temos a sensação de que elas já nasceriam prontas e mais aptas aos usos das telas, quando, na verdade, por estarem cercadas de estímulos e exemplos, acabam copiando, reproduzindo e experienciando desde muito cedo esse universo, muitas vezes sem nossa mediação. Assim, por observação e repetição de hábitos culturais, a criança vai estabelecendo sentidos e aprendendo sobre o funcionamento das telas ao seu redor. Nem sempre estaríamos no centro desse processo de mediação. No caso do EA talvez sim, pois possuímos esse objetivo. A tela se torna um material instigante a ser explorado pela criança, um objeto que não é estático, mas que, ao contrário, possibilita uma interação efetiva, com cores, vozes, músicas, imagens, possibilidades sensoriais variáveis.

Ressalto que não podemos negar os benefícios das tecnologias na vida das pessoas que têm acesso a elas, a exemplo do acesso que temos ao conhecimento disponibilizado pelos filmes, séries, documentários e outros formatos de conteúdos. Vivemos em uma *sociedade em rede,*[36] na qual as informações se tornam mais dinâmicas e disponíveis se sabemos buscá-las no *mundo das telas*. Ao mesmo tempo que as tecnologias podem auxiliar ou até fundamentar nossas vidas, muitas pessoas ainda estão totalmente apartadas do acesso a elas. Embora o mundo esteja cada vez mais globalizado, as desigualdades, inclusive pela cultura digital, seguem sendo demarcadas.

Com relação à cidadania, o mesmo paradoxo parece estar presente, já que o universo das redes pode engajar a participação dos atores sociais. Perceba como hoje é possível o acesso à cidadania, quando pensamos no engajamento político que diversos grupos de indivíduos passam a ter nas redes sociais por meio de abaixo-assinados, denúncias, *midialivrismo* e as *hashtags*, como *#VidasNegrasImportam*. Confio nas crianças para que elas também construam seus movimentos pelas telas, que reivindiquem seus anseios e tenham liberdade para a relação de alteridade com outra criança com a qual elas interagem. Se considerarmos que toda interação gera aprendizado e constitui identidades, as relações da criança com um animal de estimação, com um celular, com outra criança, com uma pedra, assim como com sua mãe, propiciam interações possíveis para a construção de um conhecimento sobre o mundo.

O que não podemos esquecer é o fato de que em uma sociedade baseada na informação, existem pessoas aptas a se tornarem invisíveis devido à falta de acesso ao *mundo das telas*, aqueles que poderíamos chamar de *analfabetos digitais*. São grupos que continuam sendo esquecidos, excluídos da sociedade concreta e virtual. Aliás, cada vez mais, para ser e se afirmar cidadão, precisamos dominar essas tecnologias em nosso cotidiano. Tal constatação nos impõe uma compreensão ambígua sobre a *sociedade em rede*, local de todas as possibilidades e, ao mesmo tempo, um novo espaço de exclusão. São os usos que fazemos das telas que podem torná-las emancipadoras ou reforçadoras de opressão; talvez as duas coisas, porque a sociedade global em rede recria as próprias contradições sociais, ao mesmo tempo que apresenta novas possibilidades e novos problemas.[37]

Quando um roteirista escreve uma história para uma criança, ele sempre deveria questionar quais tipos de estereótipos estariam sendo potencialmente reproduzidos nas histórias, para que não se insira certos discursos hegemônicos. O fato de desenhos animados possuírem mais super-heróis do que super-heroínas, mais personagens brancos do que negros ou pardos, exemplifica o que estou falando. São coisas sutis que reverberam ideologicamente, consciente ou inconscientemente, na forma da criança se relacionar com o conteúdo, adquirindo referências sobre como as relações sociais são construídas sem uma equidade racial, por exemplo. Quando os filmes para as crianças passam a ser escritos, produzidos e dirigidos por mulheres, ambientalistas, membros da comunidade LGBTQI+, por exemplo, nasce também uma oportunidade para que elas possam ter acesso a um outro olhar sobre esses mesmos conteúdos. Essa diversidade de perspectivas incentivaria a constituição de alteridades.

A lógica herdada pela indústria cinematográfica, de um mercado de fazedores de filmes como uma linha de produção, afastou-nos dos processos de pesquisa para possíveis formas diversificadas de aprendizagem junto à linguagem audiovisual. Isso nos obriga a buscar novas propostas como EAs, em uma espécie de comunidades de resistência que lançam mão das tecnologias da informação para permitirem um tipo de comunicação mais horizontal entre aqueles que frequentam o *mundo das telas*. Basta observarmos como aqueles que lutam hoje por um lugar de fala na sociedade veem nas telas um território de disputa de narrativas (RIBEIRO, 2017). Gostaria de refletir sobre a construção de identidades de resistência e de projetos, pois me parece que seria um ótimo caminho para que nós, Educadores Audiovisuais, pudéssemos ser vistos como pessoas mais do que preocupadas com as telas, como um coletivo que busca nas telas uma *comunidade de aprendizagem* (HOOKS, 2017).

A escritora, professora e intelectual negra insurgente bell hooks (2017), que utiliza a letra minúscula no nome para dar atenção ao conteúdo da sua escrita e não à sua pessoa, ensina-nos a pensar a educação como prática de transgressão. Transgredir no sentido de atravessarmos, excedermos, ousarmos e problematizarmos as noções que pressupõem a existência de uma norma fixa que estabeleça e demarque limites nas instituições de ensino, como escolas, universidades e outras mais. A partir de uma influência direta e íntima com o pensamento de Paulo Freire – com quem a autora chegou a conviver –, hooks partilha com ele a luta por uma pedagogia libertadora, atrelada a um pensamento emancipatório na perspectiva do feminismo negro. Assim como ela, também acredito na educação como uma prática da liberdade. Seu trabalho me ajudou a compreender como podemos reinventar os espaços de aprendizagem em uma perspectiva de resistência ao sistema convencional da sala de aula, um modelo ainda pautado por currículos *eurocêntricos e* disciplinares, baseados em conteúdos homogêneos, ainda centralizados nos modelos dominantes, que trazem como norma o branco, o masculino, o heteronormativo e o conhecimento como algo expositivo e teórico.

A arte torna-se essencial como estratégia para reinvenção das práticas pedagógicas da escola, ao trazer em sua essência a possibilidade de cultivarmos a expressão artística como meio para nos relacionarmos com o mundo. Assim, a linguagem audiovisual ganha um papel fundamental para nós educadores, que podemos pensá-la além de um recurso puramente didático na sala de aula. Alain Bergala (2008), cineasta francês, crítico e professor de cinema, desenvolveu em 2000 um plano de políticas públicas para introduzir a arte do cinema nas instituições públicas francesas a convite do Ministério da Educação de seu país. Essa proposta resultou em um livro muito estudado por pessoas interessadas na relação entre *Cinema* e *Educação, A hipótese-cinema: pequeno tratado de transmissão do cinema dentro e fora da escola.* O autor faz uma crítica ao uso apenas didático do cinema ou do trabalho com o filme na escola, embora seja também importante. Ele acredita que o aluno precisa da experiência do fazer o cinema para compreender suas dinâmicas e potencialidades (BERGALA, 2008, p. 64).

> (...) talvez fosse preciso começar a pensar – mas não é fácil do ponto de vista pedagógico – o filme não como objeto, mas como marca final de um processo criativo como arte. Pensar o filme como a marca de um gesto de criação. Não como um objeto de leitura, descodificável, mas, cada plano, como a pincelada do pintor pela qual se pode compreender um pouco seu processo de criação. Trata-se de duas perspectivas bastante diferentes. (BERGALA, 2008, p. 33)

Além de não ser fácil, do ponto de vista pedagógico, inserir novos processos criativos como a arte, existe um risco de a prática de fazer filmes na escola se tornar uma modalidade específica de ensino, com fórmulas, dispositivos rígidos ou intelectualizados, cabível de desenvolver nesse campo uma cultura da reprodução, e não reinvenção, do que é experienciado em outros lugares. Os alunos e professores de escolas públicas na França possuem uma cultura bem diferente da dos professores, jovens e crianças do Vale do Jequitinhonha, em Minas Gerais, no Brasil. São identidades permeadas por um contato mais próximo ou distante das telas, assim como diferentes no contato com a linguagem cinematográfica ao longo da história. Precisamos nos atentar àquilo que nos é colocado como uma prática ideal de pedagogia audiovisual. Cada criança tem uma demanda diferente em relação a como experienciar o *mundo das telas*. Por isso, considero que além da relação entre cinema, estudantes e professores, possamos convidar para esta roda de conversa as Educadoras e Educadores Audiovisuais, pessoas que possuem hoje uma identidade híbrida em seu ofício, ao trafegarem entre a identidade de aprendizes, cineastas, pesquisadores, entusiastas e praticantes do audiovisual como um meio para compreensão não só da realidade da escola, mas também de quem somos e o que podemos fazer pelo mundo.

Na minha experiência pessoal, sempre me senti reprimido em espaços educativos que limitaram as diferentes formas de ensinar. Desde cedo, minha memória era muito visual e corporal, aprendia por meio da observação e não da memorização de conceitos. Provavelmente, diriam que eu teria um *transtorno de déficit de atenção* por não conseguir compreender as aulas expositivas de matérias como matemática, assim como tinha dificuldade de realizar as propostas de uma educação artística nas quais os desenhos já vinham prontos para que pudéssemos apenas colorir dentro. Embora possamos constatar algumas mudanças, especialmente quando comparamos as diferenças de estruturas tecnológicas e oportunidades oferecidas pelas escolas públicas e privadas no país, será que poderíamos reconhecer mudanças significativas em relação aos dias de hoje? Como problematiza bell hooks, em relação à manutenção do conhecimento universal:

> Apesar de o multiculturalismo estar atualmente em foco em nossa sociedade, especialmente na educação, não há, nem de

> longe, discussões práticas suficientes acerca de como o contexto da sala de aula pode ser transformado de modo a fazer do aprendizado uma experiência de inclusão [...]. Vamos encarar a realidade: a maioria de nós frequentamos escolas onde o estilo de ensino refletia a noção de uma única norma de pensamento e experiência, a qual éramos encorajados a crer que fosse universal [...]. A maioria de nós aprendemos a ensinar imitando esse modelo. (HOOKS, 2017, p. 51)

Pensar nas potencialidades de transformação, dentro e fora da escola, no aprendizado como experiência de inclusão, aproximaria-nos das discussões sobre o audiovisual e a inserção tecnológica como recurso educativo. Quando as telas passam a integrar o cotidiano das crianças e das escolas, elas também passam a constituir as formas pelas quais construímos nossas identidades. Essa constatação não quer dizer que as mídias são necessariamente utilizadas de forma crítica e criativa nas escolas, apenas que elas passam a funcionar como dispositivos em potencial. Cabe a nós, educadores e educadoras, criarmos mecanismos de resistência aos padrões tecnológicos impostos por um *sistema de educação bancária.* O termo *educação bancária* foi utilizado por Paulo Freire (2019, p. 27) para metaforizar qual é o tipo de sistema de educação que interessa ao capitalismo. Nas palavras de hooks (2017, p. 14), em diálogo com Freire (2019), esse é um sistema educativo "baseado no pressuposto de que a memorização de informações e sua posterior regurgitação representam uma aquisição de conhecimentos que podem ser depositados, guardados a usados numa data futura".

Nesse contexto, uma pedagogia engajada é aquela que se apropria das tecnologias e cria novas abordagens de aprendizagem que questionem as hierarquias coercitivas, construindo caminhos para essa educação como prática da liberdade. Isso nos obriga também a questionar os usos que fazemos dessas tecnologias, aceitando o fato de que novas plataformas nos exigem novas formas de leitura, novas modalidades de interação, novas condutas e formas de aprendizados: usar a internet como se ela estivesse restrita à mesma função de uma enciclopédia, por exemplo; baixar um aplicativo de educação para leitura de uma notícia como se pegássemos um jornal impresso para ler; receber os boletins escolares pelo celular como se fosse uma mala direta que acabou de chegar dos correios. Da mesma forma que o livro impresso ou virtual não substituiu as práticas orais, o surgimento do cinema não substituiu a fotografia, assim como a televisão não acabou com a existência do rádio, talvez as novas tecnologias audiovisuais façam parte deste processo de coexistência e readaptação permanente.

As oportunidades de acesso às tecnologias audiovisuais também estão condicionadas à realidade social e econômica das crianças e adolescentes de cada escola. Uma instituição privada já possui seus grandes laboratórios de robótica à disposição dos alunos no currículo ou de forma extracurricular, como uma oferta terceirizada e igualmente paga. Agora pense naquelas escolas públicas que não sabem o que fazer devido à falta de instrução com aquele tanto de tecnologia estocada em seus laboratórios de informática. Esses laboratórios viraram uma espécie de museu das tecnologias de comunicação e informação no espaço escolar. A carência do fomento à educação "para" e "com" as tecnologias é reflexo de uma política pública que desconsidera uma inserção amigável dos eletrônicos nas escolas. Esse museu de tecnologias no espaço da escola é financiado pelos governos e as empresas parceiras, que sobrecarregam a infraestrutura das escolas com suas lousas digitais, computadores, câmeras de filmar e dezenas de *tablets* que muitas vezes não dialogam com a realidade daquela comunidade escolar. São vários motivos pelos quais a falta de formação continuada, assim como a falta de um programa de educação tecnológica, inviabiliza o tempo dos educadores e das educadoras que já trabalham em diversas escolas e turnos e que agora precisam aprender a usar as tecnologias de ensino-aprendizagem.[38]

Não é somente o fato de sermos mais velhos, ou pertencermos a uma geração mais antiga, que poderia servir de argumento para justificar a nossa falta de tato ou conhecimento com as tecnologias. Ora, como você, que é professor ou professora, que ensina novos conhecimentos para as crianças, não poderia adquirir novas habilidades com as telas? Talvez isso seja possível por meio de oportunidades iguais para escolas privadas e públicas, já que no mundo globalizado todos os países possuem pessoas e populações subalternizadas com uma tendência de desigualdade para aquisição de novas habilidades *sociotécnicas*. O sistema capitalista oferece mais oportunidades de aprendizagem para quem pode pagar, enquanto a escola pública, sucateada e estendida ao grupo social desprovido de recursos financeiros, em sua maioria, lida com a falta de oportunidades tecnológicas. Isso gera um impacto negativo nas crianças que estudam nas escolas menos favorecidas hoje, pois suas identidades são permeadas por uma lógica de uso da tecnologia escassa, com limitação. Falta conhecimento e estímulo para a criatividade dessas crianças.

Uma mudança na proposta pedagógica da escola seria de suma importância para a inserção das tecnologias audiovisuais como um elemento para a realização de novas práticas de pedagogias descolonizadoras, que resistam à lógica das aulas expositivas como a única proposta viável, assim como à imagem de carteiras viradas para o quadro negro em uma abordagem na qual o professor fala e as crianças apenas escutam. Por que não transgredir os currículos fechados, os horários de aulas cronometrados, a falta de convivências de aprendizagem em meio à natureza, além de tudo aquilo que já sabemos ser necessário transmutar?[39]

Uma das frases mais comentadas em eventos que debatem os desafios da atual educação em nosso país é a de que *temos escolas do século XIX, com professores do século XX, para alunos do século XXI*. Ao acreditar que as escolas são um espaço de construção do conhecimento, socialização e mediação com o mundo, por que o uso criativo e emancipatório das tecnologias educativas foi tão demandado no momento em que os muros da escola e as paredes das casas foram invadidos com os problemas da sociedade, após o marco da pandemia, em 2020? Isso nos levou a uma reflexão crítica sobre a relação do uso das tecnologias audiovisuais de forma eficiente e não exaustiva para todas e todos. Logo eu, que estava em plena escrita deste livro, precisei parar, respirar e repensar, como educador, sobre toda essa reação invasiva das telas nas casas das pessoas, especialmente daquelas que fazem parte das comunidades escolares.

A partir do momento em que o mundo invadiu a escola e a escola invadiu as casas, uma educação audiovisual indisciplinar, ou seja, que não pode ser disciplinada ou reduzida a uma disciplina delimitada, ocorreu. Essa é uma crítica ao uso da educação audiovisual a partir de um modelo estrutural disciplinar dos contextos escolares, para que seja possível pensar as linguagens das telas como um recurso capaz de criar narrativas que dialogam com um contradiscurso. Comecei então a pensar em quais seriam as habilidades que podemos desenvolver como facilitadores, mediadores e educadores para que o vidro da tela deixe de ser uma parede, muro ou grade, e passe a ser um espelho para a construção das identidades, um lugar de alteridade. Por que não pensarmos as telas como uma ponte ao outro, professores, colegas de classe e indivíduos que estão do outro lado do dispositivo tecnológico com o propósito de aprenderem? Ao invadir a vida das pessoas em todas as dimensões do cotidiano, o *mundo das telas* é agora mais do que um espaço: um território de aprendizagem a ser explorado pela escola. Esse novo território[40] deve ser utilizado de forma inteligente, para que as identidades das crianças possam identificar nele um ambiente para a expressão de suas subjetividades.

O que é ser uma menina hoje no *mundo das telas*? Existem muitas formas de se reconhecer por meio do feminino, não é somente uma imagem cristalizada de menina que irá revelar nas redes sociais quem ela é. As imagens em movimento são pensadas aqui como uma narração das nossas histórias individuais e coletivas junto à cultura das infâncias, uma cultura em construção para e com o outro. A imagem assume um papel central no ambiente contemporâneo, impulsionada pela rapidez com que as telas são disponibilizadas neste mundo mercadológico que promove questões como: a banalização dos equipamentos digitais, o barateamento e a multiplicação de dispositivos, além da fragmentação das instâncias de produção e distribuição do conteúdo.

Com suas propriedades técnicas, as novas tecnologias impactam toda a cadeia de produção de um conteúdo audiovisual, desde a concepção até a forma como o conteúdo chega à criança, como se fossem "gratuitos" ou "sem pretensões". Vivemos em um tempo no qual a própria linguagem audiovisual passa a entrar em crise de identidade, já que filmes não são criados por si só, mas sempre mediados por sujeitos que irão criar, produzir e consumir tais narrativas em um contexto de *selfies, lives* e *merchandising*. Todo esse novo arranjo causado pela midiatização nos leva a pensar que a arte ocupa outro lugar hoje em dia, dialogando com outras dinâmicas e operando em convergência ao contexto da construção de identidades. Mas também está em curso uma mudança esperançosa nos modos de comunicação das mídias formais, que passam agora a criar uma espécie de comunicação mais colaborativa e menos ligada apenas à transmissão de informações, a exemplo das gravações de cenas de filmes que são realizadas em diversos lugares e compartilhadas pela internet, muito comuns de serem produzidas nos períodos de isolamento social devido à pandemia do *coronavírus*.

É importante perceber como são mobilizadas as formas de atuação social em rede, identificando uma possível relação entre a manifestação cultural, a identidade e o cotidiano. Uma reflexão possível seria como nossas rotinas se arranjariam nestes territórios típicos da sociedade em rede, como as mídias sociais, incluindo *blogs*, *microblogs* (como o *Twitter*), redes de relacionamento (como *Facebook*), *games* (como o *Pokemon Go*), *broadcast* (como o *YouTube*), realidade virtual (*Google Cardboard*), entre outros. Formas de expressão por meio das telas, compartilhadas e colaborativas, que envolvem os sujeitos em torno de situações que revelam os modos de articulação das subjetividades e as dinâmicas sociais na contemporaneidade.[41]

Toda a conversa até aqui apresentada, incluindo alguns conceitos pontuais de autoras e teóricos, criou um pano de fundo para que eu possa relatar, a partir de um olhar mais crítico, as experiências que vivenciei com as crianças. Irei partilhá-las em um exercício de lembrança sobre como nasceram as oficinas audiovisuais que desenvolvo até hoje, a direção do meu primeiro filme longa-metragem educativo, sua difusão e até quando chegamos a desenvolver outros processos por meio de jogos e brincadeiras audiovisuais com as crianças.

RELATOS DE UM EDUCADOR AUDIOVISUAL

> O QUE SOMOS,
> O MUNDO É.[42]
>
> Jiddu Krishnamurti

A importância das oficinas

Em meados de 2010 conheci uma menina de 5 anos chamada Alice, que mudou a forma de me relacionar com as crianças. Ela era filha de uma professora que eu conheci em um cineclube que coordenava, o Cineclube Curta Circuito.[43] Além de coordenar, eu mediava sessões semanais de filmes brasileiros para um público diverso, todos e todas frequentadores do Cine Humberto Mauro, cinema do Palácio das Artes, um importante espaço cultural de Belo Horizonte.

Foi tão especial esse encontro com Alice que ele me inspirou na invenção do projeto *Reciclixofônico*, que depois de uma década veio a se tornar o projeto *Inventário dos Pequenos Futuristas - Volume 1*,[44] um almanaque impresso de educação audiovisual para que as crianças inventem, por meio do mundo da tecnologia, soluções para problemas causados pelos homens à natureza. Somente uma criança poderia me inspirar a querer produzir filmes e projetos para crianças em um momento em que minha motivação na produção de filmes para adultos não fazia mais sentido. Foi a partir da aprendizagem por meio do olhar de crianças com quem estava convivendo naquele momento que pude desconstruir a imagem do que é ser criança no mundo, já que até os meus 23 anos eu tinha dificuldade imensa de identificar a cultura da infância como algo rico, pulsante, cheio de particularidades.

Alice me mostrou o quanto os detalhes do mundo poderiam ganhar outras formas se acessássemos nossa imaginação. Eu me divertia muito ao conversar com ela e até hoje guardo um imã de geladeira com desenho de gato que ela me deu. Lembro-me de um *blog* que ela estava fazendo chamado *Casa da Árvore*, que era uma espécie de um estúdio de suas criações, com desenhos, invenções e outras coisas muito divertidas, que traziam uma alegria e muita inspiração durante os rápidos momentos em que pude brincar com ela. Foi nesse momento que eu tive um estalo e vi despertar em mim uma ideia de como poderia aprender com as crianças. Essa percepção subjetiva trouxe a ideia de que, com o olhar das crianças, podemos ser guiados por um caminho novo, já que minha criatividade de pessoa adulta estava se tornando muito carente, no sentido das possibilidades de construção de narrativas fantásticas, sensíveis e ao mesmo tempo vibrantes, como as crianças fazem brincando ou narrando suas histórias.

As oficinas do projeto *'O que queremos para o mundo?'* foram pensadas como uma experiência audiovisual para o ensino-aprendizagem, com o propósito de mediar processos de interação entre adultos e crianças nos diversos cenários, seja uma escola convencional, seja ainda nas escolas que valorizam os aspectos etnoculturais e de classe nas periferias e nos interiores. As oficinas de educação audiovisual em que estive envolvido – da criação à realização – sempre buscaram lidar com três questões elementares: o que as crianças querem para o mundo? Como as novas tecnologias podem se tornar instrumentos funcionais para as primeiras gerações? A falta do contato com a natureza está tornando as crianças vulneráveis na busca por se conhecerem e se relacionarem com o outro?

Assim, com o objetivo de estimular a sensibilidade infantil em busca de inspirações para um mundo melhor, sempre acreditei na capacidade de o cinema e a educação promoverem experiências estéticas das mais diversas naturezas, que expandissem a criatividade e provocassem o protagonismo dos que acabam de chegar a um mundo em crise, cheio de desafios e descobertas. Um uso das tecnologias que permita espaços de escuta lúdica para manifestação dos modos das crianças de serem e estarem no mundo. Por que não uma pedagogia sensível para um novo mundo, que nos permita olhar para o lugar dentro de nós e também fora de nós? Quando esses mundos, subjetivo e objetivo, encontram-se, acredito que podemos desenvolver um terceiro olhar sobre a realidade, sendo esse o tipo de visão que busco revelar em mim como um Educador Audiovisual. Recordo que foi exatamente isso que pude expressar durante o discurso de lançamento do longa-metragem '*O que queremos para o mundo?*', na Mostra de Cinema de Tiradentes, em 2016. Esse novo olhar nasce em um mundo atento às subjetividades infantis, em comunhão com as poéticas da infância e sua relação com as realidades que variam de criança para criança. Uma conexão profunda com a imaginação e seu potencial de invenção de paisagens próprias e compartilhadas. Foi por isso que escolhemos símbolos[45] que pudessem criar tonalidades para comunicarmos nossos valores enquanto projeto. São eles: o Coração, a Flor, o Beija-flor e o Sol, tão singelos e fortes, para estimular o imaginário das crianças. O Coração representa o interior de todos os seres e a comunhão por meio do amor genuíno. A Flor é a relação e o cuidado com a natureza e a sensibilidade. O Beija-flor representa a liberdade de expressão, o lugar de fala, sua graça e autenticidade. O Sol, por sua vez, é a primeira energia, a expansão de uma consciência crítica, a curiosidade em uma constante busca da emancipação de nossos olhares. Esses valores eram apresentados às crianças por meio do primeiro vídeo que produzimos. Trata-se de uma vinheta de 30 segundos, na qual tais ícones são apresentados e, ao final, uma pergunta de duas meninas – que são filhas de duas amigas – é feita: "Crianças, o que vocês querem para o mundo?". A partir da vinheta[46], lançamos nossa pergunta por meio da plataforma *YouTube* e a compartilhamos em diversas redes sociais.

Enquanto planejava realizar um filme educativo, ainda em formato de curta-metragem e não longa-metragem, como veio a se tornar, utilizava pequenas peças em vídeo, como a citada, para apresentar o projeto para o público infantil. Na maioria das vezes, as mães e os pais, ligados às minhas redes de relacionamento primárias, eram quem recebiam esses conteúdos. Por saber criar peças visuais e digitais de divulgação, pude inventar um universo para o projeto que fosse mais próximo das crianças, utilizando cores vivas, trilhas sonoras agradáveis, animações gráficas e outros recursos que geravam, em todos que recebiam essa partilha audiovisual de conteúdos, uma curiosidade em saber o que as crianças teriam respondido quando questionadas em relação a seus desejos sobre o mundo. Uma chamada criativa foi elaborada na rede *Its-Noon*,[47] uma plataforma de interação entre pessoas e suas ideias. É uma mídia social inovadora que conecta *crowdsourcing* e economia criativa, ambientes virtuais que podemos pesquisar sobre tendências, opiniões e comportamentos de forma colaborativa e ainda ser remunerados por aquilo que criamos por meio das chamadas *on-line* temáticas. O cuidado com o meio ambiente, educação financeira e a valorização das culturas tradicionais são exemplos dessas chamadas.

A pergunta '*O que queremos para o mundo?*' se tornou uma chamada criativa e trazia retornos muito interessantes por meio de vídeos enviados por internautas. Confesso que a impessoalidade digital me causa um grande incômodo, já que não posso interagir presencialmente com familiares e crianças, trocar ideias, sorrir, olhando para o sorriso do outro, sentir a presença do outro comigo. Eu sinto isso também com as exibições de filmes que realizo e não posso estar presente nas sessões. O que eu gosto? Eu gosto mesmo é de olho no olho, interação no mundo real e por isso as oficinas são tão importantes para meu ofício como Educador Audiovisual. Gosto tanto de realizá-las de forma presencial que vocês, leitores e leitoras, não fazem ideia! Imagina como me senti logo após a suspensão de atividades presenciais em escolas durante o isolamento social estabelecido no auge da pandemia da Covid-19? Não sabia que realizar as oficinas para as crianças era ainda mais divertido do que a outros públicos e que a cada experiência eu me tornava uma pessoa mais sensível e engajada diante das questões sobre o mundo. Cada atividade tinha uma duração de 3 a 12 horas, a depender da disponibilidade das escolas ou instituições parceiras.

Quando digo que gosto de realizar essas práticas audiovisuais, não se trata apenas de ir a uma escola e ficar algumas horas com as crianças, falando algo sobre cinema ou como adquirir novas habilidades tecnológicas. Refiro-me às articulações que um EA pode realizar ao preparar a melhor abordagem para trabalhar um tema de interesse das crianças ou da cultura a qual elas pertencem, a possibilidade de inventar coisas a partir da linguagem audiovisual e a construção de narrativas audiovisuais de forma cooperativa, que é também um processo educativo. Por que não produzir um filme micro (até 3 minutos), curta (até 25 minutos), média (até 50 minutos) ou longa-metragem (mais do que 50 minutos), no qual se utilize um formato de *set* espelhado com uma grande oficina entre crianças, a equipe técnica e o público final que assistirá? Sempre estou aberto a criar propostas a exemplo de séries para TV, internet, games e outros formatos nos quais o processo educativo esteja inserido na feitura das obras, colocando como objetivo principal o audiovisual como um meio para que as crianças aprendam e ensinem o que lhes interessa.

As questões socioambientais e socioemocionais sempre foram nortes temáticos nas oficinas, já que são temas em que podemos considerar a vida dos sujeitos participantes, com todas as suas particularidades, integradas ao meio ambiente. Isso é algo que nossa sociedade vem esquecendo atualmente e por isso não abro mão de trabalhar tais temas junto com as crianças. Esse é o *barato* da relação entre cinema e educação: se você gosta de temas como a natureza, andar de bicicleta, brincar ou compreender quais são nossas competências, não somente cognitivas, você pode então criar uma oficina audiovisual sobre aquilo que te encanta e pode encantar aqueles a quem você propõe a oficina.

Como eu já realizava programas de educação audiovisual para jovens desde 2006, em 2011 surgiram muitas oportunidades para levar até as crianças oficinas com essa pegada "ambiental" e "audiovisual" em festivais de cinema, como o FICA – *Festival Internacional de Cinema Ambiental*, em Goiás, onde realizamos uma oficina para 20 crianças da cidade de Goiás Velho em 2011. Essa foi uma das primeiras oficinas que realizamos para as crianças, assim como as realizadas em centros culturais como o *Memorial Minas Gerais*, em julho de 2013. Também estivemos nas escolas municipais e estaduais da cidade de Nova Era

(MG), em agosto de 2015. Muitas atividades também foram realizadas em *shoppings* de Belo Horizonte (MG), como o *Pátio Savassi*, em junho de 2014, e o *Boulevard Shopping*, em outubro de 2016, e no *Goiabeiras Shopping*, em outubro de 2018, na cidade de Cuiabá (MT).

O fenômeno de algumas crianças, se não muitas, viverem em um mundo tecnológico, sem sobrar tempo para suas vivências na natureza, tornou-se uma questão fundamental para mim. Por isso, inventei várias oficinas para gerar debate sobre isso com as crianças e também entre mães, pais, educadoras e educadores, que sempre tiveram a oportunidade de assistir aos registros das experiências trabalhadas. Fazíamos oficinas tanto voluntárias, em comunidades, quanto como contratados para atuarmos em projetos culturais de terceiros. Digo "fazíamos", no plural, pois sempre tínhamos uma equipe de pelo menos duas pessoas, realizador(a) audiovisual ou educador(a) comigo, promovendo essas oficinas. Sempre foi importante para mim nunca estar só nesses processos, já que trabalhar com ensino e aprendizagem junto às crianças demanda um cuidado em termos de segurança dos objetos tecnológicos disponíveis no espaço, atenção para as formas de abordagem que não retirem o lugar de fala das crianças, além do respeito com cada integrante daquela proposta de ensino e aprendizagem audiovisual.

As oficinas do projeto '*O que queremos para o mundo?*' foram nascendo, a exemplo de seis delas: 1. *Luz, Câmera, AÇÃO!*; 2. *Cartas à Natureza;* 3. *Origamis Animados*; 4. *Mural dos Sonhos*; 5. *Desenhos Animados*; 6. *Pequenos Futuristas.* O princípio dessas interações pedagógicas seria mais do que o ensino técnico do audiovisual ou de se chegar a um produto, como um vídeo feito por celulares com as crianças. Queria entender como a linguagem audiovisual poderia gerar um diálogo com as infâncias a partir do momento em que elas compreendiam que esse tipo de arte mediada pelas telas era também fruto de outras formas de expressão, como o desenho, a escrita, a música, a fotografia, o brincar, entre outros. Sempre tive muita sorte nos meus trabalhos – disse-me um amigo chamado César que "sorte é um resultado daquilo que nós mesmos construímos". Uma delas é o fato de sempre me questionar quando estou preparando uma proposta de oficina, no sentido de criar abordagens que sejam capazes de inverter a lógica de o adulto ser apenas o emissor do conteúdo para a criança e de considerá-la uma receptora da "aula de cinema". Não existe passividade nesta relação entre emissão e recepção no processo comunicativo, já que todos interagimos o tempo todo. Entre o *oficineiro* e os participantes das oficinas, sempre há uma troca entre as pessoas, a exemplo de como nossas identidades são transformadas a partir da relação com o outro, sejam crianças ou adultos. Por isso, a primeira coisa que acredito ser necessária para realizarmos oficinas audiovisuais, de acordo com essa abordagem que relato, é modificarmos uma das crenças limitadoras de muitos educadores: se ensino algo, sou o emissor; se aprendo algo, sou o receptor. Gosto mais da ideia de que se ensino algo, também aprendo como mediador, se aprendo algo, também ensino como mediador. Toda oficina é uma forma de comunicação baseada na ideia de *mediação audiovisual*. Torna-se necessário ouvir as crianças de forma ativa e presente, para então ajudá-las a transformarem tais expressões em narrativas audiovisuais após essa escuta. Entre escutar, observar, falar, questionar, problematizar, criticar, existe uma troca rica caso esse processo seja amigável, aberto às possibilidades de construção de um pensamento com o outro. Se buscarmos em um dicionário o significado da palavra pedagogia, encontraremos algo como um conjunto de métodos que asseguram a adaptação recíproca de conteúdos informacionais aos indivíduos que desejam aprender e ensinar de forma autônoma. Em meu livro de cabeceira – *Pedagogia da Autonomia*, de Paulo Freire (2019) – pude compreender melhor a ideia de *mediação audiovisual*, com a qual venho dialogando:

> É preciso, sobretudo, e aí já vai um desses saberes indispensáveis, que o formando, desde o princípio de sua experiência formadora, assumindo-se como sujeito também da produção do saber, se convença definitivamente de que ensinar não é *transferir conhecimento*, mas criar as possibilidades para a sua produção ou a sua construção. (FREIRE, 2019, p. 24)

Acredito que o *mundo das telas* não seja apenas um meio para transferência de informações sobre o mundo, mas sim um ambiente no qual poderíamos construir o mundo que queremos. Reside em nós uma dificuldade de ensinarmos nesse mundo tão novo e ao mesmo tempo tão presente na vida das crianças. Precisamos ensinar de forma compartilhada, mediada por uma conscientização de que os contextos históricos, sociais e culturais estarão sempre presentes durante os processos, já que "ninguém educa ninguém, como tampouco ninguém se educa a si mesmo: os homens se educam em comunhão, mediatizados pelo mundo" (FREIRE, 1987, p. 79).

Cada vez mais compreendo que a relação entre educação e tecnologia deve considerar o mundo como meio e não as telas como o mundo. O mundo das crianças pode ser mediado pelas telas, mas não reduzido a elas. Muita gente sabe da importância disso, mas imagino que colocar em prática por meio da Educação Audiovisual não é tão simples assim. Essa era a premissa de como gostaria de construir as oficinas como idealizador do projeto em questão: a partir de uma escuta empática sobre o que as crianças querem para o mundo, avançar nas infinitas possibilidades que a linguagem audiovisual tem para promover narrativas inspiradoras. A tecnologia era apenas o meio para que eu pudesse mediar trocas de saberes com as próprias crianças.[48]

Foi em 2013 que nasceu o primeiro material pedagógico produzido pelo projeto, assim como outros que vieram pela frente, como o *Caderno do Multiplicador I e II*[49], em 2017, ressaltando a importância de preparar da melhor forma possível as abordagens de como acreditamos que oficinas podem se tornar processos eficazes de ensino-aprendizagem. No primeiro Guia, estava escrito o seguinte: este plano visa à sistematização dos processos de execução das oficinas do projeto '*O que queremos para o mundo?*' - desde a pré-produção até a difusão dos conteúdos produzidos. Para facilitar aos mediadores, todo o processo era descrito, com possíveis alterações devido à variação de faixa etária e número de participantes. Ao revisitar nosso primeiro guia, deparei-me com esta frase que havia escrito e ainda faz muito sentido para mim: "*Comunicação só existe quando é um processo que transforma. E para ter transformação é preciso de sintonia entre almas e corações. Por isso, as oficinas são a essência desta iniciativa, um encontro entre mediadores e crianças, para que elas sejam incentivadas a criarem e compartilharem suas expressões".* Ou seja, lá atrás já considerávamos essa relação de uma mediação para e com autonomia junto às crianças, o que me deixou muito feliz ao ler nosso primeiro exercício para tentar criar uma espécie de pedagogia do nosso projeto.

Os formatos das oficinas estavam abertos a diversas maneiras de serem executados, incluindo os mais variados temas, faixas etárias e quantidade de público, sem perder de vista as possibilidades de trabalhar por meio da linguagem audiovisual questões como as competências *socioemocionais* e *socioambientais* das crianças. Acreditávamos que o ideal era serem conduzidas por, no mínimo, dois monitores e de 10 a 36 crianças por oficina. Diversas formas de cocriação poderiam e deveriam ser exploradas durante o processo, que consistia basicamente em:

a) Pré-produção: preparação de materiais e ambiente, realização do cadastro das crianças e responsáveis para banco de dados do projeto, assim como o recolhimento da autorização do uso de sons e imagens;

b) Dinâmicas de socialização: poderiam ser utilizadas diversas brincadeiras relacionadas ao tema proposto. Nesse momento, o segundo instrutor(a) iniciava a produção de um registro espontâneo com fotografias sequenciais para produção de um *stop motion*[50] ou pequenos vídeos que entravam no conteúdo de encerramento da oficina;

c) Sensibilização: etapa que abria uma discussão do tema de forma simples e com tempo suficiente para que todos e todas se expressassem e fossem ouvidos. Escutar e se fazer ouvir era muito importante nesse momento de trocas;

d) Reflexão: produção e materialização das ideias, seja em formato de cartas, desenhos animados ou esculturas, o vídeo era um meio e a forma de mostrarem que todos e todas podiam difundir suas ideias para um mundo melhor;

e) Gravação no Miniestúdio: o momento da gravação era o mais curioso e divertido, pois todos podiam exercer as diferentes funções do ofício da produção audiovisual, entre dirigir, filmar e ser filmado as crianças descobriam e experienciavam as variadas formas de praticar a criação de narrativas audiovisuais;

f) Edição e Difusão: os vídeos registrados ao longo do processo eram editados com todas ou sem a presença das crianças, a depender do interesse delas em acompanhar esse processo de montagem. Em oficinas de maior duração, acima de 2 horas por exemplo, um momento era reservado para um lanche ou intervalo de no mínimo 1 hora com as crianças enquanto editávamos as partes mais complexas da montagem, como descarregar materiais, salvar, exportar os vídeos etc. Era importante cuidar para que os entraves técnicos não atrapalhassem a experiência de mediação com as crianças.

g) Exibição e Celebração: geralmente os vídeos eram exibidos sem muita edição e sem uma pretensão de qualidade técnica muito grande para as crianças participantes das oficinas e seus responsáveis que iam buscá-las ao fim do processo. Fomos percebendo que nossa presença sozinha com as crianças, sem seus responsáveis, era muito diferente de quando estavam acompanhados. Fazíamos questão de explicar o motivo dessa escolha, assim como de passar uma confiança de que tudo estaria bem se eles confiassem em nosso propósito de mediarmos o que era proposto nas oficinas. Tinha um lado bom para as crianças, que era a surpresa de se ver nas telas, assim como a dos pais em receberem aquela exibição como uma espécie de presente. Acontecia uma mistura de sentimentos na hora em que as crianças se viam na projeção, assistindo a todo o processo que acabavam de viver, registrado por elas próprias. Suas ideias eram expostas e divulgadas, fazendo com que todos se sentissem parte e com voz ativa no fim do processo.[51]

Todas estas etapas listadas acima foram fundamentais para que pudéssemos criar uma atividade na qual as crianças usufruíssem de uma experiência em busca de sua sensibilização junto a temas que norteiam a sociedade, percebendo como se dá o processo de construção de uma narrativa audiovisual: do momento em que temos a primeira ideia para um conteúdo até a celebração na qual compartilhamos o resultado de um processo, sendo as telas um meio para nos comunicarmos com o mundo e uns com os outros.

É claro que cada oficina abria portas para um mundo desconhecido, já que o contexto social de cada criança revelava diversas identidades das infâncias as quais desconhecíamos. Gostaria de expressar o que percebia diante da disparidade ou da desigualdade expressa em realidades opostas de crianças e seus territórios, contempladas ou participantes das oficinas.

Eram os temas socioambientais que nos desafiavam a perceber como elas tinham certas imagens pré-determinadas sobre os problemas causados pelos homens ao meio ambiente, assim como a dificuldade de algumas delas em conseguirem expressar o que sentiam a respeito desses impactos negativos no mundo. Percebia, diante das discussões, que a maior parte das crianças que viviam nas grandes cidades e que participavam de nossas atividades estavam distantes daquelas discussões propostas, desintegradas de uma compreensão da natureza.

Após as oficinas, eu sempre gostava de voltar à *ilha de edição* para rever os conteúdos realizados e começava a perceber certas coisas nos desenhos ou depoimentos das crianças a partir da proposição sobre o que elas queriam de bom para o mundo. Foram muitas vezes que percebi no registro das ideias daquelas crianças que os elementos da natureza se resumiam a árvores, que plantas eram apenas flores, que os animais eram apenas os de estimação, que só havia dia de sol, que a comida se comprava nos supermercados e que era comum as pessoas fazerem mal à natureza. Pouco se via aqueles que faziam bem ao meio ambiente, assim como uma maior aproximação da natureza a partir do relato de experiência da própria criança. Essa minha percepção também poderia vir de uma memória a partir da experiência própria de ter sido uma criança de identidade mais tecnológica do que ecológica.

Para essas primeiras crianças às quais realizei oficinas, percebia então uma relação superficial com outros seres da natureza, como os animais, vegetais e minerais, algo um pouco distante da ideia de coexistência com tudo aquilo que compõe o meio ambiente. Eu chegava a ficar assustado, às vezes, ao perceber como a ideia de que também somos natureza estava deslocada de uma compreensão. Mas, afinal de contas, quem eram essas crianças? A maioria delas vinha de um contexto de privilégios, por serem brancas, de classe média alta, frequentadoras de museus aos fins de semana ou até mesmo de *shoppings*. O lado social dos temas socioambientais, abordados nas oficinas, apareciam de vez em quando por meio de debates que puxávamos sobre raça, cor de pele, gênero, identidade.

Fomos convidados a realizar algo diferente para as férias do *shopping Pátio Savassi* em Belo Horizonte, já que junho e julho eram os meses da Copa do Mundo no Brasil e o *marketing* do *shopping* buscava criar uma alternativa para as crianças, além da transmissão televisiva do futebol. Enquanto seus pais faziam compras ou assistiam aos jogos, estavam lá conosco mais de 40 crianças por dia, ao longo de um mês. Nossa proposta era ousada, criar um *mural dos sonhos* das crianças a partir de seus desenhos, criando conteúdos de *making of* diários para as redes sociais do *shopping*, além de uma intervenção estética em todas as partes do ambiente, a exemplo de um *tsuru* gigante exposto no meio da praça de alimentação do *shopping*. Esse centro comercial era muito reconhecido por ser um dos primeiros a receberem animais de estimação em seus espaços, ter um bicicletário e ser um lugar para a família no bairro mais comercial da capital mineira. Nosso escritório da *Cocriativa* era bem ao lado do *shopping*, no São Pedro, bairro apelidado de *San Pedro Valley*, reconhecido como o polo das empresas de inovação e tecnologia – *startups*. Todos os dias imaginava fazer algo diferente para reinventar aquele ambiente de compras. Resolvi então marcar uma reunião ao perceber que no *shopping* havia um teatro bem legal e um cinema enorme, que promovia atividades diversas para as crianças em épocas como as férias e na comemoração da semana das crianças.

A forma como eu fazia para conquistar as pessoas a serem parceiras do '*O que queremos para o mundo?*' não era com um portfólio publicitário do projeto, vídeos comerciais ou apresentações sofisticadas de *slides*, era portando em mãos uma dobradura de uma cegonha japonesa, o *tsuru*. Via nesse papelzinho dobrado uma forma de *orientalizar* nosso projeto, mostrando que existe muita coisa além do ocidente, como outros tipos de fábulas, mitos e fantasias com as quais as crianças podiam ter contato. Não poderia deixar de fazer este relato neste livro. Vamos à história:

Conta uma lenda japonesa que os *tsurus* podem viver até mil anos. O pássaro era considerado companheiro dos eremitas que se refugiavam nas montanhas para meditar e buscar sua autorrealização. A lenda diz que se alguém fizer mil *tsurus* utilizando a técnica artística secular de dobrar o papel - *origami* - e estar com a mente focada em um sonho, este poderá ser realizado. *Tsurus* são associados a práticas como as orações, são oferecidos em templos, além de serem feitos como pedido de proteção. Você já deve ter visto em batizados, festas ou no quarto de crianças, não é?

A parte que me fez escolher os *origamis* como símbolo do '*O que queremos para o mundo?*' surgiu quando li a história da garota japonesa Sadako Sasaki (佐木禎子). Ela tinha apenas 2 anos de idade quando a bomba atômica americana foi lançada em Hiroshima, no dia 5 de agosto de 1945. A menina é muito conhecida até hoje pelas crianças japonesas por meio da história dos mais de mil *tsurus* que ela dobrou junto com seus amigos antes de sua morte. Ela havia adoecido encharcada pela chuva radioativa que caiu em sua cidade ao longo de um dos dias mais tristes da humanidade, que a fez perder a vida no dia 15 de outubro de

1955, com 12 anos de idade. Seus amigos ergueram um monumento em sua memória, no *Parque da Paz*, em Hiroshima, e lá gravaram as seguintes palavras: "Este é o nosso grito, esta é a nossa oração. Paz na terra!". Sadako Sasaki se tornou uma heroína para muitas garotas no Japão e sua história é muito contada nas escolas do país, sendo que até hoje centenas de *tsurus* coloridos são deixados no entorno do monumento. Essa história representa para mim um grande manifesto das crianças contra a violência, por uma paz definitiva no mundo.

Foi aí que resolvemos criar um projeto especial de educação audiovisual que fosse além das oficinas, o qual chamamos de *#FériasNoPátio 'O que queremos para o mundo?'* O projeto continha uma cenografia maravilhosa criada pelos amigos Luiza, Débora e Leandro, incluindo uma cortina com *mil tsurus* dobrados, um mural com cordas coloridas e pregadores para pendurar os desenhos das crianças, um miniestúdio de gravação de filmes pelas crianças, sinalizações com placas criativas diversas e o *tsuru* gigante pendurado entre os elevadores e acima da praça de alimentação do *shopping*.[52] Era a primeira vez que recebíamos um recurso financeiro justo para podermos criar um *mundo das telas*, em nossos moldes, para as crianças.

Buscava realizar oficinas apenas para crianças de escolas públicas e contextos menos privilegiados: ou estávamos no interior do estado de Minas Gerais, no Vale do Jequitinhonha, realizando oficinas em uma comunidade de 200 habitantes, a maioria deles pertencentes a uma comunidade quilombola, como em Capivari, distrito de Serro (MG),[53] ou estávamos em festivais de cinema que ofereciam oficinas gratuitas para crianças e jovens locais, como o caso do FICA – Festival Internacional de Cinema Ambiental, de Goiás Velho (GO).[54] Acreditei naquele momento que as crianças frequentadoras de *shoppings* poderiam usufruir de algo com aquela experiência audiovisual que estávamos propondo, bastava escutá-las para entender como estávamos à disposição delas. Eram duas oficinas gratuitas de 3 horas diárias em plena copa do mundo de futebol. Produzíamos conteúdos diários saindo das câmeras e computadores como se fossem pastéis fritos em dia de feira. Não havia aplicativos populares de edição em celular, ferramentas de otimização para publicações em redes sociais e outras coisas que facilitam produzir conteúdos. Fazíamos tudo na mão, eu, Vinicius, Gabi, Mari e Bruna, companheiras e companheiro dessa jornada muito divertida e cansativa em plena Copa.

A ideia mais maluca foi a que propus na empolgação de realizar este projeto: finalizarmos todo o processo com um curta-metragem de animação com 181 desenhos de mais de 300 crianças que passariam durante as férias por nossas oficinas, no intuito de exibi-lo no fim das férias na sala de cinema do *shopping*. E deu certo, todas as crianças foram à sessão com seus pais, comeram pipoca de graça e se divertiram ao ver seus desenhos e ideias em uma grande tela de cinema. Nascia ali a animação *O mundo encantado*,[55] um filme narrado por Manuella Kawakami, nossa aprendiz audiovisual que resolveu se inscrever mais de seis vezes na oficina. O que não poderíamos deixar de fazer era convidá-la para ser narradora do filme ao final daqueles meses. A Manu me ensinou muita coisa com sua presença nas oficinas e seu olhar ficou eternizado em nossa animação colaborativa com as crianças. Ela era uma garota de uns 7 anos que representava, com seus traços de descendência japonesa, o mundo de paz que os *tsurus* e a história de Sadako Sasaki traziam para nós em plena ação. Seu entusiasmo em partilhar ideias com outras crianças e contar como se produzia os filmes no miniestúdio '*O que queremos para o mundo?*' fazia com que ela se sentisse integrante da nossa equipe de Educadoras e Educadores Audiovisuais.

Manu narrava a história em um roteiro que criamos como ponto de partida integrado a suas próprias palavras: "'O que queremos para o mundo?' apresenta *O Mundo Encantado*, um desenho animado feito pelas próprias crianças! Era uma vez um mundo muito grande e complicado. Um dia, uma criança estava passeando pelo parque e viu que não tinha mais nenhuma árvore, todas foram cortadas. As gramas estavam queimadas e quando chovia dava enchente nos rios. Um acúmulo de lixo sem explicação e os bombeiros todo dia tinham que trabalhar. A água do mundo tinha acabado. Tinha até gente grande que maltratava os animais. Na cidade as pessoas sofriam racismo. Surgiam doenças por causa do cigarro e um montão de outras coisas ruins. Até que um grupo de crianças que estavam andando na rua encontraram um peixinho chamado Soso – vá atrás daquela única árvore que sobrou e tenha uma surpresa. Então elas encontraram uma *Câmera Mágica.* Essa câmera era capaz de transformar seus sonhos em realidade. As crianças começaram a tirar fotos da sua própria imaginação, imprimindo seus sonhos por um mundo melhor. Foi assim que surgiu a incrível máquina de transformar lixo em ouro e prata. Um carro movido a energia solar. A supermáquina *Suga Lixo 3000.* O *Robot Love.* E várias outras soluções simples e mágicas, que transformaram aquele mundo chato em *O Mundo Encantado. O Mundo Encantado* era um lugar muito diferente. As pessoas reciclavam os lixos; cultivavam as flores e cuidavam da natureza; economizavam água; recolhiam lixo do chão; e davam casa e comida para os animais. Finalmente todo mundo parou de brigar. As doenças foram curadas por remédios dos indígenas. A poluição acabou. E as pessoas podiam brincar e tomar banho em uma cachoeira de chocolate. Todos os dias havia borboletas e arco-íris no céu. Tinha também passarinhos coloridos voando por todos os lados. Felizes com o mundo encantado, as crianças saíram por todas as partes para ensinar os adultos a tirarem fotos mágicas e viver com muito amor. E assim termina a história do *O Mundo Encantado,* onde as soluções pro mundo vêm dos nossos sonhos e da nossa imaginação. Fim".

A construção dessa narrativa partiu de uma escuta atenta, mesmo no cansaço de realizar oficinas *em massa,* para as dezenas de crianças. Eu dormia e sonhava com aquele tanto de coisa que as crianças falavam, sem conseguir processar muito bem tais ideias. Foi só quando paramos para construir um roteiro daquelas ideias para o curta-metragem, por meio da digitalização dos desenhos, que começou a nascer um olhar sobre quais eram os discursos reproduzidos por elas. Algumas crianças partiam de um olhar crítico sobre o mundo, outras não. Era engraçado, pois nosso objetivo nunca foi o de debater o problema do mundo da natureza, mas sim compreender propostas lúdicas de soluções vindas das crianças. Muitas delas insistiam em expressar os problemas, ou seja, o que "não queriam" para o mundo. Não posso julgar se este era um olhar delas ou aquilo que eu achava ser uma reprodução do discurso vindo de casa, da escola ou das mídias. Aprendi que nenhuma criança está isolada, já que suas vozes também são formadas pela influência dos discursos provindos do meio em que vivem. As ideias expressadas pelas crianças pareciam ser repetitivas naquele contexto das férias de um *shopping*, porém isso não tornava suas propostas menos interessantes ou inválidas. O que eu percebia era a oportunidade de compreender como tais influências nos discursos das infâncias faziam parte de suas realidades, de acordo com a forma como eram educadas, de onde estavam localizadas socialmente, assim como o nível de acesso às informações sobre os desafios do mundo.

Enquanto via diversos desenhos e escritos como "não queremos mais poluição", "não quero que jogue lixo na rua", "cuide do mundo" ou desenhos da natureza colorida, cheia de borboletas e pessoas sorrindo, também encontrava certas expressões que me faziam parar para refletir sobre como a criança havia elaborado aquele pensamento. O ruim era a duração apressada das oficinas, pois nunca dava tempo de dialogar mais profundamente com elas nessas primeiras experiências.

Escolhi algumas ideias que me tocaram naquele momento, ampliando minha vontade de criar outros tipos de mediação nas quais pudéssemos trabalhar melhor junto às ideias delas. Essas *querências* me chamavam a atenção como as de Laura, que queria "Futebol também para mulheres"; A fantasia de Julia, "Quero nadar em cachoeira de chocolate"; A lembrança de

Mariana, "A terra natural é sem poluição"; O convite de Antônia, "Você quer participar da campanha chega de *bullying*?"; Isabella, que queria ser médica, "O câncer é somente um detalhe perto do que o mundo está sofrendo"; A vontade de Luiza, "Eu quero economizar a água para a água do mundo não acabar"; A solidariedade com os animais de Arthur, "Eu quero que os animais tenham casa"; A invenção de Luigi, "Eu quero todo lixo do mundo removido (Suga lixo 3000)"; O respeito e a não violência de Anna, exemplificadas por duas imagens, "Em violência: por favor, não me bata. É bem melhor: deixa eu te ajudar"; A solução para o medo de Maria Fernanda, "Quando sinto medo, eu imagino que eu sou uma princesa"; A amorosidade futurista de Camila, "*Robot Love* para espalhar amor ao mundo"; A sutileza da preservação de Helena, "Não colocar fogo nas gramas. A grama como nossas florestas"; O desejo por equidade racial de Giovana, "Um mundo sem racismo é melhor. Trate o outro igual gostaria de ser tratado mesmo sendo diferente de você" (na imagem, duas meninas trocam um coração); e, por fim, Thainá, que havia inventando uma "Câmera mágica que transforma as coisas ruins do mundo em coisas boas".

Aprendi com as crianças no ofício da Educação Audiovisual que sempre poderemos recorrer a nossa imaginação para lidar com os problemas do mundo. A imaginação é algo que nunca será igual entre as pessoas, pois cada um imagina diferente, é algo que faz parte da nossa identidade. É claro que nossa identidade, assim como nossa imaginação, é também construída na relação com o outro; no meu caso, com as crianças. Quando estou cansado de tanto trabalho ou sem motivação para criar algo além daquilo que me conforta, imagino-me tomando um banho de cachoeira de chocolate. Peço também ajuda ao *Robot Love* quando vejo exemplos de desamor no mundo. Quando quero abrir meus olhos e pensar iniciativas que valorizem a identidade e trabalhem a equidade racial, lembro-me de Giovana, uma das únicas crianças negras participantes desse processo que narrei. Para lidar com a tristeza de um assalto a minha casa em Belo Horizonte em 2018, no qual perdi todos meus equipamentos de filmagem, como câmeras, lentes e outros comprados com mais de dez anos de trabalho, lembro-me da câmera mágica de Thainá, que a inventou para transformar as coisas ruins em coisas boas. Inclusive foi isso que fiz, adoto até hoje a *Claqueto-Câmera Imaginária* como a minha mais importante ferramenta de trabalho. Eu até escrevi um *poeminha* para esse brinquedo audiovisual que tanto gosto.

Claqueto-Câmera Imaginária

Já ouviu falar em uma câmera que fotografa a imaginação?
Ela filma além do enquadramento toda nossa emoção.

Este brinquedo canta "Luz, Câmera, Ação",
para que eu inicie logo uma transformação.

Ela não tem bateria e nenhum tipo de complicação.
Tem sim no seu corpo madeira, tecido ou papelão.

Um olho mágico para poder viajar no futuro
e contar tudo o que mudou de bom.

Uma câmera amiga para eu poder brincar.
Imaginar com ela tudo aquilo que eu quero mudar.

Essa câmera de madeira, que carrego para todos os cantos, é bem famosa entre todas as crianças que fizeram e fazem parte do '*O que queremos para o mundo?*'. Inventei-a sem pretensão alguma, apenas como um recurso cenográfico para o projeto das *#FériasNoPátio*. Fui em busca de uma marcenaria que pudesse me ajudar a produzir essas câmeras. O primeiro motivo era para deixar o espaço das oficinas mais bonito, por isso fiz três de madeira simples, com uma lente também em madeira e um buraco no objeto. Era uma espécie de brinquedo audiovisual. Voltando com as câmeras e claquetes de madeira para casa, pensei que essa câmera poderia também se tornar um dispositivo audiovisual para gerarmos uma interação maior com as crianças. Ao comentar com nossa equipe de Educadoras e Educadores Audiovisuais, eles acharam que as crianças contemporâneas, com acesso a câmeras "de verdade", não "comprariam" fácil a ideia de fotografar a imaginação com aquelas câmeras de madeira. Eu disse que se não desse certo nas dinâmicas iniciais das oficinas, poderíamos deixar as câmeras pelo menos como enfeite.

Ligar uma câmera digital e colocá-la à disposição da criança, sem haver uma mediação que problematize o uso da tecnologia sem propósito, era algo importante para mim. Estava tudo lindo nas oficinas até que a tecnologia fosse inserida naquele processo. A experiência virava um caos pelo simples fato de pararmos de conversar sobre o que queríamos para o mundo para então iniciarmos uma "filmagem do mundo". Era como se o visor de uma câmera excitasse as crianças e as colocasse reféns do olhar para o mundo pelo que estava sendo enquadrado pelo visor da tela. O diálogo construído era cessado por perguntas: "como eu filmo", "onde eu aperto", como eu "edito o que filmei", qual "programa você usa". Isso me fez adotar câmeras de madeira ou matérias-primas naturais para produzir filmes imaginários que seriam exibidos apenas dentro de nós em vez de filmes "filmados" a serem difundidos fora de nós. Era como se primeiro fizéssemos um rascunho de um desenho para depois finalizá-lo.

O que surpreendeu a nós todos foi que as crianças adoravam fechar os olhos, imaginar o mundo daqui a 50 anos, pegar a *Claqueto-Câmera Imaginária* e fotografar sua imaginação, imprimindo com seus desenhos em uma folha tudo aquilo que haviam capturado. Assim fomos construindo a ideia de *Brincadeiras Audiovisuais,* uma espécie de transdisciplinaridade entre o brincar e a educação audiovisual. Com o passar do tempo, fomos melhorando esses brinquedos e trazendo a eles novas funcionalidades, inclusive com uma estética que imaginei de acoplar em um só dispositivo uma claquete e a câmera. Com isso, poderíamos então cantar "Luz, Câmera, AÇÃO" e, ao virar a câmera, começar a filmar com nossa imaginação. Uma coisa é filmar, outra coisa é filmar imaginando o mundo que queremos. Convidei o amigo marceneiro e artista Daniel,[56] que trouxe seu olho mágico para produzir centenas delas e distribuirmos para mais de cem multiplicadores pelo Brasil durante o projeto *Circuito de Exibições Educativas*, que relatarei mais adiante.

'*O que queremos para o mundo?*' me fez não só dar volta ao mundo com essas ideias todas de educação audiovisual de forma amorosa, como também me permitiu conhecer pessoas muito especiais, às quais sou muito grato por me inspirarem no caminho artístico, educativo e também espiritual. Uma dessas pessoas é o músico Gilberto Gil, um mestre da palavra e do som, da arte em busca da emancipação de nossos olhares e bons sentimentos. O primeiro encontro com essa querida pessoa foi em uma oficina durante a *Feira Música Brasil* em 2010 na FUNARTE, em Belo Horizonte, após Gil ter deixado o cargo de Ministro da Cultura de nosso país. O Brasil estava efervescendo com as políticas de inclusão e afirmação social, cultural e digital no país, sendo Gil um dos grandes colaboradores para um novo pensamento sobre as influências das redes de tecnologia na cultura atual da nossa sociedade.[57]

Eu estava realizando uma oficina para jovens de *Produção Audiovisual Colaborativa* durante esse evento e conseguimos uma brecha para realizar uma *Entrevista* com o músico logo após o show no *backstage*. O fato de ser uma entrevista com uma nova linguagem criada em nossas oficinas, ou seja, uma entrevista por palavras-chave, viabilizou a oportunidade de perguntarmos ao senhor Gilberto algumas palavras para que ele respondesse as primeiras que viessem à mente para cada uma delas.[58]

Uma oportunidade única de perguntar a uma pessoa que admirava muito questões que nós jovens cocriadores daquela oficina estávamos debatendo naquele momento. As palavras da entrevista com Gil e suas respostas foram: *Economia Criativa* – Trabalho; invenção; sonho. *Rede* – Todo mundo enrolado; todo mundo junto; todo mundo desbundado. *Empatia* – Música; palco; plateia. *Pirataria* – O bem e o mal como tudo.

Cultura Digital - Revolução; responsabilidade; interrogação. *Cocriar* - Fazer Juntos, fazer muitos, fazer todos. *Meditar* - Deixar o coração solto. *Festa* - Fé na festa, festa na fé. Eu e Vinicius estávamos montando nossa segunda produtora naquela época, a *Cocriativa*, e essas respostas foram fundamentais para nos inspirar nesse novo empreendimento inserido em uma cultura que cada vez mais passava a ser digital. Essas respostas colocadas por Gil, como a possibilidade de criarmos uma "revolução com responsabilidade", influenciaram muito meu pensamento como Educador Audiovisual. Foi por meio da empatia, deixando o "coração solto" e com "todo mundo junto e enrolado", que fui criando alguns "comos" de *como educar as crianças no mundo das telas.*

Havia deixado naquele momento um DVD do meu documentário multimídia *Cozinha de Rua* (2009)[59] de presente para Gil, escrevendo um depoimento de gratidão por suas inspirações em minha jovem carreira como artista espiritualista. Assinei o recado com o mantra *Baba Nam Kevalam,*[60] que em sânscrito, a língua ancestral da Índia e região, significa "Tudo coexiste na expressão de um amor genuíno", em resumo, *Tudo é Amor.* Não imaginava que ele iria se lembrar desse DVD depois do show. Anos depois, estava na estrada indo produzir o videoclipe da música *Mãe Ana*, para a querida amiga Mãeana (Ana Claudia Lomelino). Esse era o videoclipe[61] de lançamento do primeiro disco solo da artista. Na viagem para Capivari e São Gonçalo do Rio das Pedras, distritos de Serro, no interior do Alto Jequitinhonha em Minas Gerais, estávamos eu, ela, seu produtor musical e companheiro Bem Gil, filho de Gilberto Gil, junto com o primeiro filho de Bem e Ana, o querido Dom. Bem me contou que estavam na casa de campo de Gil dias atrás e acharam um DVD chamado *Cozinha de Rua,* no qual eu era protagonista e também diretor do filme. Fiquei muito feliz de saber que aquele presente havia sido guardado por um grande ídolo.

Mais tarde fui convidado por Bem para ir ao show de seu pai, em comemoração aos 40 anos do disco *Refavela* e então pude conhecer Gil mais de perto. Levei dessa vez uma *Claqueto-Câmera Imaginária* e o presenteei com minha ferramenta de trabalho. Ele me disse em sorrisos que aquela era a câmera da música *Do Japão* (1989) e cantarolou para mim a canção: "Do Japão. Quero uma máquina de filmar sonhos. Pra registrar nas noites de verão. Meu corpo astral leve, feliz, risonho. Voando alto como um gavião. Que filme dentro de minha cabeça. Todo pensamento raro que eu mereça. Toda ilusão a cores que apareça. Toda beleza de sonhar em vão". Eu não me lembrava dessa música diante das centenas que escutava de Gil, mas ela virou uma espécie de trilha sonora dos programas que realizo para crianças e adultos. Entre Japão, Gil, oficinas, origamis e câmeras imaginárias vou construindo minha própria identidade como Educador Audiovisual, assim como um *mundo das telas* que gostaria de viver.

Voltando às crianças, faço a ressalva de que os vídeos apresentados nestes relatos não podem ser considerados o resultado final do processo que realizávamos nas oficinas, mas sim uma parte dele, registro de memórias com as quais encerrávamos os momentos de ensino-aprendizagem. Observamos como esses vídeos exemplificam como o discurso das crianças certificam que elas também formam nosso coletivo social, junto às mulheres e homens jovens, adultos e idosos. Por isso, não devemos considerar que há falta de compreensão das crianças sobre questões ecológicas ou emocionais, elas apenas articulam seus discursos por meio de outras expressões e cabe a nós, adultos, criarmos formas de mediar as conversas com elas como seres humanos que também sonham com um mundo melhor. Precisamos dissolver a crença de que estamos aqui para garantir um mundo melhor para elas, mas sim incluí-las neste processo de construção do futuro.

Gostaria de citar alguns documentos importantes que fazem parte desta construção histórica sobre a cultura das infâncias e do modo como compreendemos hoje essa faixa etária demarcativa de um período específico da vida humana. São eles: a Declaração Universal dos Direitos da Criança; a Convenção sobre os Direitos da Criança; a Constituição

Brasileira; a Lei de Diretrizes e Bases da Educação Nacional; a Declaração de Grünwald sobre Mídia e Educação, capitaneada pela UNESCO; o Relatório anual do Fundo das Nações Unidas para a Infância de 2017, intitulado *Situação Mundial da Infância 2017: Crianças e adolescentes em um mundo digital.* Todos esses documentos já enfatizaram que a cultura das infâncias precisa estar assegurada e garantida para que as crianças possam receber informações, acessarem conhecimento e promoverem suas próprias opiniões e narrativas por meio das telas.[62]

Nasci em 1986 e não poderia imaginar que já em 22 de janeiro de 1982, em Grünwald, na Alemanha, muitas pessoas se reuniam para um simpósio internacional, a chamado da UNESCO, para debaterem o impacto das mídias na vida das crianças e dos jovens. O resultado foi a *Declaração de Grünwald sobre Educação para os Media.*[63] Segundo Raquel Pacheco Mello Cunha (2016), esse é um importante marco para a Educação para os *Media*. Mesmo sendo um documento que existe há décadas, suas ideias ainda são muito atuais, além de ter sido o precursor de muitos outros documentos e políticas públicas sobre educação e mídia.[64]

No ano de 2020 vivemos uma crise global de desinformação que foi potencializada pela pandemia da Covid-19, ao excluir a ética e o saber por trás dos dados. Esse debate tornou-se um eixo estrutural desse fenômeno que envolve a relação entre cultura digital, economia, política, saúde e sistema de crenças. Instaura-se por meio do poder hegemônico uma cultura de medo e desconfiança sobre as possibilidades de debater as soluções para os problemas que enfrentamos como sociedade interdependente, em que as pautas são exclusivamente sobre o pior que nos assola, e não sobre como podemos superar tais questões no mundo.

São feitos muitos apontamentos sobre as possibilidades de ensino com as telas sem uma consciência crítica por trás das colocações, a exemplo da exclusão que vimos dos grupos subalternizados, crianças sem acesso à internet, assim como professores despreparados para o uso tecnológico. Não por falta de competência dos educadores, mas por ausência de uma política educacional no país, falta de incentivo e verbas para a educação pública, falta de investimento em todas as esferas da educação pública, gratuita e socialmente referenciada. É menos relevante para aqueles que estão no poder discutir uma prática democrática de acesso aos meios de comunicação digital na atual conjuntura, pois as estruturas hegemônicas se importam mais com modelos que movimentam o capital. Um exemplo disso foram os investimentos e as contratações de empresas em busca do aumento da qualidade da infraestrutura técnica para transmissões do conteúdo em vez do investimento em pesquisas e desenvolvimento de novos processos de ensino-aprendizagem no meio digital.

Essa escolha é típica do que Paulo Freire chama de *educação bancária* (HOOKS, 2017, p. 14), em que a informação se torna cúmplice de algo que podemos consumir, acumular em uma poupança e retirá-la para ser usada em um futuro momento da vida. Serão as classes e os grupos privilegiados que acessarão mais rápido o conhecimento nas telas, deixando para trás quem sequer tem uma conexão decente de internet em casa ou condições materiais mínimas para poder se concentrar em uma *videoaula*, por exemplo. Os governos, as empresas e as instituições mostram-se negligentes com o tema, ao optarem por deixar a escola formal implementar o uso das tecnologias sem capacitação, beneficiando mais uma vez empresas e corporações que dominam a engrenagem das telas. Implementar possibilidades de ensino remoto ou virtual nas escolas durante este período da pandemia da Covid-19 desrespeita tanto a pausa forçada que a natureza nos impôs, indicando um possível esgotamento de nossos modos de vida, quanto a ineficácia para atuar diante do problema de nossas desigualdades sociais, dentro e fora das escolas. A disparidade da realidade entre escolas públicas e privadas mostrou quem podia pagar pelos acessos e serviços e quem não podia, impedindo o direito de aprendizagem também por meio das telas.

Uma política que considera a educação como um campo minoritário de investimento, aproveitando para se beneficiar do capital ou terceirizar os serviços de transmissão e produção dos conteúdos educativos, colabora para que as aulas deixem de ser expositivas e passem a ser impositivas nas telas sem criar condições para isso. Quanto menos humanizada a relação com as telas, mais tóxico se torna o agenciamento entre sujeito e o mundo no qual os formatos de transmissão de informação importam mais do que a potência das narrativas possíveis de serem criadas e compartilhadas com as crianças. As tecnologias podem ser um meio para o engajamento, caso sejamos educados *audiovisualmente* e assim possamos narrar nossas histórias.

Um dos problemas que enfrentamos na educação de nossas crianças e de nossos jovens durante a pandemia é justamente a dúvida sobre o uso adequado do ensino a distância ou das aulas telepresenciais. Como possibilitar uma educação de base para as infâncias em tempos de isolamento e distanciamento social? A falta de educação tecnológica, e não apenas a falta de informação, leva-nos a um desafio enorme sobre a dosagem ideal de tecnologias educacionais para que sejam saudáveis para as crianças. Torna-se necessário a dose certa daquilo que é julgado como veneno, as tecnologias na educação, para que se tornem vacinas ou medicamentos preventivos para um uso mal feito das telas.

Seria possível ensinar a plantar, tomar decisões com autonomia, sentir compaixão pelos seres vivos por meio de vídeos? A impressão é a de que nós, educadores e familiares, estamos nos relacionando de forma desamigável com as telas junto às crianças, dentro deste contexto marcado pela falta de diálogo sobre como as crianças gostariam de utilizar as telas além de apenas assistirem a desenhos animados. Somos rodeados por *fake news*, hiperexposição de nossas vidas, crimes cibernéticos, fragilidades sociotécnica e emocional, *cyberbullying* e um tanto de coisas ruins que proliferam feito um vírus por meio dos nossos celulares e televisões. A falta de debate sobre a legislação presente no *mundo das telas*, mesmo que existam algumas leis em vigor, porém poucas, faz com que a criança deixada "sem mediação" nas telas se torne algo perigoso.

É claro que podemos também falar das coisas boas disponíveis nas mídias digitais, mas isso não justifica deixarmos "rolar solto" uma série de perigos que ameaçam aquelas que acabam de chegar ao *mundo das telas*, as crianças. Sugiro que nesta reflexão possamos desvincular aquela imagem fixa da criança de que ela precisa estar superprotegida por nós adultos e que possamos assumir nossa responsabilidade diante de nosso comportamento digital, que nos leva a uma crise social de identidades expostas em celulares, TVs, cinemas, games e outros formatos de comunicação audiovisual.

Em 20 de novembro de 1989, as Nações Unidas criaram a Convenção sobre os Direitos da Criança (CDC), documento que enuncia um amplo conjunto de direitos fundamentais, como os direitos civis e políticos, assim como os direitos econômicos, sociais e culturais de todas as crianças, além de disposições para que sejam aplicados. Esse tratado é um importante instrumento legal devido ao seu caráter global, já que foi ratificado por quase todos os países do mundo. A Convenção está organizada em quatro pilares fundamentais relacionados com os direitos da infância, sendo que um deles se refere à opinião da criança, o que significa que a voz dela deve ser ouvida e levada em conta em todos os assuntos que se relacionem com os seus direitos. A Convenção possui também artigos, divididos em quatro categorias, sendo o quarto deles sobre os direitos de participação da criança por meio da expressão de suas opiniões.[65] Ou seja, o lugar de fala das crianças deve ser assegurado por todos e as mídias possuem um papel fundamental para essa discussão.

Reparem como os artigos são claros em relação a tudo que estamos debatendo juntos aqui. O artigo 8º do documento refere-se à *Proteção da identidade*: o Estado tem a obrigação de proteger e, se necessário, de restabelecer os aspectos fundamentais da identidade da criança (incluindo o nome, a nacionalidade e relações familiares); artigo 12º sobre a

Opinião da criança: a criança tem o direito de exprimir livremente a sua opinião sobre questões que lhe digam respeito e de ver essa opinião tomada em consideração; artigo 13º e a *Liberdade de expressão*: a criança tem o direito de exprimir os seus pontos de vista, obter informações, dar a conhecer ideias e informações, sem considerações de fronteiras; artigo 14º refere-se à *Liberdade de pensamento, consciência e religião*: o Estado respeita o direito da criança à liberdade de pensamento, consciência e religião, no respeito pelo papel de orientação dos pais; E o artigo 17º é baseado no *Acesso à informação apropriada*: o Estado deve garantir à criança o acesso a uma informação e a materiais provenientes de fontes diversas, e encorajar os *media* a difundir informação que seja de interesse social e cultural para a criança. O Estado deve tomar medidas para proteger a criança contra materiais prejudiciais ao seu bem-estar.

Havia uma inocência da minha parte ao achar que pelo simples fato de as crianças estarem participando das oficinas, elas teriam ali um espaço "aberto" para expressarem o que queriam para o mundo. A falta de uma mediação apropriada nos leva a cometer certos erros de acharmos que basta ligar a câmera e disponibilizá-la para a criança e ela terá seus direitos de participação garantidos. Não era porque eu tinha em mãos um instrumento muito sedutor, as câmeras, que as crianças iriam me responder "de graça" o que elas queriam para o mundo. Estava nítido como havia uma reprodução de olhar *adultocêntrico* da minha parte logo nas primeiras oficinas e sou grato por isso ter sido transformado ao longo da caminhada. Na prática eu observava que ao ligar a câmera elas automatizam seu discurso, entrando em disputa com aquilo que se deve falar por si ou aquilo que o outro deseja ouvir. Não sei até que ponto as primeiras abordagens de mediação traziam consigo um reforço para a imagem "fixa" de uma identidade das crianças com as telas.

Ao relacionar com as discussões de Spivak (2010), não necessariamente uma criança pode falar somente pelo fato de ter acesso à tela, como, por exemplo, em um canal de vídeos na internet. Por isso é mais do que necessário que nós adultos, mediadores desses processos, possamos sempre lembrar qual é o nosso lugar de fala e como podemos contribuir para a criação de um ambiente em que a criança encontre seu lugar de expressão. Tornamo-nos educados diante das telas quando tomamos uma postura de autoquestionamento sobre nossa própria prática de ensino, educando não só no sentido disciplinar, mas no sentido de outros tipos de mediações possíveis.

Medi(t)ações audiovisuais com as crianças

Por ser um Educador Audiovisual, percebo quão responsável devo ser ao chegar com as telas para as crianças e disponibilizá-las para que não usem de qualquer maneira nas mediações que realizo. Será que as crianças estão preparadas para entrarem em contato com as telas sem nenhum tipo de mediação? Como deveria ser essa mediação? Acredito que deveria ser uma mediação com amor, mais do que uma mediação puramente técnica, o que poderia chamar também de medi(t)ação (MOZZINI, 2018, p. 117). Eu não só realizo oficinas audiovisuais para crianças (exposições multimídia, filmes educativos e conteúdos *transmídia*), eu medeio processos de ensino-aprendizagem em um território com elas, a partir da escuta e de suas relações com o *mundo das telas.*

> (...) enquanto substratos materiais ao divino toque, tela e mente coincidem em sua condição de meio: do latim "*medius*" e da raiz indo-europeia "*medhi*", radical comum aos termos "meditação" e "mediação" que diz respeito ao espaço intersticial, entre, que se faz canal, passagem jamais completa em si mesma porque é no máximo metade. Meios que, em seus opostos complementares, se encontram para intermediar o encontro de outras duas variáveis: corpo e energia. (MOZZINI, 2018, p. 124)

Eu aprendi a mediar e a meditar conjuntamente. Enquanto buscava me conhecer mais por meio da prática da meditação, respirando e concentrando minha *Tela Mental* diante de um propósito, conhecia mais as tecnologias audiovisuais. Não há apenas uma forma de mediarmos nossa relação com o mundo e com as telas, são várias as possibilidades. Eu medi(t)o diariamente, a partir de uma busca comum a muitos seres vivos, como aquilo que aprendi com P. R. Sarkar (2011, p. 36): "Há no ser vivo uma sede pelo infinito". Percebia que, assim como eu, algumas crianças estavam em nossas vivências buscando expandir seus olhares sobre o mundo (por meio das telas). Isso foi trazendo para mim uma vontade de desenvolver outras abordagens, que fossem mais conscientes, mais amigáveis para elas. Na minha *Tela Mental* surgiu então um espaço como de uma sala de cinema, onde se projetava, por meio da prática de meditação, uma série de intuições que me ajudavam a decidir por quais trilhas de ensino e aprendizagem eu poderia seguir com as crianças. Tal prática inserida na práxis de meu ofício me ajudou a crescer pessoalmente, profissionalmente e espiritualmente. Partilho o sentimento de que não era tão agradável sentar-me de pernas cruzadas, fechar os olhos, começar a respirar, idealizar mentalmente algo como "eu existo não só em mim, mas em relação a tudo e todos que estão ao meu redor" e, de repente, iniciar uma série de *downloads* sobre o *mundo das telas*. Eu queria apenas ficar ali, em estado de presença, respirando, tranquilo e calmo. Mas eu também não poderia negar esses *insights;* deles conseguia transcender muitas limitações, como a de poder medi(t)ar processos audiovisuais em busca de uma *conscientização das telas*. Segundo Camila Mozzini (2018):

> Não por acaso, diversos autores apontam para as íntimas relações entre tecnociência e o anseio da transcendência, entre espiritualidade e a cultura digital (DAVIS, 1998; COYNE, 2001; MOSCO, 2004). Desse modo, trazer uma discussão sobre a Yoga como prática espiritual, de sutilização do corpo e mesmo de relativização da identidade é um modo rico e interessante de explorar as dimensões espiritualizantes da técnica tal proposta por estudiosos alinhados aos chamados "*Consciousness Studies*" e "*Screen Consciousness*" (PEPPERELL, 2006; TIKKA, 2006; PISTERS, 2006; STUART, 2006; PUNT, 2006; BLASSNIGG,

> 2006). Implicando mente e tela, imagem e corpo a partir de abordagens transdisciplinares, abertas ao diálogo entre fé e ciência, espiritualidade e arte, técnica e cognição, tais pesquisadores vislumbraram "que o tema da *Consciousness Studies* inevitavelmente formaria uma das linhas que teceriam seu caminho por qualquer tentativa de pensar em torno da tecnologia moderna em relação ao uso humano e significados culturais" (MOZZINI, 2018, p. 15).

O que entendo por uma "mediação por meio de uma *conscientização das telas*"? Algo que não é puramente místico ou metafísico, mas sim uma prática de mediação com a nossa própria subjetividade, aquilo que faz parte da nossa identidade e que ainda desconhecemos. Ideias de filmes, metodologias, projetos, formas de captar recursos financeiros, maneiras de realizar trabalhos sociais, mecanismos para resistir aos complexos de inferioridade e superioridade, promoção de impacto positivo no mundo e por aí nasciam outras ideias durante minhas medi(t)ações. Você pode até achar que eu estava ali apenas pensando, tendo ideias, de forma dispersa ou ansiosa. Isso eu faço muito também. Porém, quando medi(t)o, a intenção sempre é a de gerar uma conexão além da internet (4G, 5G ou de banda larga). Busco uma conexão com minha própria subjetividade, justificável pela sede das infinitas formas de ser e agir no mundo. Isso fez com que aquelas ideias fossem ganhando forma no mundo real, e não mais virtual, aquilo que é potente a "vir-a-ser".

O que eu quero para o mundo é aprender a ensinar a como educar as crianças no *mundo das telas*. Já me conforto em saber que as propostas que ainda irei trazer como Educador Audiovisual poderão ou não um dia ser realizadas. É uma questão de tempo e coerência com muita paciência, persistência e clareza do propósito de onde eu quero chegar com '*O que queremos para o mundo?*'. As tecnologias audiovisuais são pensadas aqui como um território onde as crianças não são preparadas apenas para utilizarem ferramentas sem um propósito por trás delas, mas sim a se tornarem crianças engajadas para e com as telas, a partir de uma conscientização sobre o papel destas na construção de suas identidades. Para isso, é necessária uma *pedagogia engajada* (HOOKS, 2017) para que seja possível haver uma promoção da Educação Audiovisual na sociedade de forma eficiente, e não como mais uma coisa a ser feita nas escolas e nas casas.

> Toda sala de aula em que for aplicado um modelo holístico de aprendizado será também um local de crescimento para o professor, que será fortalecido e capacitado por esse processo. Esse fortalecimento não ocorrerá se nos recusarmos a nos abrir ao mesmo tempo que encorajamos os alunos a correr riscos. Os professores que esperam que os alunos partilhem narrativas confessionais mas não estão eles mesmos dispostos a partilhar as suas exercem o poder de maneira potencialmente coercitiva. (HOOKS, 2017, p. 35)

Busco construir com as crianças narrativas confessionais por meio das telas, para que seja possível viabilizar uma conscientização sobre nossas emoções e sentimentos e assim abrirmos um campo de compreensão de diversas questões, como os problemas que vivemos na vida no campo, nas comunidades, nos povos ameríndios e outras culturas espalhadas por todos os cantos de nosso planeta. Ligar a câmera é um ato político nesse sentido, já que podemos prezar por interesses que são comuns a nós e também a outros seres vivos, para que a linguagem audiovisual se torne um recurso para engajamentos de causas subjetivas, assim como humanitárias.

Jogo no time daqueles que buscam promover modelos holísticos de aprendizagem com as telas, que sejam capazes de forçar os sistemas de dominação que nos rodeiam. Não podemos ser reféns de modelos que reforçam a "separação dualista entre o público e privado" (HOOKS, 2017, p. 29), que inviabilizam a compreensão dos professores e alunos para perceberem uma ligação de seus processos de ensino-aprendizagem entre as práticas da vida, os hábitos de ser e os papéis que temos no mundo.

> A ideia da busca do intelectual por uma união de mente, corpo e espírito tinha sido substituída pela noção de que a pessoa inteligente é intrinsicamente instável do ponto de vista emocional e só mostra seu melhor lado no trabalho acadêmico. Isso queria dizer que pouco importava que os acadêmicos fossem drogados, alcoólatras, espancadores de esposas ou criminosos sexuais; o único aspecto importante da nossa identidade era o fato da nossa mente funcionar ou não, ou sermos capazes de fazermos nosso trabalho na sala de aula. (HOOKS, 2017, p. 29)

Não só as crianças constroem suas identidades no processo de aprendizagem audiovisual no *mundo das telas*, mas nós também, os Educadores e Educadoras Audiovisuais. Quais são os nossos valores? Nós estamos em busca de conhecermos a nós mesmos? Apenas dominar uma técnica audiovisual nos torna capazes de educar as crianças? O pensamento crítico de bell hooks me ajudou a buscar valores preciosos, não só na sociedade, mas em um mundo dentro de mim. Depois que '*O que queremos para o mundo?*' conseguiu sobreviver durante os primeiros meses do isolamento social, devido à pandemia da Covid-19 em 2020, posso dizer que a força disso veio não só da abertura para uma autocrítica do que estou fazendo, mas também das práticas medi(t)ativas em que me empenho todos os dias. Intencionar aquilo que queremos realizar é um trabalho primordial para quem atua com a educação.

Pelas manhãs, quando acordo, busco o não contato com a luz das telas logo ao abrir os olhos. Escolho mediar um processo de consciência sobre como estou emocionalmente preparado para as demandas em mim, para daí então avaliar se darei conta de todas as necessidades que desejo realizar no dia. Na maioria das vezes, tudo começa com uma medi(t)ação, ao iniciar uma jornada entre luzes de velas anterior a luzes de telas. A luz da vela de um altar só se mistura com a luz do meu celular mais tarde. Eu não sou poeta, mas gosto de me expressar pelas palavras que digito no meu dispositivo móvel, por isso fiz este *poeminha*:

A luz azul da tela

> *A luz azul da tela não é bela*
> *como o claro da vela acesa,*
> *em uma manhã escura*
> *diante o altar.*
>
> *Mas se consigo fotografar*
> *o fogo pelo meu celular,*
> *a tela se torna bela para*
> *que eu a possa contemplar.*

Quero mesmo é iluminar as trilhas de possíveis aprendizagens com a tela do meu celular, para que as crianças possam caminhar de forma criativa e segura, sem essa escuridão que também assola a cultura digital. O que seria da linguagem cinematográfica sem luz? Uma realidade fotografada apenas em sombras, escura, sem visibilidade.

A banalização da ideia de "ajudar as crianças a serem mais conscientes pela educação" se tornou um *slogan* para as instituições capitalistas de ensino, por meio de propagandas e vendas de outras formas de ensino capazes de gerar "consciência" ou "conscientização". Nosso projeto de Educação Audiovisual foi sendo reconhecido por aquele que produzia "vídeos de conscientização" e isso foi me distanciando desse *estereótipo*. Ao estudar mais a fundo Paulo Freire, percebi que na verdade era mesmo a conscientização que eu sempre busquei alcançar. Qual tipo de "conscientização" é esta de que estou falando? "A conscientização é um tomar posse, uma ruptura da realidade" (FREIRE, 2016, p. 5), a partir de uma apropriação, de nossa autonomia, em uma relação interdependente com o outro para que as crianças possam construir suas identidades a partir das singularidades presentes também nas telas. Segundo hooks:

> Desde o começo, foi a insistência de Freire na educação como prática da liberdade que me encorajou a criar estratégias para o que ele chamou de 'conscientização' em sala de aula. Traduzindo

> esse termo como consciência e engajamento críticos, entrei nas salas de aula convicta de que tanto eu quanto todos os alunos tínhamos de ser participantes ativos, não consumidores passivos. (HOOKS, 2017, p. 26)

Seria a partir de uma comunicação fundamentada no olhar crítico sobre a própria linguagem audiovisual que poderíamos mediar com mais segurança e com menos riscos esta navegação pelas telas. Conscientização no sentido de podermos nos libertar das próprias amarras de nossa mente, impostas de forma estrutural na sociedade, como nos filmes e conteúdos que compartilham intencionalmente os fundamentos conscientes e inconscientes do racismo, do consumo ou do patriarcalismo. Nessa perspectiva, podemos considerar o audiovisual como uma linguagem em busca da promoção de uma "educação como prática da liberdade".[66]

> A educação como prática da liberdade é um jeito de ensinar que qualquer um pode aprender. Esse processo de aprendizado é mais fácil para aqueles professores que também creem que sua vocação tem um aspecto sagrado; que creem que nosso trabalho não é o de simplesmente partilhar informação, mas sim o de participar do crescimento intelectual e espiritual dos nossos alunos. Ensinar de um jeito que respeite e proteja as almas de nossos alunos é essencial para criar as condições necessárias para que o aprendizado possa começar do modo mais profundo e mais íntimo (HOOKS, 2017, p. 25).

Para aprimorar meu ofício como EA e poder contribuir para um *mundo das telas* a partir de quem sou e do que quero para o mundo, meu olhar precisa do combustível que é a *autoatualização*. Caso os estudantes, assim como nós Educadores e Educadoras Audiovisuais, queiram sentir-se bem e repudiar "todo comportamento disfuncional e toda participação nas hierarquias coercitivas", é necessário criarmos novos "espaços onde a vontade por autoatualização possa ser afirmada" (HOOKS, 2017, p. 32). À medida que observava como certos tipos de mediação com a linguagem audiovisual eram realizadas em outros projetos no Brasil[67] e no mundo, buscava compreender quais eram seus desafios e fortalezas para que eu pudesse aprender mais sobre a Educação Audiovisual nas salas de aula, nas casas, nos territórios.

São diversos projetos de Educação Audiovisual que também, assim como para nós do '*O que queremos para o mundo?*', consideram o audiovisual não como um fim, mas sim um meio para trabalhar a diversidade das questões que nos permeiam: direitos humanos, a democratização do acesso à cultura, pautas sociais, ambientais, entre outras. A meu ver, esses projetos de Educação Audiovisual no Brasil, entre os quais me incluo como idealizador, relacionaram-se pouco, no sentido das trocas de aprendizagem entre si. Não pela falta de vontade das pessoas, mas pela necessidade de institucionalização dos projetos provindos de grupos de universidades, de profissionais do mercado audiovisual, dos organizadores de festivais de cinema e dos produtores de projetos educativos e/ou culturais para as escolas. A busca diária por recursos financeiros e a falta de tempo para sustentar essas ideias tão incríveis sempre nos retirou possibilidades de trocas de experiências sobre como ensinar e aprender por meio da linguagem audiovisual. O Brasil é muito grande, as iniciativas são abrangentes e nós somos poucos, temos pouco investimento de governos, empresas ou da própria sociedade civil nos nossos projetos.

Nesse mundo de muita conexão e pouca cooperação, é preciso muita coragem para educarmos diante da realidade do *mundo das telas*. Segundo Freire (2016, p. 126), "é um ato de coragem tentar desmitificar a realidade: é o processo pelo qual aqueles que antes estavam imersos na realidade começam a emergir, para reinserir-se nela com uma consciência crítica". Precisamos nos atentar, de forma crítica, para como os estereótipos permeiam nossa educação a cada dia. Segundo Cunha (2016):

> As formas como frequentemente os media retratam a infância e a juventude fazem com que Feilitzen e Carlsson (2002) nos

> chamem a atenção para dois modos diretos de influência e afirmação de estereótipos que podem ser reforçados pelos media: as representações simbólicas e distorcidas de crianças e jovens nos media – estas representações são chamadas pelas investigadoras de *opressão cultural infantil*; e também para a violência presente de forma quase que impercetível quando estes mostram muitas outras construções distorcidas de género, classe, raça etc., que são referentes aos interesses dos próprios media e de certos grupos. [sic] (CUNHA, 2016, p. 74)

O ofício de educar com o audiovisual me fez também conhecer alguns autores e autoras que cito neste livro, como Raquel Pacheco Mello Cunha, citada acima. Faço questão de citar neste relato os nomes das pessoas que fazem parte desta trajetória no objetivo de tornar esta escrita mais próxima, humanizada e amigável. Em abril de 2019 estava de volta a Portugal para realizar algumas oficinas do '*O que queremos para o mundo?*' em várias escolas do país. Uma delas seria realizada durante um retiro de Yoga e Meditação, durante a páscoa no *Ananda Valley*, uma fazenda na Serra da Estrela, em Covilhã. Eu estava perdido em um restaurante da cidade, sem saber como chegar à fazenda onde iria acontecer o evento e estava lá Raquel almoçando. Perguntei a ela como poderia chegar ao local e ela me ofereceu uma carona, pois estava indo para lá em companhia de uma monja. Logo percebi que ambas eram brasileiras e começamos a conversar. Mais uma vez, a prática da medi(t)ação promoveu novas conexões, ao descobrir que Raquel havia feito seu doutorado em Lisboa sobre o tema "Cinema e Educação. Estudos de Caso no Brasil e em Portugal". E então foi possível trocarmos muitas ideias sobre essa relação entre mediar e meditar sobre as telas, no diálogo entre Brasil e Portugal.

Durante essa viagem a Portugal, percebi, em uma das oficinas que realizei, como as identidades dos povos originários do Brasil são ainda pensadas de forma fixa e estereotipada. Nas andanças pelo país dos pastéis de nata e mil e uma delícias – por falar em estereótipos –, pude vivenciar algo muito especial na visita que fiz à escola *Casa da Árvore*, localizada em Leiria. Estava na cidade após ter realizado a primeira oficina desta viagem durante o Festival da Primavera na *Escola da Ponte*, famosa por seu pioneirismo e ousadia na geração de autonomia para seus estudantes, inteiramente participantes ativos da comunidade escolar. A tão famosa escola está localizada em Vila das Aves e São Tomé de Negrelos, em Santo Tirso, no distrito do Porto. Nela, não há uma estrutura convencional de ensino, como salas de aula e professores por disciplinas, mas sim ciclos de estudos amparados por projetos de pesquisa sugeridos pelos próprios estudantes, auxiliados por tutores ou orientadores escolares que buscam construir com as crianças diferentes habilidades e inserções nas práticas da vida, estimulando a curiosidade, o desejo pelas buscas e descobertas sobre as coisas e um interesse pelas artes, pelo conhecimento, pelos saberes.

Em Leiria, a *Casa da Árvore* também adota o método de ensino *Escola da Ponte*, e não poderia deixar de cocriar com Rui Inglês, diretor da escola, uma proposta de oficina do '*O que queremos para o mundo?*' por lá. Foi então que tirei da manga a possibilidade de praticarmos os *relaxamentos futuristas*,[68] atividade proposta no *Inventário dos Pequenos Futuristas - Volume I* (AMIN, 2018, p. 42). O nome "Inventário" foi dado porque eles contêm as memórias de diversas práticas inventivas criadas para e com as crianças ao longo de muitas oficinas realizadas. Já "Pequenos" marca a ideia de que crianças são pequenas em estatura, porém grandes em sua imaginação. "Futuristas" também para questionar o fato de que uma criança não será maior apenas no futuro, mas no aqui e agora.

Eu sempre lembro, nos primeiros minutos das mediações que realizo com as crianças, de que é muito mais fácil ter uma ideia para um filme se podemos sentir plenamente nosso corpo. Ora, como cocriar algo junto a outras pessoas se não estamos presentes de forma plena em nossa própria respiração? Por isso, nossa oficina começou com a primeira prática sugerida no Inventário, a da *Respiração Profunda*. Convidei as crianças portuguesas para a seguinte ação:

> Respirando profundamente você pode ir além com suas ideias. Seu cérebro e coração vão circular com mais oxigênio, você terá maior domínio de suas emoções e também melhorar sua capacidade de atenção e foco. Assim irá enxergar mais fácil dentro de si soluções para os problemas do mundo. A mecânica da respiração é um processo automático que todos fazemos e que ninguém teve que ensinar em nenhum momento. As crianças são aquelas que mais conhecem a forma correta de respirar. Aproveite para reensinar a um adulto que estiver ao seu lado. Vamos praticar? Coloque uma mão em uma folha e a outra perto do seu diafragma, um músculo que controla a respiração e está localizado entre tórax (peito) e o abdómen (barriga). Ao inspirar, você vai puxar o ar e sua mão que está na barriga irá mexer para frente e que significa está completo com o ar. Ao expirar, você vai soltar o ar e sua mão que está na barriga irá mexer para trás. Assim, você estará bombeando a quantidade necessária e correta de ar para que seu organismo funcione cada vez melhor com ajuda da sua respiração. É claro que você sabia de tudo isso, só não esqueça de colocar em prática essa ferramenta. [sic] (AMIN, 2018, p. 42)

Já no segundo momento, lembrei a importância de nossas visões de mundo. De que podemos enxergar além do que vemos. Assim, sugeri um cuidado com nosso próprio olhar, preparando os órgãos sensoriais para aquela atividade.

> Nossos olhos são um de nossos cinco órgãos sensoriais muito importante para percebermos nós mesmos e o mundo. Olhar pra dentro, olhar pra fora, olhar pra todos os lados, nossos olhos não param nem quando estamos dormindo. Durante o dia nossos olhos têm ficado muito tempo concentrado[s] apenas nas telas e nada melhor do que darmos uma boa massagem para nos ajudar a enxergar melhor. Um grande futurista é aquele ou aquela que consegue criar novas visões de mundos, enxergando longe as soluções necessárias para nossa sociedade. Vamos

praticar? 1) Para começar, esfregue as duas mãos pra ficar bem quentinha e coloque as palmas da mão nos olhos fechados, formando como se fosse um óculos tapa-olho; 2) Com os olhos fechados, posicione os dedos em forma de paz e amor, os dedos indicadores e médios, e massageie fazendo pressão com movimentos circulares lentamente; 3) Repita o processo entre os olhos e as orelhas, como se estivesse fazendo contato com o seres extraterrestre. Isso vai ajudar a melhorar a circulação sanguínea na região. Faça esse movimento 6 vezes; 4) Em seguida, deslize os dedos começando na região entre os cílios e a sobrancelha até debaixo das orelhas, com um movimento circular leve ao chegar ao fim do percurso. Realize esse movimento algumas vezes e, por fim, repita 2 vezes mais desde o primeiro passo. [sic] (AMIN, 2018, p. 44)

Acabamos não praticando nesse dia duas formas de mediação que acho muito bacanas do '*O que queremos para o mundo?*'. A primeira chama-se *Corpo-Mente-Câmera*, na qual imaginamos que nosso corpo e mente são representados por uma câmera. Qual parte você seria? Lente, Zoom, Flash, Foco, Estabilizador, Microfone, Bateria, Visor, Disparador, Cartão de Memória, Botão Liga/Desliga, Diafragma, Sensor? Escolhemos uma parte da câmera que represente cada um de nós e juntamos com outras pessoas para montar uma escultura humana, selecionando uma paisagem para tirarem uma foto. As habilidades que são trabalhadas são consciência corporal e conhecimento tecnológico. Os recursos necessários para realização são apenas o corpo e a imaginação. O brincante audiovisual pode mostrar uma câmera para facilitar a visualização, explicando de forma mais abrangente para o que serve cada parte dela.

Já em *Luz, Câmera, Emoção*, utilizamos uma claquete para brincar de expressar nossas emoções. Pode também ser usada uma *Claqueto-Câmera Imaginária*. O grupo se move dançando pelo local e quando a música congela, o personagem com a Claquete diz: "Luz, Câmera,

Emoção" e demonstra uma expressão facial com um tipo de emoção para que os outros tentem adivinhar. Vale mímica também. Quem acerta parte para a próxima etapa de congelar suas emoções e assim continua a brincadeira até todos participarem. As habilidades trabalhadas são a consciência socioemocional e o movimento do corpo. Os recursos necessários são um som que possa ser pausado e uma claquete.

Como havia me esquecido dessas últimas duas atividades, resolvi exibir um trecho do longa-metragem '*O que queremos para o mundo?*' para afinarmos nossos olhares e abrirmos a discussão sobre as possibilidades de fazermos um filme juntos, porém de olhos fechados. A terceira e última prática da oficina foi a da *Visualitação*. Trata-se de uma *brincadeira audiovisual*, uma prática que une uma visualização criativa com uma meditação guiada. É como se estivéssemos fazendo um filme de olhos fechados, o que nos ajuda a viajar com a imaginação em lugares fantásticos. Basta ouvir a história criada enquanto estiver de olhos fechados e depois assistir aos filmes de animação 3D ou 360º, produzidos para uma experiência em óculos de realidade virtual (Óculos VR). Nessa atividade, vale a pena colocar uma música instrumental tranquila e ler com pausa a brincadeira. As habilidades trabalhadas foram a respiração; a concentração; a imaginação e a sensação de bem-estar pleno. E como sempre digo, essa é uma prática que ajuda a ir longe na terra e no espaço sideral.

> *Visualitação das Estrelas*. Olá, Eu Sou a "Luz". Vamos brincar de fazer um filme de olhos fechados? Sente-se de pernas cruzadas, deixe a coluna ereta e entrelace as mãos confortavelmente. Iremos praticar uma "Visualitação", que é uma Visualização Criativa com Meditação Guiada. Antes de começar, vamos respirar juntos? Inspire. Expire. (Pausa) Inspire. Expire. (Pausa) Imagine que você é uma estrela. De várias formas. Várias cores. Iluminada. Que movimenta pelos mundos. Pelos planetas do sistema solar. Que voa até o infinito. Seus pensamentos estão voando para todos os lados, agitados. Encontre um lugar no espaço e

> não tenha pressa. Ao inspirar, sua velocidade acalma. Ao expirar, seu tamanho cresce. Acalme-se. Sinta um alívio. Foque sua atenção na respiração. Deixe que as estrelas cadentes passem ao seu lado. Ouça o som que elas emitem. Concentre-se nesse som. (Pausa) De repente, todas as estrelas começam a se apagar. Você virou um único pontinho de luz no universo. Você se vê de um telescópio, lá no céu e descobre: EU EXISTO. (Pausa) Para finalizar, irei te contar uma frase que um grande sábio sussurrou em meu ouvido: "Você nunca está só ou sem ajuda. A força que guia as estrelas, guia você também". Mantenha os olhos fechados, coloque as mãos em seu coração e vamos ecoar juntos as vogais do nosso alfabeto: Áaaa... Éeee... Íiii... Óoo... Úuu... Abra os olhos, mexa o seu corpo, e sinta o amor em tudo. [FIM] *Dica: Coloque uma música instrumental tranquila e leia com pausas a brincadeira. Habilidades trabalhadas: Respiração, Concentração, Imaginação e Bem-estar pleno. (AMIN, 2018, p. 46)

Não foi exatamente essa história presente no Inventário que narrei para as crianças da escola *Casa da Árvore,* mas sim uma narrativa que improvisei à medida que nascia em mim uma lembrança das crianças indígenas do Brasil. Algo que considerava fundamental para desconstruir o estereótipo das crianças ameríndias como uma só identidade de criança, já que uma coincidência havia surgido ao chegar à escola. Ao me aprontar para a atividade no hotel, lembrei-me de uma camiseta que tinha na mala: uma peça da cor palha, com a ilustração de uma criança dos povos *Kaiapó,* que vivem no Parque Indígena do Xingu. Adquiri essa peça em uma tenda da associação cultural dos povos *Kaiapó,* durante o ATL – Acampamento Terra Livre, em Brasília, evento em que pude colaborar voluntariamente para as transmissões das atividades na internet, junto à *Mídia Ninja.*[69]

No espaço onde iria acontecer a oficina na escola, em Leiria, havia cartazes que eram espécie de roteiros de uma história narrada pelas crianças portuguesas, realizada em uma das atividades da biblioteca junto com a Ana, coordenadora do espaço. Ao convidar as crianças para *ouver* uma história, ou seja, ouvir-vendo algo dentro e fora delas, comecei então a refletir sobre aquelas narrativas presentes nos cartazes na biblioteca. O objetivo era o de desconstruir, por meio da experiência audiovisual, certos estereótipos, como este da imagem de que quando os portugueses chegaram ao Brasil só havia lindas paisagens e "índios", sendo que eles estavam nus e somente com suas partes íntimas cobertas. Outras imagens estereotipadas também estavam presentes nos cartazes e aquilo me chamou muito a atenção. Eu sabia que aquele pensamento colonial não partia da visão pedagógica da escola; muito pelo contrário, estavam construindo um pensamento a respeito daquele fato histórico nas atividades da biblioteca. Eu só aproveitei para contribuir com esse debate decolonial das imagens identitárias fixas sobre os povos do país onde eu nasci. Sou grato pela oportunidade de conhecer o ponto de vista invertido da história da "ida", e não apenas da "chegada", dos portugueses.

> Era uma vez o D. Manuel que queria ser muito poderoso. Por isso decidiu enviar o Vasco da Gama para procurar pedras preciosas. Eles encontraram a Índia. Mas ele não ficou satisfeito, queria ser mais poderoso. Então, o D. Manuel mandou o Pedro Álvares Cabral procurar outras terras. Saíram treze barcos de Lisboa e um se perdeu porque eles estavam numa tempestade e aí ficaram doze barcos. Continuou a viagem e depois disseram: "Terra à vista, terra à vista!". Eles viram um grande monte de terra com muito pau-brasil, então chamaram àquela terra de Brasil. Viram pessoas que eram os índios. Depois eles saíram dos barcos para ver melhor. Depois encontraram os índios e o Pedro Álvares Cabral mandou escrever uma carta ao rei de Portugal para contar o que eles viram. Os índios andavam todos nus só com cuecas e maminhas à mostra. As roupas eram de pele dos animais. Tinham brincos e a cara pintada. Eles caçavam animais e pescavam peixe para comer. Havia seis ou sete casas feitas com palha e madeira. Dentro das casas havia fogueira para se aquecerem e dormiam nas redes. A noite faziam fogueiras e

dançavam à volta da fogueira. Era uma festa porque assim eles achavam que afastavam os espíritos que andavam lá a espiar. Eles ainda não tinham encontrado tudo o que queriam e por isso continuaram a explorar o Brasil. A terra era agradável porque estava lá calor e dava para plantar tudo porque a terra era muito saudável. [sic]

Como eu já havia passado pela experiência de oficinas com os Guarani Kaiowá, desde então me encontrava em uma busca incessante para compreender a diversidade dos povos das florestas do Brasil. A oportunidade de viajar a Portugal sempre nos faz questionar nossa própria identidade, refletir de onde vem a matriz colonial de diversas questões presentes na educação de nossas crianças até hoje. Não podia deixar de ampliar o debate sobre aquela única imagem de um "índio", e não vários povos indígenas no Brasil, com várias línguas e formas de expressão cultural, além de outras questões na história descrita nos cartazes.

Esse é um debate que considero muito importante por tratar de aspectos da nossa própria ancestralidade. Acredito que o audiovisual pode ser um território para promovermos a conscientização sobre a diversidade dos saberes dos nossos povos originários. Pergunto-me se aquelas crianças europeias, com as quais tive contato nas viagens dos *Mochilões* do '*O que queremos para o mundo?*', a exemplo das edições em Portugal, Holanda, Bélgica e Suécia, vêm sendo educadas por um sistema que reforça a identidade *eurocêntrica.* As crianças portuguesas não cansavam de me perguntar se eu conhecia os *YouTubers* brasileiros. Ou seja, além das novelas brasileiras, hoje os conteúdos digitais também atravessam mares e me pergunto qual tipo de reflexão estamos fazendo entre culturas pelas telas junto das crianças.

Por isso senti que durante a rápida passagem por aquela escola, poderia descentralizar o olhar das crianças presentes naquela experiência, em uma ampliação dos pontos de vista que formam o campo das alteridades, da diversidade presente em nosso planeta.

Durante a mediação audiovisual realizei a *Visualização da Floresta Amazônica,*[70] propus para aquelas crianças que estavam de olhos fechados que viajassem até o Brasil e assistissem a um filme inédito em suas *Telas Mentais*. Narrei uma história que sugeria um outro ponto de vista da chegada dos portugueses e utilizei sons e pedais de *loop* para criar uma ambientação sonora. A primeira coisa que fiz foi abrir o colete que vestia e revelar a imagem da criança *Kaiapó* para elas. Depois peguei uma flauta de bambu e toquei em alusão aos sons das grandes florestas no Brasil. Disse que quando seus *tetra-ta-ta-ra-vós* chegaram ao Brasil, não viram apenas um índio, mas vários povos indígenas, com suas crianças brincando na natureza, com suas pinturas corporais, línguas, lindos vestuários e características comuns ou diferentes entre si. Ao fim da experiência, perguntei a elas o que tinham visto na floresta, e começaram a narrar diversas imagens a partir desta *Visualitação*.

Sei o quanto pude ser visto como uma referência para aquelas crianças com as quais me relacionei durante os processos de ensino-aprendizagem com o audiovisual. Madalena, uma das crianças presentes na oficina, chamou-me enquanto guardava minhas *parafernálias educativas* e disse que tinha três coisas para me dizer. Foi então que abri minha escuta diante do seu sotaque português para ouvir a seguinte frase: "Eu tenho três coisas para dizer ao senhor: Volta, Volta, Volta". Como não me lembrar de um pedido de retorno como esse, a sincera vontade de uma criança de continuar a brincar, de participar de uma experiência, de poder imaginar um mundo além do que se vê.

A maioria das narrativas produzidas nas primeiras oficinas que realizei a partir da pergunta '*O que queremos para o mundo?*' - ora ficcionais, ora em seus próprios desenhos animados, às vezes encenadas, em depoimentos ou entrevistas - buscava combater certas imagens de uma identidade da infância próxima de um *estereótipo colonial* (BHABHA, 2013). Acredito que é a partir da colonização do olhar das crianças sobre a realidade que o pensamento hegemônico pode regular os sujeitos para que assumam um discurso que lhes convém. A tendência é a de que as crianças não desenvolvam uma consciência socioambiental ou socioemocional a partir da sua relação de alteridade e expressividade. São diferentes formas de ver o mundo por meio das telas, limitadas a um único ponto de vista, ancoradas na superficialidade dos fatos histórico-culturais. O que eu entendo por colonização do olhar sobre as infâncias? Aquilo que Bhabha (2013) ilustra a partir das noções de *estereótipo*, discriminação e sua teoria do discurso colonial.

> Um aspecto importante do discurso colonial *é* sua dependência do conceito de "fixidez" na construção ideológica da alteridade. A fixidez, como signo da diferença cultural/histórica/racial no discurso do colonialismo, *é* um modo de representação paradoxal: conota rigidez e ordem imutável como também desordem, degeneração e repetição demoníaca. Do mesmo modo, o estereótipo, que *é* sua principal estratégia discursiva, *é* uma forma de conhecimento e identificação que vacila entre o que está sempre "no lugar", já conhecido, e algo que deve ser ansiosamente repetido. (BHABHA, 2013, p. 117)

Eu sentia a potência de um contradiscurso colonial provindo do olhar das crianças sobre si e sua relação com o mundo, mas não sabia ainda como estimulá-las em uma construção de narrativas diante da câmera. Por isso, gosto de estimular a potência da linguagem audiovisual também sem o uso das tecnologias. Podemos focar em questões como a criação de estratégias pedagógicas que nos auxiliem a ir além da construção daquilo que é a principal estratégia discursiva do colonialismo. Estamos diante de um momento histórico no que se diz respeito à possibilidade de nos engajarmos por meio da linguagem audiovisual no mundo de convergência das telas. Ou nos apropriamos dessa linguagem, ou deixamos que o medo faça parte da nossa fragilidade, como professores e pais que preferem evitar o risco de ensinar e aprender nas telas. Se não formos nós, quem irá narrar nossas histórias? O *Dom Manuel*, descrito pelas crianças da *Casa da Árvore*? Logo ele que queria ser um rei ainda mais poderoso e nunca satisfeito com toda sua exploração das riquezas no mundo?

Torna-se necessário assumirmos o audiovisual como um território político propício a trocas, no qual permita que todas as crianças, das mais diversas culturas, conheçam-se, atendendo a suas necessidades para construção de identidades na troca com o outro por meio das telas. Gostaria que as práticas de medi(t)ação audiovisual do '*O que queremos para o mundo?*' pudessem abrir brechas para que outros Educadores e Educadoras Audiovisuais se sintam inspirados a criarem pedagogias descolonizadoras, dispositivos educativos que sejam capazes de trazer a experiência audiovisual para colaborarem com a emancipação de nossos olhares em sala de aula. Em sentido muito próximo, os autores Cezar Migliorin e Isaac Pipano (2019) comentam que:

> O cinema nos ajuda a entender a dimensão estética da emancipação e acaba nos servindo como um princípio de igualdade para a própria sala de aula. Uma segunda linha constituinte da emancipação está ligada, então, à possibilidade de no interior mesmo dos trabalhos que fazemos com imagens e com a organização dos enunciados, não os submetermos à causalidade exterior, às aproximações, tensões e potências das próprias imagens e do contato entre elas. (...) Certamente não seria excessivo pensar a sala de aula como um espaço político. (MIGLIORIN; PIPANO, 2019, p. 73)

Gosto de pensar que logo após a pandemia da Covid-19 as salas de aula também se tornarão as telas, ampliando a dimensão estética e política dos territórios de ensino-aprendizagem. Por isso, estou a cada momento vivendo uma tensão, correndo um risco que me leva a criar outros tipos de dinâmicas para buscar transformar o tempo de presença das crianças nas telas. Uma temporalidade propícia para a expressão da criança a partir do seu lugar de fala, indo além dos estereótipos reportados nas telas, que eliminam a potência das crianças de se comunicarem com outras e que façam de uma cultura comum, porém diferentes em termos de territorialidade e identidade.

Confesso que quando comecei a realizar tais oficinas havia em mim uma imagem fixa sobre o que é ser criança, cheia de ideias pré-concebidas, uma forma romântica até de observar e desejar a cultura das infâncias, em uma esperança de encontrar soluções para o mundo com elas. Deixava-me levar pelo encantamento de suas falas, sem perceber se elas realmente estavam ali reproduzindo um discurso para me agradar, como aquele que centralizava o contexto de aprendizagem audiovisual ou as induzia a dizerem o que eu queria ouvir delas. Claro que também existiam ali possibilidades vastas, variáveis, lúdicas, espontâneas e até de esperança possível. Mas o questionamento estava sobre a minha própria capacidade de mediação.

Uma forma que aprendi com as crianças para poder expandir minha visão sobre quem são e como elas se expressam no mundo foi exercitando a desconstrução dos estereótipos que a sociedade hegemônica impõe a todos nós. Por eu viver de forma privilegiada nessa sociedade, já que sou branco, de classe média, residente no sudeste do país, considero que seria um risco muito grande reduzir essa discussão a uma fórmula sobre como educar as crianças no *mundo das telas* sem considerá-las como sujeitos, mas sim objetos ao meu olhar colonizado pela hegemonia cultural.

O italiano Antônio Gramsci (1995) pensou a noção de hegemonia cultural buscando entender qual é a influência da superestrutura nas relações sociais. Para ele, a hegemonia é um conjunto de ideias e valores dominantes, difundidos culturalmente pelos grupos privilegiados para que estes permaneçam no poder. A cultura de massa e a indústria cultural seriam mecanismos ideológicos muito fortes para a manutenção dessa hegemonia (o cinema, os programas de rádio, as telenovelas, os telejornais). Vale lembrar que as mídias digitais desempenham hoje um papel fundamental nas relações de poder porque produzem também, de forma massiva, ideias, imaginários e formas de vida hegemônicas, difundindo ideologias que mascaram a realidade, a exemplo da alienação social, justamente para garantir que a sociedade não mude.

A função da escola, por exemplo, é bastante debatida também, afinal quais valores e ideologias fundamentam as instituições? Hoje, estamos discutindo muito a questão dos currículos eurocêntricos, por exemplo, com a ausência das culturas africanas e indígenas, da literatura oral e de mulheres nas escolas. Isso tudo entra nesse debate, tendo como pano de fundo a manutenção da sociedade capitalista neoliberal. Não existe nenhuma prática ou atividade neutra, mesmo quando não percebemos que todas as coisas estão a serviço da manutenção de uma lógica de mundo ou, ao contrário, de sua transformação.

Minha maior decepção era a de que a pergunta '*O que queremos para o mundo?*' não fosse respondida da forma como eu gostaria que as crianças respondessem. Habitava em mim um estereótipo do que é ser criança - essa palavra tão interessante, com etimologia no grego στερεότυπος, *stereos* e *typos*, "impressão sólida". Passei a suspeitar, posteriormente, que a pergunta que fazia às crianças pudesse conduzi-las a um determinado tipo de resposta, tendo em vista as atividades que antecediam a gravação dos depoimentos. Foi aos poucos que fui percebendo a diversidade das crianças e uma impossibilidade de colocar todas elas dentro de um único rótulo, já que possuíam experiências de vida muito diversas.

Em alguns casos, elas eram mais parecidas, por exemplo, quando todas pertenciam a uma classe social mais elevada, com experiências culturais parecidas, como a de frequentarem uma escola particular em um grande centro urbano ou já terem frequentado *shoppings*, cinemas e museus. Ou o contrário, quando o grupo, de maneira geral, era desprovido dessas experiências, mas participava de outras formas de vida, talvez com mais contato com a natureza ou com uma maior diversidade cultural em escolas rurais ou públicas. O que ficou mais claro posteriormente para mim foi a impossibilidade de encaixar todas essas crianças nas mesmas gavetas prontas ou categorias fixas, porque elas eram muito diferentes, mesmo quando partilhavam de experiências familiares. Eu só não sabia que, naquele momento, estava ali também envolvido com as relações de alteridade e identidade.

Passei a colocar sob suspeita parte dessas respostas a partir do momento em que descobri que muitas delas apenas reforçavam discursos dominantes ou hegemônicos, frases que talvez as crianças já encontrassem prontas ou repetidas em outros espaços, como as próprias redes sociais. Mas isso porque me tornei mais conscientizado para pensar essa educação no *mundo das telas*. Faz parte do processo. Isso não significa que tudo o que as crianças expressavam fossem meras reproduções mecânicas, nem que não existisse ali espontaneidade e pontos de vista críticos e surpreendentes. Sempre lidei com muita criatividade, muita descoberta, percebendo o quanto me tornava um Educador Audiovisual mais atento e crítico.

Aconselho a quem quer se autoatualizar pelas telas que deixem de lado as imagens preconcebidas, padronizadas ou generalizadas nas quais se sustenta a sociedade da informação. Assim como reflete o escritor e filósofo Leonardo Boff (2002, 71): "Cada qual vê o mundo com o olho que possui e sintetiza a realidade a partir de onde seus pés pisam e sua vista alcança. Pois todo ponto de vista é sempre a vista de um ponto".

É muito fácil criarmos imagens inflexíveis para olharmos uma geração da qual não fazemos parte, considerando-as como pessoas dotadas de capacidade intelectual para articular quais são os problemas que o mundo enfrenta. Não acredito que as crianças precisem lidar com questões mais complexas, como a negligência humana em relação à exploração minerária para a produção de tecnologias, como essas que usamos todos dias. O que penso é que podemos ampliar seus pontos de vista por uma autonomia que elas possam conquistar a partir da conscientização sobre os impactos negativos nos ecossistemas da Terra. Que possam, por meio da sensibilização para temas diversos e importantes, trabalhar a empatia, a percepção holística sobre a vida e os valores solidários, como o do trabalho em grupo, da cooperação, do cuidado com o outro e consigo e práticas contra a violência.

Fui aprender, mais tarde, que escutar uma criança com a câmera não é simplesmente perguntá-la sobre algo ou parar para ouvir sem atenção o que ela diz. É algo muito mais complexo, ainda mais se temos um dispositivo como uma câmera à sua frente em busca de registro tecnicamente perfeito (som, imagem e performance). Por isso, precisamos ter coragem para nos arriscar na invenção de nossos próprios dispositivos audiovisuais, integrados a quem somos, à cultura local, baseados na cultura das infâncias. Mais importante que uma câmera são os valores que levamos àquelas crianças aptas a viverem uma experiência de mediação audiovisual com amorosidade, em respeito às singularidades de cada ser vivo deste planeta.

QUANDO ENCONTREI SEIS MUNDOS

AS CRIANÇAS SE ENCONTRAM NAS PRAIAS DOS MUNDOS SEM FIM.[71]

Rabindranath Tagore

Da pequena à grande tela?

Minha vontade de inventar *dispositivos audiovisuais* nasceu em 2006, com a escrita do artigo *Videoblog em cena: anotações acerca do dispositivo,*[72] em colaboração com as amigas Paula e Pimenta. Se pensarmos que o famoso *broadcasting YouTube* nascia no fim de 2005, menos de um ano depois já estava imaginando o impacto que os vídeos *on-line* iriam gerar em nossas vidas. Questionei a noção de dispositivo com a produção do próprio microvídeo *Moysés, Dentista,* que me fez parar na França para minha primeira experiência audiovisual fora do Brasil, como já relatado neste livro. Retorno a essa discussão aqui pois foi a ideia de dispositivo que me levou à estreia da minha pesquisa a respeito da educação audiovisual. Gostaria de classificar a iniciativa '*O que queremos para o mundo?*' como uma espécie de fábrica de invenções de dispositivos audiovisuais para o ensino-aprendizagem. A partir do relato de sua experiência junto aos projetos de Cinema e Educação com os quais se envolvia, Migliorin (2015) considera que:

> O dispositivo, de alguma maneira, nos permitia estar presentes, acionar disponibilidades sensíveis e intelectuais dos estudantes para a diferença, ao mesmo tempo que "deixa as crianças em paz". Quando o cinema chega na escola como palavra de ordem, o que ele faz é se distanciar da experiência do outro e se impor como discurso verídico. No nosso caso, desejávamos o contrário com o dispositivo, por isso a necessidade de deixar as crianças em paz, não exigir nada. (MIGLIORIN, 2015, p. 80)

O dispositivo sempre foi para mim uma estratégia como Educador Audiovisual para também deixar as crianças em paz, promovendo certos tipos de mediações que podiam expandir a noção da pequena tela para grande tela. Essa grandeza de uma tela vem do propósito que vai além dos formatos das telas, pois é devido à instabilidade no dispositivo audiovisual, da ausência de uma centralidade em sua estrutura, que é possível pensá-lo, identificá-lo, traçar suas linhas por meio de uma proposta pedagógica que nós mesmos podemos inventar como Educadores Audiovisuais.

De acordo com Gilles Deleuze (1990, p. 155), "desemaranhar as linhas de um dispositivo é, em cada caso, traçar um mapa, cartografar, percorrer terras desconhecidas, é o que Foucault chama de 'trabalho em terreno'". Antes de tudo, é preciso pensar o dispositivo além da ideia de suporte tecnológico, uma ferramenta estrutural e formal. Mais do que isso, ele é uma rede de relações repleta de elementos heterogêneos em que podem interagir adultos, crianças, tecnologia, afetos e o mundo. O dispositivo trata-se então, como define André Brasil (2004), "de uma articulação multilinear, composta por fios visíveis e invisíveis, materiais e imateriais, de origem e natureza diferentes".

Dispositivos audiovisuais educativos são um emaranhado de relações que a linguagem audiovisual não apenas os compõe, como também os atravessa. O dispositivo é um modo de traçar relações que envolvem tanto o objeto quanto o observador, numa espécie de transdisciplinaridade. Nas linhas de força que compõem o dispositivo, já existem as potencialidades que podem mudar a sua maneira de funcionar. Segundo Deleuze (1990, p. 159), "todo o dispositivo se define, pois, pelo que detém em novidade e criatividade, o qual marca, ao mesmo tempo, sua capacidade de se transformar ou se fissurar em proveito de um dispositivo futuro".

As crianças são para mim um elemento enraizado nos dispositivos audiovisuais propostos a elas, inseridas numa rede de relações com o *mundo das telas*, afetadas por modificações dessa rede, que é modificada na mesma medida. O vir a ser, a noção de um processo, da constância na construção das identidades nas telas que fazem parte desse dispositivo, como outra forma de se pensar nossas práticas de mediação audiovisual. Ao usarmos um dispositivo audiovisual como estratégia, abrimos oportunidade para que o conteúdo se expanda de acordo com os anseios de uma educação audiovisual emancipatória. Tudo se constrói de forma fragmentada na cultura digital, alterando-se, mudando o dispositivo seja vendo ou fazendo filmes, um processo de modificação constante para quem interage entre telas. O dispositivo refaz a sua cartografia, que, apesar de passível de ser traçada, é ambígua, heterogênea, inconstante.

Phillipe Dubois (2004, p. 112) afirma que "parece preferível ver o vídeo como uma maneira de pensar a televisão com suas próprias formas. Vale dizer, exatamente como imagem e como dispositivo". Dubois (2004) trata, nessa passagem, do vídeo como dispositivo para pensar a imagem da televisão, mas suas afirmações vão além: toda a questão estaria em refletir sobre o vídeo como um dispositivo capaz de pensar toda e qualquer imagem, o que caracteriza o *estado-vídeo.*

> O que eu digo um pouco hoje em dia é que para pensarmos o vídeo, talvez devamos parar de vê-lo como uma imagem e de remetê-lo à classe das (outras) imagens. Talvez não devamos vê-lo, mas concebê-lo, recebê-lo ou percebê-lo. Ou seja, considerá-lo como um pensamento, um modo de pensar. Um estado, não um objeto. O vídeo como estado-imagem, como forma que pensa (e que pensa não tanto o mundo quanto as imagens do mundo e os dispositivos que as acompanham). (DUBOIS, 2004, p. 100)

O que nos interessa é perceber o *estado-vídeo* como um dispositivo e fazer uma ligação dele em um outro lugar, neste caso na construção da própria identidade das crianças. Quando o vídeo está nesse novo lugar, novas questões surgem para os pais, as mães e os educadores que lidam diariamente com as crianças. As práticas de mediação audiovisual para o ensino-aprendizagem se tornam um dispositivo capaz de arranjar um território no qual podemos observar nele como se dá a construção da identidade das crianças na contemporaneidade.

O longa-metragem *'O que queremos para o mundo?'* [73] é um exemplo disso que estou refletindo. Ele começou sua jornada nos festivais de cinema em 2016, filme educativo que produzi e dirigi. Essa experiência começou pequena, no sentido de intenção, e foi parar nas grandes telas com seu propósito maior. Isso porque eu só queria fazer um filme, não para estrear no cinema, mas para utilizá-lo como um dispositivo para trabalhar em meu ofício de educar no *mundo das telas*. É claro que todo cineasta, ainda mais jovem, que ver seu filme estreando nas grandes salas de cinemas de ruas, centros culturais e *shoppings*, mas eu não tinha essa pretensão toda, apenas queria construir uma ferramenta neste formato tão clássico da linguagem audiovisual, os *longas-metragens*.

Longas-metragens são filmes acima de 50 minutos que possuem uma série de características complexas: construção das histórias, personagens, diversidade de gêneros narrativos, roteiros com atos, clímax e desfechos, entre outros. Elementos que precisam se sustentar a cada minuto da história, que passa por um processo, uma cadeia de produção, sendo ela resumidamente: concepção (parto da ideia); roteirização (transformar a ideia na possibilidade de virar um filme); pré-produção (preparo, planejamento e cuidados necessários); produção (filmagens com equipe ou a mão na massa para tirar do papel as imagens em movimento); pós-produção (montagem, edição, finalização, mixagem do som e outras necessidades); distribuição (quando o filme sai em busca das telas, seja qual for ela); e exibição (momento que o filme chega aos olhos e ouvidos dos espectadores e espectadoras).

Um filme desse porte demora a ficar pronto, além de não ser feito apenas por uma pessoa, mas sim por várias. Custa caro, pois existe uma diversidade de profissionais e necessidades para a produção do filme jamais imagináveis para quem não é desse *métier*. Quando um filme tem como propósito ser educativo (não digo didático, mas sim educativo no sentido de gerar processo de ensino-aprendizagem com as telas), você pode incluir na lista de demandas muito mais pesquisa e dedicação para esse escopo de produção.

O meu dispositivo de *medi(t)ação* audiovisual para educar nas telas, o filme '*O que queremos para o mundo*', demorou cinco anos para ficar pronto, pois dois anos foram só de pesquisa de temas, referências e escrita do argumento, para depois iniciarmos uma roteirização da ideia. Depois de centenas de "nãos" em editais, resolvemos criar uma campanha de financiamento coletivo (*Crowdfunding*) já que esta era uma ferramenta nova, que surgiu com a primeira plataforma de arrecadação de recursos desse gênero no Brasil, a Catarse,[74] fundada em 2011. Era 2012 quando preparamos a campanha e ali já estava rolando uma estratégia *transmídia* com o próprio dispositivo filme.

Eu não queria fazer um filme, eu queria produzir um *filme educativo*, distribuir em escolas, cineclubes e exibir em pelo menos um país de cada continente do mundo. Muitos me diziam que fazer "carreira" com um longa-metragem independente não é brincadeira, pois estaria batendo de frente com a própria estrutura de um mercado hegemônico, com grandes estúdios que dominam as salas de cinema e inviabilizam filmes de produtores independentes de países colonizados como nós produtores brasileiros. Cada vez que escutava isso em uma reunião com distribuidoras, possíveis patrocinadores ou na rodada de negócios das feiras audiovisuais, mais me dava vontade de fazer um filme. Hoje sou muito grato a todos que me ajudaram a realizar este sonho de produzir um *filme educativo* naquele tempo pré-pandemia, pois toda a cadeia de produção de filmes a partir de 2020 virou do avesso depois do colapso nas relações de trabalho durante a pandemia, na qual não podíamos mais nos aglomerar à vontade em um *set* de filmagem como fazíamos antes.

O longa-metragem '*O que queremos para o mundo?*' se tornou uma espécie de cordão umbilical para toda a essência deste projeto, já que a iniciativa, com o mesmo nome do filme, nasceu com uma vontade de ser realizada em um filme e se *transmidiatizou* em centenas de dispositivos audiovisuais, muitos deles já relatados acima. O salto quântico do filme veio na sequência da série que produzimos para o canal *Gloob*, segmento infantil dos canais do grupo Globosat, no qual tivemos o prazer de estrear nosso programa nas telas. Foi a partir de um *e-mail* que mandei para os produtores desse canal, um pouco antes de ser lançado no dia 15 de junho de 2012 nas TVs pagas, que conseguimos uma reunião na sede do canal no Rio de Janeiro, para, depois de várias conversas e a produção de um episódio de interprogramação *piloto,* conseguirmos assinar o contrato e estrear como um dos primeiros programas do canal, assim como a série *Detetives do Prédio Azul* e outras faixas. Porém, o nosso formato era de pílulas audiovisuais de até 3 minutos durante os intervalos da grade de programação.

Minha intenção era convidar o canal para coproduzir nosso longa-metragem, mas eles gostaram mesmo das *artimanhas transmídias* que realizávamos com '*O que queremos para o mundo?*', como as diferentes linguagens e formatos de conteúdo, abordagens expandidas, além das medi(t)ações audiovisuais com as crianças. Eu não comecei minha carreira no Cinema e na TV e tive que me desdobrar na produção de conteúdos *transmídia* a partir de filmes para salas de cinema ou séries de TV. A necessidade de convergência das telas já fazia parte da minha *Geração Y* de produtores audiovisuais, a partir da consagração de uma cultura digital no mundo que demanda cada vez mais outras formas de criação de conteúdos audiovisuais para o público infantil. Eu comecei *transmídia* e fui parar nos formatos hegemônicos ou emancipadores de telas como o Cinema e a TV.

Promover convergências é uma característica minha como *Educador Audiovisual*, assim como podemos desenvolver em nós, como *EA*, vários outros perfis. Uma atitude de educação para as mídias que busque na convergência das telas um território para podermos narrar o que as crianças estão dizendo para nós é pensar uma *Educação Audiovisual* que também seja uma *Educação Transmídia*, na qual nos importa menos os tipos de produtos gerados a partir do filme, e mais quais tipos de processos pedagógicos podemos permear pelas telas. Chacoalhar um filme educativo, como se ele estivesse preso em uma identidade de formato como o longa-metragem, e podermos expandir aquela discussão para outros tipos de telas e formatos, é uma atitude de *transcendência* do cinema para que ele cumpra sua missão de mediar a produção de conhecimento em salas de aula.

A *transcendência* do formato de um filme trouxe a mim e aos meus companheiros e companheiras de jornada da produção audiovisual educativa uma flexibilidade para pensar conteúdos que já eram transdisciplinares em sua essência (educativos, ambientais, emocionais, afetivos, adaptáveis aos contextos das infâncias). Como afirma Jenkins,

> a narrativa *transmídia* é a arte de criação de um universo. Para viver uma experiência plena num universo ficcional, os consumidores devem assumir o papel de caçadores e coletadores, perseguindo pedaços da história pelos diferentes canais, comparando suas observações com outros fãs, em grupos de discussão *on-line*. (2009, p. 49)

Nossa produtora *Cocriativa* estava em parto quando fomos assinar o contrato com o *Gloob* e então comprar o enxoval (câmera, lente, tripé, microfone) da nossa produtora que acabara de chegar ao mundo aos darmos as mãos ao tão prometido canal infantil brasileiro. Nasceu então nosso primeiro programa de TV, também chamado '*O que queremos para o mundo?*'. Durante a concepção do filme, paramos tudo para viajar os quatros cantos do Brasil e realizar pequenos documentários com 10 crianças em uma campanha na qual, a cada fim de episódio, pedíamos para outras crianças enviarem o que queriam para o mundo por meio de um vídeo no canal. Os nove episódios do programa foram feitos com crianças "de verdade" nas telas, e não personagens infantis que eram dirigidos por adultos correndo o risco de encenarem certos estereótipos sobre o que é ser criança. Esse foi um *feedback* positivo do próprio canal sobre nossa proposta piloto de programa.

Ao fim da veiculação dos nove *interprogramas*[75] nos quais as crianças partilharam um pouco de suas identidades presentes naquele momento, além de nos contar o que queriam para o mundo no fim dos episódios, propomo-nos ainda a selecionar uma décima criança para participar do programa. Nosso público na TV foi convidado a participar de uma campanha *transmídia* lançada por todas as telas. Essa era a primeira campanha de conteúdo 360º do canal, uma estratégia que conecta conteúdo de TV, ações físicas promocionais do canal e do programa utilizando todos os formatos de telas disponíveis naquele momento.

Era uma época na qual eu estava dedicando horas e mais horas dos meus dias para pesquisar sobre temas complexos e às vezes ocultos na cultura das infâncias. Fui observando, durante a seleção das nove crianças do *casting* do programa de TV, certos tipos de comportamentos que me tocavam, como a capacidade intuitiva e a conversa "pau a pau" de questões complexas, como os desafios *socioambientais* e *socioemocionais* que nossa sociedade enfrenta hoje. Foi quando eu assisti a uma matéria na televisão sobre as *crianças índigo*.

As pesquisas de Carrol e Tober (2005) e Simon (2010) ligadas às crianças índigo apontam para uma identidade de crianças transformadoras, no sentindo de abrirem caminhos para uma nova era em ações mais pacíficas entre as pessoas e harmoniosas com a natureza. Segundo Carrol e Tober (2005), existem quatro biótipos dessas crianças índigo, sendo que algumas crianças possuem maior intensidade em certos comportamentos. As crianças índigo, também conhecidas como meninas e meninos de aura azul, seriam classificadas em: humanistas, conceituais ou tecnológicas, artísticas ou interdimensionais.

As crianças índigo *humanistas* são muito aptas a se relacionarem de forma simpática, são muito sociáveis, buscam liderar processos em suas relações, mas também são impacientes e distraídas. Elas conseguem resolver muitos problemas em seu cotidiano. Já as *conceituais* ou *tecnológicas* são aquelas que reagem às regras impostas a elas, tendem a se isolar, adoram correr riscos e possuem uma característica de criação de projetos para solução de conflitos por meio da tecnologia como meio para isso. As *artísticas* são muito criativas, fazem da expressão pelas artes um meio para se relacionar, são muito sensíveis. E por fim as *interdimensionais*, crianças que adoram fazer amigos imaginários quando novas, são conscientizadoras e corajosas, percebem quando há energia negativa e positiva no ambiente e atuam por meio do afeto com o outro.

Essas crianças demostram em suas identidades outros tipos de sensibilidade, aptidões, afetos, criticidade, necessidades de desenvolver seus órgãos sensoriais a partir da percepção do mundo, além de uma noção de conscientização única. Comportam-se de modo diferente nas relações sociais, já que são questionadoras de diversos paradigmas nos quais suas gerações anteriores ainda são ancoradas, como o patriarcalismo, *adultocentrismo*, disciplinarização da escola, entre outros.

Foi a partir da década de 1980 que as crianças índigo começaram a ganhar visibilidade. Vale ressaltar que não são todas as crianças nascidas a partir dessa data, assim como eu, que são consideradas índigo, mas sim as que demostram certas características específicas. Sabe quando você não acredita que uma criança tão nova te disse algo ou até mesmo quando você questiona o fato de meninas e meninos não se "enquadrarem" em certos padrões sociais? Bom, elas podem ser uma criança índigo. Há uma sede por transformação social, educacional, familiar e espiritual na missão dessas crianças na terra. Por isso, muitas vezes são *estereotipadas* como aquelas que precisam de ajuda urgente, correndo o risco de serem taxadas com déficit de atenção, hiperatividade, assim como confundidas como autistas. É claro que existem crianças com essas características, porém não podemos diagnosticá-las a partir de suas identidades de busca de um outro mundo onde querem viver.

Segundo Simon (2010), aquelas crianças que se recusam a obedecer, comer, dormir e que parecem desprezar a maior parte dos adultos estão cada vez mais presentes na sociedade. A falta de compreensão dos pais e das escolas para a diversidade das crianças, suas subjetividades que não encaixam nas estruturas normativas de ensino, podem levar a uma definição dessas crianças como problemáticas, levando-as a se tratarem com remédios que serão prejudiciais para elas:

> [...] esse tratamento químico é uma faca de dois gumes. Ele pode, com efeito, permitir que essas crianças hiperativas se integrem as normas em uso e, assim, tranquilizar os pais, mas, como todas as drogas desse tipo, gera uma certa euforia que permite aos consumidores esquecer suas diferenças e seus complexos em relação aos outros. Contudo, paralelamente a essas vantagens teóricas, ele destrói a personalidade, a intuição, os dons espirituais, as faculdades extrassensoriais dessas crianças e, sem sombra de dúvida, sua saúde física. [sic] (SIMON, 2010, p. 14)

Eu fui em busca do perfil de crianças que dialogam com essa perspectiva das crianças *índigo,* já que eu desconfiava que eu poderia ter sido uma delas. As dez crianças participantes do programa de TV no *Gloob* foram Pedro (5 anos, Goiânia - GO); Davi (6 anos, Lapinha da Serra/ Serra do Cipó - MG); Gabriel (6 anos, Recife - PE); Catarina (6 anos, São Paulo - SP); Luca (7 anos, São Paulo - SP); Luiza Romana (7 anos, Salvador - BA); Geovana (9 anos, João Pessoa - PB); Marya Eduarda (9 anos, Caxias do Sul - RS); Luiza (10 anos, Curitiba - PR) e Olívia (11 anos, Belo Horizonte - MG), que se tornaram minhas grandes amigas e motivadoras na minha carreira como Educador Audiovisual. Fui transformado por essas crianças. Elas representavam para mim a diversidade das crianças nas telas, sendo elas negras, brancas, de todas as regiões do Brasil, que viviam em áreas urbanas ou rurais, configurações parentais diversas, como filhos e filhas biológicos ou adotados. Crianças yoguis, skatistas, bailarinas, ginastas, ciclistas, vaidosas, brincantes, tímidas, extrovertidas, ricas, pobres e assim por diante. Nossa intenção era a de mostrar por meio da identidade daquelas dez crianças que não existe um estereótipo de infância e sou muito grato por ter tido essa oportunidade de irmos juntos com essas crianças para a TV. Como todos sabem, os canais de televisão têm um poder de alcance que não conseguimos mensurar e a prova disso era que, após nossa série do *Gloob,* as oficinas do '*O que queremos para o mundo?*' começaram a *bombar.* Não me esqueço de uma experiência que o Educador Audiovisual Vinicius Cabral havia me contato naquela época. Ele disse que estavam em uma roda de conversas com adultos em uma noite até que a filha de uma dessas pessoas fez uma intervenção no meio daqueles papos complexos que só nós adultos conseguimos ficar horas rendendo. A menina perguntou aquilo que era assinado ao fim de cada episódio do nosso *interprograma* televisivo: "E vocês, o que querem para o mundo?". A pergunta havia ficado na cabeça dela depois de assistir aos nossos episódios pela televisão.

Entre as crianças acima, estava a jovem Olívia Blanc, de 11 anos, que era aluna do Cris, um amigo e professor do Instituto Libertas, em Belo Horizonte. Ela se encaixava perfeitamente nos perfis de Luzia, a garota protagonista do filme '*O que queremos para o mundo?*'. Fiz o convite a ela e seus pais para que participasse do filme. Ela, que não era atriz, porém amava a dança, como pode ser visto no seu episódio da série do *Gloob*, aceitou o convite. Olívia era uma adolescente com peculiaridades artísticas e engajadoras que me lembravam os biótipos das crianças índigo. Na série de TV ela havia dito que "o que eu quero para o mundo são mais sorrisos, mais arte, mais liberdade, mais sustentabilidade, mais vida". Ela era uma criança que queria "mais" e me identifiquei com sua positividade para o mundo.

Buscávamos mais três meninas para formarem o grupo de personagens do filme. Foi então que ela chamou três colegas da sua turma na escola para serem as personagens Solange, a Sol (Milena Megrè), Luana, a Lua (Sofia Sgarbi), e Isabela, a Bela (Helena Trojahn). Como dirigir quatro não atrizes que não sabiam tocar nenhum instrumento para se tornarem uma banda, a *Banda da Casa da Árvore,* no filme '*O que queremos para o mundo?*'. Somente criando um filme educativo, no qual eu, como diretor e produtor, todo o elenco do filme, equipe técnica e colaboradores entrássemos em um processo de um ano de preparação do filme com uma *intenção pedagógica*. A sinopse do filme busca chamar atenção para os aspectos da própria realidade entre cinema e educação: "Luzia é uma menina tímida, dona de um mundo interno cheio de fantasia e imaginação. Quando o seu professor de música pede para a turma criar uma apresentação em grupo, Luz se vê desafiada a transmitir toda a sua criatividade e tirar suas ideias do papel. Com a ajuda das amigas Bela, Lua e Sol, o trabalho escolar se transforma em uma experiência única."

Como um trabalho escolar poderia tornar-se uma experiência única? Qual o papel do professor e da professora de trazer um cultivo da expressão estética e/ou artística para suas práticas? Como crianças com suas singularidades podem deixar de viver ocultas diante de seus sentimentos e aflorar um mundo dentro e fora delas? Como outras crianças podem se inter-relacionar durante suas práticas educativas a partir de suas diferenças, porém em busca da realização de um projeto de aprendizagem entre elas de forma autônoma? Essas são perguntas que revelam o propósito do filme.

O filme educativo '*O que queremos para o mundo?*' se inspira em alguns conceitos e atitudes para transformar reflexões que tecem a contemporaneidade em processos de aprendizagem individuais e coletivos. O campo de investigação do filme, inclusive os novos formatos de desdobramento deste, aponta para ideias como *Acessibilidade, Comunicação Não Violenta, Criação Musical, Yoga para Crianças, Mobilidade Urbana, Construção Sustentável e Alimentação Agroecológica*. Em uma reflexão mais objetiva, que nos permite a interpretação livre dessas ideias, acreditamos que a *Acessibilidade* pode ser um filtro para a entrada aos espaços internos e externos, capaz de encontrar o sentido da natureza de si e do outro por meio da empatia e do altruísmo. A *Comunicação Não Violenta* é eficaz no que se trata do apoio entre as relações de abordagem mais sutis e atentas às distinções entre a diversidade dos seres vivos. Somos capazes de evitar assim o uso do medo, da vergonha, da acusação, da ideia de falha, da coerção ou das ameaças. A troca da comunicação provinda pelo instinto, pela comunicação mais intuitiva. *Criação Musical* é a capacidade de trabalharmos processos com o elemento etéreo, uma matéria sutil permeada pelas vibrações que geram narrativas sonoras, capazes de tocar nosso campo afetivo. *Yoga para Crianças* como uma prática de reestabelecimento da consciência corporal e mental, na qual nosso corpo se torna um templo para nos acolher e nos estabelecer no aqui e agora. *Mobilidade Urbana* como um debate sobre a importância de se praticar alternativas de deslocamento no espaço urbano ou rural, sem necessariamente utilizar recursos não renováveis que degradam o meio ambiente e nos torna seres que se deslocam em contextos de estresse. A *Construção Sustentável* como prática da observação da natureza e como esta se constrói de forma interdependente, inserida em um ecossistema que contribua para o acolhimento de todos os seres. Por fim, a *Alimentação Agroecológica*, já que nossa primeira necessidade básica é a alimentaçao e muitas vezes somos limitados a nos alimentar no ritmo desenfreado do sistema socioeconômico vigente, no qual a nutrição viva do corpo deixa de ser uma prioridade para nosso desenvolvimento. Nas palavras do jornalista Walter Sebastião:[76]

> Longa-metragem do diretor mineiro Igor Amin dá voz às crianças e põe o cinema a serviço das inquietações dos adolescentes. Banda das jovens atrizes vai tocar na sessão de estreia *O que queremos para o mundo?* Essa pergunta dá título ao filme que estreia hoje na 19ª Mostra de Cinema de Tiradentes, na cidade histórica mineira. O primeiro longa do diretor Igor Amin, de 29 anos, quer - declaradamente - trazer a estética, o processo e o olhar contemporâneo para a produção dedicada ao público infanto-juvenil. O filme conta a história de Luzia (Olívia Blanc). Garota tímida de óculos e com dificuldades de se expressar, ela aproveita um trabalho da escola de música para repensar suas limitações. [...] OFICINA: O singular processo de realização do longa - trabalho com não atrizes e a preparação para que elas compusessem realmente uma canção, além das pesquisas - reafirma o espírito colaborativo, que atravessou toda a produção. Isso passou pela busca de recursos (*crowdfunding*, prêmios e dinheiro dos próprios realizadores), avançando até o modo como os diretores gostariam de apresentar o trabalho. O cineasta observa que tudo foi decidido antes de saber se o longa seria aceito em festivais ou se chegaria ao circuito comercial. A preferência foi apresentá-lo em escolas acompanhado de oficina com o tema "O que queremos para o mundo". "Em vez de diretor, prefiro ser chamado de Educador Audiovisual", afirma Igor Amin, filiado, orgulhosamente, à arte-educação. "Chegou a hora de produzir conteúdo de qualidade para o público

> infanto-juvenil, tanto na escola e na TV quanto no cinema e internet. O que existe com esse perfil é pouco e não aparece. Nosso modo de trabalhar mostra não uma tendência, mas uma necessidade dos tempos que estamos vivendo", diz ele, avisando que valoriza conteúdos ligados à cultura brasileira. MÍDIAS MÓVEIS: O que queremos para o mundo? nasceu de oficinas de vídeo com as crianças. "Percebia que elas viam, produziam e sentiam os filmes de uma forma muito sincera e lúdica. Criança entra no filme, vai além da imagem. Isso me encantou", conta Amin. (ESTADO de Minas, 2016, *apud* KIT de cocriação 'O que queremos para o mundo?')

Uma relação intrínseca está presente nesta obra: o audiovisual como instrumento para conscientização e reflexão social, que pode ser visto como um meio importante para deslocar preocupações contemporâneas, como a reinvenção da relação dos humanos com o meio ambiente e com si mesmos. Esse filme não existiria sem o apoio de uma equipe interdisciplinar que faz parte dele, nomes que me fazem encher de lágrimas ao ler os créditos ao final do filme. A interdisciplinaridade em *set* de filmagem pode ser uma estratégia muito interessante para reinventarmos os processos de feitura de um filme. A música cocriada pelas não atrizes no filme, com a facilitação e preparação da *Banda da Casa da Árvore* pelos artistas, educadores e terapeutas, que também atuaram no filme, Sergio Leoni (o professor Marciano), Silvia Fuller (a mãe Alice) e Cecília Valentim (a vó Cecília), fizeram com que uma linda e sincera canção surgisse ao longo do processo do filme. A canção *Polifonia Amor,*[77] cocriada por Olívia, Milena, Helena e Sofia, aparece como a última cena do filme como a apresentação final da *Banda da Casa da Árvore.* Essa música tem uma potência *transmídia* além do filme, foi regravada para compor a trilha sonora do filme 'O que queremos para o mundo?' pelo *Pequeno Cidadão,* banda fundada por incríveis artistas como Edgard Scandurra, Taciana Barros, Antônio Pinto e Arnaldo Antunes e seus filhos e filhas. A performance da música pelas não atrizes intercala momentos de ficção e não ficção a partir da encenação do próprio processo de criação da música nos ensaios. Gosto muito da letra que emergiu de dentro delas durante os ensaios: "Som Ver, Polifonia Amor. Tempo, Arte, Liberdade pra Viver. Amor, Amor, Amor." Aprendi com Bela, Lua, Luz e Sol que o amor é aquilo que nos traz à terra, que nos faz viver e nos conduz para outros planos. Como afirma hooks (2011):

> O amor é profundamente político. Nossa revolução mais profunda acontecerá quando entendermos essa verdade. Só o amor pode nos dar força para avançar no meio do desgosto e da miséria. Somente o amor pode nos dar o poder de reconciliar, de redimir, o poder de renovar os espíritos cansados e salvar as almas perdidas. O poder transformador do amor é o fundamento de toda mudança social significativa. Sem amor nossas vidas não possuem sentido. O amor é o coração da questão. Quando tudo mais se for, o amor sustenta.[78] (HOOKS, 2011, p .16)

Fui criticado por esse filme não ter sido gravado no contexto de uma escola pública, assim como não ter negros, indígenas e outras representatividades nas telas. Concordo muito sobre a importância disso e fico seguro de que há presença de afirmação e representatividade na iniciativa '*O que queremos para o mundo?*' em seus outros conteúdos. Depois entendi que meu *lugar de fala* como diretor desse filme é outro, mesmo sabendo que eu poderia representar outros lugares dos quais não faço parte. A minha realidade foi a de uma criança que estudou em uma escola privada, com a sua maioria de alunos brancos e de classe média. Uma escola que não dava conta de compreender os desafios *socioemocionais* que eu vivia, já que sofria *bullying* entre as paredes da escola. Foi exatamente por meio de uma banda que montei com três amigos, Renan, Rafael e Jander (*in memoriam*), que pude me libertar de muitas coisas. A expressão artística pôde emancipar aqueles sentimentos que me levavam a um lugar de criança reprimida emocionalmente e que negava seu próprio corpo.

Um filme educativo também pode ser autobiográfico e nos ensinar muita coisa. Para mim, realizar um *filme educativo com propósito* é como uma *terapia audiovisual*. Com ele, posso ser *terapeuta* e ao mesmo tempo aquele que se cura durante uma sessão com as imagens. Sou eu muitas coisas no filme que realizei. Minha identidade como *Educador Audiovisual* está presente em cada personagem e lugares quando escolho narrar uma história a partir do que quero para o mundo. Sou eu o professor Marciano, a mãe Alice, a vó Cecília, a menina tecnológica Lua, a garota interdimensional Sol, a humanista Bela e a artista emancipada Luz. Também sou os *mil tsurus* dobrados por Luzia no filme, seu violão, os estudantes daquela escola, os fios do *Estúdio Casa da Árvore*, assim como uma das notas musicais da composição *Polifonia Amor*.

Cinema é Luz, assim como Luzia, na medida em que pode lançar uma claridade diante daquilo que não estávamos conscientes nas relações tanto subjetiva quanto objetiva com o mundo. Antes de iniciar a escrita deste relato, estava eu medi(t)ando e observei que a nova vela que havia trocado no altar onde faço minhas práticas matinais havia clareado ainda mais aquele pequeno canto da casa que é tão sagrado para mim. A luz mais forte da chama da vela mostrou que havia ali certos grãos de poeira que eu não estava vendo com ajuda da luz de outra velinha acesa nas semanas anteriores. Veio-me um "plin" de que um *filme educativo* é como essa nova vela, que pode lançar um grau maior de luz do que os filmes sem essa *intenção pedagógica* para com o espectador. Um dispositivo capaz de revelar certos tipos de questões que promovam o debate sobre aquilo que não nos atentávamos. A *intenção pedagógica* de um *filme educativo* é a maior potência que ele pode ter, já que o propósito de ensinar e aprender entre as telas viabiliza uma projeção de luz não só na tela, mas também dentro e fora de nós como espectadores ativos desse processo. A intenção é o fogo sagrado desses filmes, e não sua qualidade técnica, o número de ingressos vendidos na sessão ou as personalidades famosas que participam dele.

Aquilo que seria apenas um *curta-metragem* se tornou um *longa-metragem educativo*, pois eu intuía que uma experiência audiovisual junto a este formato centenário de linguagem poderia nos levar longe, literalmente. A questão era que nunca tinha dirigido um filme desse porte e foi aí que começou uma aventura de um Educador Audiovisual que não tem limites para se arriscar. Escolhas perigosas quando somos marinheiros de primeira viagem neste barco que é o mercado cinematográfico e sentimos a necessidade de *hackear* o pensamento hegemônico engendrado nas instituições de ensino nas quais propúnhamos entrar como estratégia de lançamento educativo do filme com o *Circuito de Exibições Educativas.*[79]

> A imensa máquina da educação é rígida e inflexível, fechada, burocratizada. Muitos professores estão instalados em seus hábitos e autonomia disciplinares. [...] Para eles o desafio é invisível. [...] Mas é preciso começar e o começo pode ser desviante e marginal. [...] Como sempre, a iniciativa só pode partir de uma minoria, a princípio incompreendida, às vezes perseguida. Depois a ideia é disseminada e quando se difunde, torna-se força atuante. (MORIN, 2000, p.34)

O *Circuito de Exibições Educativas* foi um projeto de distribuição criativa do longa-metragem '*O que queremos para o mundo?*', que promoveu exibições com *intenções pedagógicas* em contextos variados e, a cada exibição, propunha abordagens sociopedagógicas que possibilitavam um outro tipo de alcance para as questões tratadas no conteúdo audiovisual. Um circuito de exibição nacional de caráter integrado, realizado de janeiro de 2016 a dezembro de 2017 em cidades do estado de Minas Gerais, como Belo Horizonte, Congonhas, Mariana, Serro, São Gonçalo do Rio Preto, Santo Antônio do Itambé, São João das Missões, Araponga, Visconde do Rio Branco e Cataguases, assim como em Cuiabá, no Mato Grosso, e Campo Grande, no Mato Grosso do Sul, criando uma infraestrutura afetiva de recepção e incentivo à produção de novos conteúdos nas escolas e comunidades por quais passou.

Não se tratava apenas da transmissão de informação: o projeto se preocupava com a recepção, com a captura da informação e sua transformação em conhecimento entre crianças e jovens. O projeto considerava que exibições tradicionais são insuficientes para provocar essa transformação. O objetivo do projeto naquela época foi o de organizar exibições acompanhadas por abordagens educativas com o público presente, realizadas por Educadores Audiovisuais que mediaram as atividades de sensibilização com crianças e jovens. Esse projeto promoveu mais de 50 exibições em todo o Brasil, com ou sem a presença da equipe, além de oficinas *transmídia* a partir do filme, seja com a *Banda da Casa da Árvore,* seja com o cenário do filme *Estúdio Casa da Árvore.*

Pretendíamos criar experiências de completo envolvimento em cada exibição, em que todos os sentidos das crianças e dos adolescentes fossem ativados. Levávamos em conta que as crianças estavam mergulhadas em um oceano de emissões, como filmes, *web*, TV, sons, informações, e que, para elas produzirem sentido, é preciso proporcionar experiências com envolvimento. Por meio de Kits Educativos, disponibilizamos o material pedagógico para dezenas de professores e professoras no Brasil e assim resistimos para que nosso filme não fosse apenas exibido em festivais e salas de cinema.

Fomos honrados por exibir nosso filme em eventos de cinema como: Mostra de Cinema de Tiradentes (2016), na qual houve nossa estreia junto a um cine-concerto com a banda *Pequeno Cidadão*; Noida Internacional Film Festival, na Índia (2016), no qual ganhamos um prêmio de menção honrosa do júri; FICI – Festival Internacional de Cinema Infantil, em várias cidades onde havia cinemas Cinemark nos *shoppings* (2016); Mostra de Cinema Infantil de Florianópolis[80] (2106), tradicional e exemplar mostra infantil de filmes que sempre admirei; o tão renomado Festival do Cinema Brasileiro de Brasília (2016), em que exibimos o filme no Teatro Nacional de Brasília para centenas de crianças; o festival português de cinema ambiental CineEco Seia (2017); o Festival Planeta Curitiba (2018), em um circuito por várias cidades do interior do Paraná; Festival Ver e Fazer Filmes com cine-concerto com a banda *Constantina* (2017); o tão importante Cinekid Festival (2016), em Amsterdã, Holanda; o Filem'on (2017), em Bruxelas, Bélgica, onde também realizamos oficinas e apresentações com projeções ao vivo; no San Diego Children Film Festival (2017), nos Estados Unidos; sem contar exibições em voos da Marroc Air Lines e da Ethiopian Air Lines

(2016); no Centro Cultural Brasil-Angola (2017), em Luanda; canais como o AMC Brasil (2017); e distribuição do filme em cinemas, TVs e web pela distribuidora Elo Company; Looke; Encripta; Cineart Filmes e pelo *YouTube* pago.

Eu, que imaginava que iria exibir o filme somente no meu estado, fui rodar o mundo com meu "filho". Fazer um filme é um parto, assim como um instrumento para podermos compreender a diversidade das crianças por meio de exibições educativas e mediações audiovisuais quando são exibidos junto à presença de quem o criou.

O que está por trás das exibições e mediações audiovisuais com o cunho educativo é a ideia de *curadoria*. Educação Audiovisual é um campo que depende de pessoas com um olhar *curatorial* para os conteúdos. Eu não só idealizei, produzi e dirigi um filme, mas me tornei um curador no sentido de fazer escolhas para que o conteúdo se apropriasse em termos de temáticas e abordagens que eu acreditava serem úteis. Ao preparar uma sessão de filme para criança, seja nas salas de casa, de aula ou de cinema, precisamos criar um ambiente amigável para que a experiência fílmica seja potente no sentido de aprendizagem para aqueles que assistem aos filmes.

> A palavra curadoria deriva da raiz latina *curare*, ou "curar". Curar, historicamente, tem a intenção de encarregar-se ou organizar, colocar junto, selecionar para a apresentação e mesmo preservar. A origem etimológica desse terno, com base no sentido de cuidador, é o de dar orientação e manter uma linha coerente sobre informações, dados, conhecimentos consolidados que estão dispersos em diversificados contextos. A curadoria é mais facilmente encontrada e reconhecida no campo das artes; ainda é pouco tratada nas ações de ensino e aprendizagem. [sic] (GARCIA, 2019, p. 25)

Nesse sentido, acredito que os Educadores e as Educadoras Audiovisuais atuam também como curadores em campo. Seja realizando exibições de filmes, seja promovendo oficinas de práticas audiovisuais ou até mesmo produzindo seus próprios conteúdos com as crianças. Precisamos cada vez mais compreender nosso papel como aqueles que podem contribuir para a cura dos sistemas educacionais que estão contaminados e sem saber qual o tipo de medicação tomar.

Existem inclusive políticas públicas no Brasil que foram conquistadas para que o filme nacional fosse exibido obrigatoriamente nas escolas, a exemplo da Lei nº 13.006, de 26 de junho de 2014, que acrescenta ao artigo 26 da Lei nº 9.394, de 20 de dezembro de 1996, esta que estabelece as diretrizes e bases da educação nacional, para obrigar a exibição de filmes de produção nacional nas escolas de educação básica. A lei afirma que "a exibição de filmes de produção nacional constituirá componente curricular complementar integrado à proposta pedagógica da escola, sendo a sua exibição obrigatória por, no mínimo, 2 (duas) horas mensais".[81]

Assim, torna-se importante que professores, gestores, funcionários e toda a comunidade escolar tomem conhecimento de uma lei como essa, assim como se preparem, no sentido *curatorial*, para que as sessões sejam realizadas de forma a facilitar as práticas de aprendizagem na escola. Segundo Garcia (2019), em seu livro *Curadoria educacional: Práticas pedagógicas para tratar (o excesso de) informação e* fake news *em sala de aula,* o "professor-curador" é aquele que está relacionado diretamente com a realidade da escola, seu ambiente, os planos de ensino e de aula, as interações diversas com os alunos e alunas, além de outros aspectos.

> Dessa maneira, esse profissional, inserido nesse contexto, deve manter uma relação estreita com o projeto pedagógico da escola em que atua, que revela a linha de ações dialógicas amparadas por projetos, bem como a meta de formação dos alunos mais autônomos e cidadãos do mundo. [...] Deve-se entender que as demandas sociais atuais pressionam por escolhas metodológicas no ambiente da escola que estejam preparadas a se responsabilizarem pela formação de alunos-cidadão. Esses alunos-cidadãos, desde cedo, devem valorizar e expandir a conexão com um mundo em profunda mudança, para que possam participar dele e interferir nele. (GARCIA, 2019, p. 37)

As funções gerais do curador educacional são atribuídas a questões em que esse sujeito é "quem zela", "quem cuida", "quem estende visões", "quem preserva", "quem seleciona", "quem se comunica com diferentes mundos e pessoas" e "quem relaciona os conteúdos às necessidades dos aprendizes" (GARCIA, 2019, p. 38).

Acrescento que nós EAs, por meio da nossa sensibilidade e cuidado às crianças, possamos escolher filmes a partir daquele que *convida* a criança para a sessão, em vez de apenas atender suas vontades. Que cria um *ritmo* para que a criança assista nos horários e dias mais oportunos para elas, em vez de só limitar um *tempo de tela* para as meninas e os meninos. Que dialogue antes sobre qual conteúdo elas querem, não somente a partir do personagem com o qual elas se identificam, formatos, ou tipo de desenho animado, mas sim o *tema* que a criança quer assistir, aproveitando para compreender *por que* ela tem aquele interesse, a exemplo de filmes sobre animais, plantas, super-heróis, entre outros. Combinar com a criança de *pausar o filme* durante a sessão para conversarem sobre a narrativa da história somente se a criança estiver aberta a isso. Dinâmicas podem ser incluídas após a sessão ou durante aquele dia, para ampliar as possibilidades de aprendizagem "mão na massa" com os temas presentes no conteúdo. É isso que chamo de *compensação de telas*, a exemplo de irem plantar uma horta e a criança poder então "voltar" de forma amigável das telas ao mundo real.

Por que não assistir a um filme como se fosse um ritual ou uma prática de afeto, acompanhado de pipocas e abraços? Saiba que as crianças irão se sentir acompanhadas e seguras para entrarem no *mundo das telas* dessa forma. São coisas sutis que fazem diferença na hora de educarmos as crianças neste novo mundo que também desconhecemos. Experimente, experimente, experimente. Entender quem somos a partir da percepção de como as crianças nos veem é algo muito especial. Como disse minha amiga Maia (5 anos), o "Tio Igor é um Laboratório, ele gosta de experimentar coisas". O único risco que você corre caso tudo que invente caminhe por água abaixo é da criança te dizer que não quer desta ou daquela forma. Quando as crianças percebem nossas boas intenções, elas irão nos respeitar no sentido de dizer "não" sem se descabelarem. Isso é diferente quando dizemos a elas um "NÃO" em caixa alta para negá-las a experiência das telas. Converse com calma, argumente o motivo pelo qual você fez a escolha delas assistirem "assim ou assado" e promova um processo de diálogo e escuta delas para amenizar o "caos" que fizemos com as telas em casa.

Tornei-me um Educador Audiovisual *curador* no sentido de levar às crianças, por diferentes formas e invenções, exibições educativas de filmes que produzi ou que foram influências para mim durante minhas andanças pelo Brasil e mundo afora.[82] Não só deu certo, mas pude viajar com uma *intenção pedagógica* bem clara, com a ajuda de prêmios, bolsas e patrocínios pelo reconhecimento do trabalho que realizei junto a outros Educadores e Educadoras Audiovisuais com quem tive a honra de formar e depois trabalhar junto (com eles, aprendi mais do que ensinei). É muito interessante ouvir os relatos dos professores que participaram como multiplicadores e mediadores audiovisuais do '*O que queremos para o mundo?*' e perceber neles o quanto propostas de inserção das artes na educação podem influenciar positivamente suas práticas. A escuta dos adultos que educam as crianças também é de suma importância para compreendermos como EAs podem contribuir para uma comunidade escolar específica onde irão atuar.[83]

Em novembro de 2016, tivemos uma oportunidade única, a de exibir nosso longa-metragem na cidade de Mariana (MG) para as crianças que estavam realocadas na cidade e estudando provisoriamente em uma escola pública, a Escola Municipal Dom Luciano Pedro Mendes de Almeida. Fazia um ano que havia ocorrido o maior crime ambiental no Brasil, provocado pela empresa Samarco Mineração S.A., um empreendimento conjunto das maiores empresas de mineração do mundo, a brasileira Vale S.A. e a anglo-australiana BHP Billiton. O triste evento ocorreu devido ao rompimento da barragem de rejeitos minerais e tóxicos da empresa sediada em Mariana, com um volume total despejado de 62 milhões de metros cúbicos.[84] Um impacto socioambiental inestimável que arruinou a vida de diversas comunidades no entorno do extenso e tão belo Rio Doce. A tragédia ocorreu na tarde de 5 de novembro de 2015 no subdistrito de Bento Rodrigues, a 35km do centro do município de Mariana, no estado de Minas Gerais. A lama chegou ao Rio Doce, cuja bacia hidrográfica abrange 230 municípios de Minas Gerais e Espírito Santo. Essa bacia é uma das principais fontes de água para as populações urbanas, rurais, indígenas e ribeirinhas desses municípios.

Junto a Juçara e Thamira, do *Coletivo Mica (Mídia, Identidade, Cultura e Arte)*, formado por professores, estudantes e ex-alunos da Universidade Federal de Ouro Preto - UFOP, articulamos uma participação especial das crianças de Bento Rodrigues no *Circuito de Exibições Educativas*. Eu não imaginava que passaria por uma das experiências mais marcantes em minha vida, não só como Educador Audiovisual, mas como ser humano.

O grupo de 23 crianças chegou à sala de aula da escola em *câmera lenta*, já que havia os convidado para uma dinâmica que costumo realizar ao caminharmos com mais calma até o local das atividades. Mesmo em *câmera lenta*, notava que elas estavam eufóricas. Confesso que eu me perdi nessa hora, sem saber como a pergunta '*O que queremos para o mundo?*' seria feita a elas diante daquele contexto. Minha mãe estava me dando carona nessa viagem e posso dizer que sua presença trouxe um conforto a mim como nunca poderia imaginar. Nos seus olhos em lágrimas sentia força para mediar aquele processo até o fim.

Um relato que ouvi antes de conhecer aquelas crianças era que elas só queriam ficar juntas, mais nada. O momento mais especial era quando se encontravam dentro do ônibus escolar que ia pegando uma a uma para irem para a escola. Era tão demorado que elas aproveitavam para se reencontrarem entre os balanços do ônibus pelas pedras da cidade histórica. A tragédia havia lhes tirado a possibilidade de morarem juntas como antes, uma ao lado das outras em Bento Rodrigues, assim como as privado de brincarem livres na rua, sentirem-se seguras em sua própria comunidade. Estavam alocadas em casas na cidade de Mariana, já que sua comunidade havia desaparecido e não havia previsão de quando seria reconstruída. Elas sabiam que o espaço físico poderia voltar a existir, porém jamais isento de longas cicatrizes. Essas crianças assistiram com os próprios olhos a um filme de terror, o mar de lama que havia devastado seus territórios de aprendizagem, a exemplo da escola local. Eu estava ali com o intuito apenas de mediar um processo para que elas se sentissem esperançosas.

O filme foi exibido em trechos, já que eu tinha apenas três horas para ficar com elas. Assim que subiram os créditos, peguei minhas ferramentas audiovisuais, como a *claqueto-câmera imaginária,* minha câmera digital portátil, uma claquete grande de madeira, papel *paraná* recortado em blocos com furos para serem costurados, lápis, canetinhas coloridas e giz de cera. A ideia era que as crianças desenhassem a nova escola em que elas queriam estudar. Começamos a criar um *Storyboard*[85], ou esboço sequencial, para brincarmos de fazer um filme de animação, ilustrado com seus desenhos sobre a nova escola, porém só vinham em seus traços memórias de como era a escola antiga. Uma matéria no jornal *Estado de Minas*[86] conseguiu sintetizar muito daquilo que experienciei com as crianças, e nas palavras do jornalista Guilherme Werneck:

> Projeto leva crianças de Bento Rodrigues a expressar por desenhos seus sonhos e desejos. Programa foi desenvolvido um ano depois de desastre ambiental causado pelo rompimento da barragem da Samarco. No canto, o armário; no centro, a mesa com o computador sob a frase "Sala do Notebook"; no lado direito, a gangorra do parquinho. E mais um detalhe feito a lápis de cor, na folha de papel: uma árvore com frutas vermelhas, cercada de traços lembrando montanhas. O desenho de Lavynia Beatriz Felipe Silva, de 9 anos, expressa o que ela imagina de uma escola ideal, com estudos, recreio e natureza. Grande parte a menina já teve, e a perda chega a doer de tanta saudade, enquanto a outra durou pouco, alguns dias, até a lama destruir tudo. Junto a 23 colegas na faixa etária de 8 a 11 anos, da Escola Municipal Bento Rodrigues, de Mariana, na Região Central, a aluna participou de uma oficina na qual a turma expôs sonhos e desejos, um ano

> depois do rompimento da Barragem do Fundão, da mineradora Samarco, que arrasou o subdistrito de Bento Rodrigues e outras comunidades. "Quero tudo como era antes", resumiu Lavynia. (ESTADO de Minas, 2016)

Enquanto pulsavam lágrimas dentro de mim, meu sorriso sustentava o entusiasmo para que pudéssemos fazer um *filminho* dessa nova escola. Eu não sabia se ouvia as crianças, se registrava aquele momento com a câmera, se tomava água, se respirava. À medida que eu as escutava ao apresentarem seus projetos de desenhos, via brotar nelas o sorriso comum a todas as crianças, o brilho de poder criar e mostrar para um adulto suas invenções e se afirmarem como uma cultura, a cultura das infâncias. Ao me deparar com os desenhos das crianças ao fim do processo, não havia tempo nem para contemplá-los, assim como transformá-los em filme. Peguei minha câmera, fotografei os desenhos, colhi depoimento delas e o sinal da escola tocou. Elas saíram correndo e só consegui falar com uma das crianças ao final, na sala dos professores. Havia em minha mão um pequeno *tsuru* dentro de um potinho de vidro guardado, e resolvi dar de presente para essa criança. Ela me disse que guardaria no quarto dela e fiquei emocionado, ao imaginar seu antigo quarto que já não existia mais.

Em conversa com a diretora da escola de Bento, Eliane, mostrei a ela alguns desenhos resultados da oficina de *Storyboard*. Inicialmente, sem tempo e informação suficiente, imaginei que o desejo das crianças por uma escola com parquinho, árvores, biblioteca e sala de *notebook* fazia parte de algo comum aos estudantes. Foi quando a diretora me relatou que aqueles tantos *notebooks, tablets e celulares* não eram apenas uma vontade de terem acesso à tecnologia durante as aulas, mas sim pelo fato de terem ficado anos buscando recursos para montarem o primeiro laboratório de informática da escola. Esse era um espaço que as crianças esperavam ansiosamente para poderem usufruir do *mundo das telas*. Como relata a matéria no jornal *Estado de Minas* citada acima:

> O notebook faz todo sentido no desenho, conta a diretora Eliene Geralda dos Santos, que, na dramática tarde de 5 de novembro de 2015, retirou a criançada da escola riscada do mapa pela lama – o maior desastre socioambiental do país deixou 19 mortos, devastou a vegetação e degradou toda a Bacia do Rio Doce até o mar. "No fim de outubro, havíamos recebido, em doação, 10 computadores e mobiliário para a sala de informática e de jogos. Ainda estavam sendo feitas as ligações dos cabos, ainda não havia internet, mas os alunos já tinham visto os equipamentos. Tudo ocorreu de forma muito brusca", diz a diretora. "Agora os alunos estão mais tranquilos, vão se adaptando, acostumando com a vida em Mariana, embora sintam muita falta de lugar para brincar", acrescenta Eliene. [...] Já Ana Luíza Euzébio Pinto, de 10, preferiu frases em vez de desenhos e mencionou também os computadores, que nem eram notebooks, mas ficaram assim marcados na memória dos estudantes. "A escola tem que ter tudo que tínhamos antes no Bento, com a sala de aula muito legal, com alegria", reivindica a garota. Ana Luíza faz questão de ressaltar o pátio, para as brincadeiras do recreio; a biblioteca, para as pesquisas; e o auditório, espaço de encontros e celebrações. Os outros desenhos trazem imagens do escorregador, prédios de cobertura amarela, de árvores com céu azul ao fundo, sala de aula com todos os equipamentos, jardim e amizade. De forma carinhosa e íntima, os antigos moradores de Bento Rodrigues se referem ao lugar de forma simples, apenas como Bento. (ESTADO de Minas, 2016)

Despedi-me de todas e todos da escola e segui viagem com minha mãe para a cidade de Visconde do Rio Branco, Minas Gerais, minha cidade natal. Deixei as malas no meu quarto e me sentei na cama em que dormia desde criança. Peguei meus equipamentos para começar logo a editar um filme que, para mim, seria algo muito marcante em termos de experiência de Educação Audiovisual a ser compartilhada pelo mundo. Foi quando percebi que na memória do cartão estava tudo corrompido. Nenhuma foto, vídeo ou registro era possível transferir para o computador. Eu chorei feito uma criança. Foram dois dias tentando recuperar os arquivos. A imagem que consegui transferir tinha trechos da experiência misturados com ranhuras vermelhas e *pixeladas* e sons de ruídos graves, que, além de tudo, travaram todo o sistema operacional de meu *notebook*.

O que ficou em mim foi apenas um relato de experiência de um Educador Audiovisual. Tenho cada segundo daquela sexta-feira registrada em minha memória, com tudo aquilo que aprendi com as crianças de Bento Rodrigues. A mais valiosa aprendizagem foi a de que nem tudo o que vivemos precisa virar filme. Podermos guardar em nós aquilo que aprendemos com as crianças para projetá-lo internamente sempre que possível. Um tipo diferente de projeção de filme em minha *Tela Mental,* que não me deixa esquecer aquilo que vim fazer neste mundo.

O jogo dos mundos

A frase que encerra o filme '*O que queremos para o mundo?*' é algo muito especial para mim, já que foi a própria Olívia Blanc, a Luz, que a sugeriu nas leituras do roteiro com o elenco. Ao abrir as cortinas para a apresentação da *Banda da Casa da Árvore,* Luzia sorri sem óculos para a plateia e diz a seguinte frase: "Cada um de nós é a força que falta no outro para realizarmos *O que queremos para o mundo*". O mundo da Luz ia muito além de um estereótipo da criança contemporânea, aquela que vive no *mundo da tecnologia* sem se relacionar com outros mundos. Percebo que a personagem Luz busca construir sua própria visão de mundo, a exemplo de quando está esboçando em seu caderninho as "notas do aqui e agora". Uma das metáforas do filme aborda exatamente essa ideia de "visão de mundo", já que Luz usava óculos e passava por uma situação de não conseguir enxergar bem as pessoas e os objetos do mundo externo. Sua visão era como um caleidoscópio, capaz de retratar sua ambiguidade do olhar para si em relação ao mundo. Uma de suas *notas do aqui e agora*, ou seja, aquilo que ela pensava e sentia de forma plena e presente, era narrada pelo recurso de textos em *off* no filme. Sua conclusão após a visita ao oftalmologista é a seguinte: "Óculos são um dispositivo para olhar pra dentro de si".

Eu e os roteiristas Vinicius e Laura criamos para o filme uma personagem que, apesar de tímida e introvertida, possuía um mundo fantástico a partir de sua subjetividade. Ela tinha uma personalidade de criança índigo artística, a qual podia descobrir outros tipos de mundos a partir do toque de seu violão. Ressalto que a escrita de um argumento e um roteiro de um filme é um ato de construção de identidades fictícias para suas personagens, nos quais podemos também inserir nossa forma de ver o mundo. Eu não conseguia me conter em apenas um formato de tela para que os processos de ensino-aprendizagem acontecessem e, por isso, unimos nossa equipe para desenvolver outras formas com as quais as crianças pudessem explorar seus sentidos sensoriais além da visão e da escuta. Foi aí que nasceram nossas exposições para galerias de arte, nas quais as telas se ampliavam de forma sensível e podiam invadir outros tipos de suporte. Atentos ao fato de que as crianças estão em busca de outras experiências além das convencionais no *mundo das telas,* resolvemos então inventar mais essa história. Como diz minha mãe, "Igor, para de inventar moda menino!".

Nas *Exposições Multimídia 'O que queremos para o mundo?'* promovíamos atividades por meio de instalações sensoriais, tecnológicas e de aprendizagem ativa em museus, como nas duas edições dos *Cubos Mágicos 'O que queremos para o mundo?',* no *Centro Cultural dos Correios,* em Juiz de Fora[87] (2015), e no *Museu de Minas e do Metal*[88], no Circuito da Praça da Liberdade, em Belo Horizonte (2016). Outras duas edições foram as do *Estúdio Casa da Árvore 'O que queremos para o mundo?'* no PINA,[89] no bairro Guanabara, localizado na periferia de Cataguases (MG), espaço cultural gerido pela Fundação Ormeo Junqueira Botelho (2017), e na *Galeria Lava Pés,* em Cuiabá[90], no prédio da Secretaria Estadual de Cultura do Mato Grosso (2018).[91]

Recebemos nas edições das *Exposições Multimídia* mais de 3600 crianças de 5 a 12 anos, de diversos contextos sociais e educativos, nas quais trabalhamos com a montagem de cenários lúdicos, materiais pedagógicos criativos para as escolas, kits educativos, trabalhosas articulações com diversas secretarias de educação das localidades e ainda toda infraestrutura tecnológica e conceitual da exposição. Entre tantas viagens e tantas interações com crianças das mais diversas classes, gêneros, raças, nacionalidades, percebi que o *mundo da tecnologia* não era exclusivamente o mundo no qual essas crianças viviam, mas também parte dos mundos presentes em suas vidas, os quais meu olhar, muitas vezes *adultocêntrico,* desconhecia.

Era necessário conhecer mais profundamente a realidade das escolas com as quais interagíamos em nossas experiências de mediação audiovisual, assim como os desafios e as fortalezas das professoras e dos professores que faziam nossas formações na intenção de multiplicarem nossos conteúdos, assim como nossas *Tecnologias Audiovisuais de Ensino-Aprendizagem*. Tinha convicção de que a possibilidade de criar mais espaços para que as crianças pudessem narrar sua própria história no *mundo das telas* seria também um ato político. Assim poderíamos deslocar as crianças para um novo território aberto a uma investigação a partir da escuta, a exemplo de uma abordagem lúdica por meio do audiovisual para compreender se em seus contextos educativos havia certos tipos de normas e padrões sociais sendo reproduzidos. A forma pela qual elas estavam aprendendo seria capaz de anular questões como o pensar, o sentir e o querer algo para si e para o mundo?

A construção da identidade da criança no *mundo das telas* não se dá apenas por aquilo que lhe falta, pois elas estão em busca do novo. Nossa falta de compreensão como educadores por essa "busca pelo novo" pode nos levar a um lugar de passividade, sem saber como poderíamos educar de forma criativa as crianças em plena era digital.

> Se a presença enigmática da infância *é* a presença de algo radical e irredutivelmente outro, ter-se-á de pensá-la na medida em que sempre nos escapa: na medida em que inquieta o que sabemos (e inquieta a soberba de nossa vontade de saber), na medida em que suspende o que podemos (e a arrogância da nossa vontade de poder) e na medida em que coloca em questão os lugares que

> construímos para ela (e a presunção da nossa vontade de abarcá-la). (LARROSA, 1998a, p. 232)

Uma sensibilização do olhar dos adultos que pretendem educar as crianças no *mundo das telas* demanda um olhar para outros mundos das infâncias. Essa ampliação de olhares é capaz de criar um mundo atento às singularidades infantis, destacando a sua relação poética com a construção do mundo que querem. Uma conexão profunda com a imaginação e seu potencial de invenção de narrativas próprias partilhadas com o outro. Acredito que Educadores Audiovisuais têm como propósito despertar uma conscientização nas crianças a partir de uma percepção sensível de seus olhares sobre o mundo. Reinventar a escola, reinventar a linguagem audiovisual, criar novas formas de narrativas baseadas naquilo que a criança pulsa e preza, a exemplo do ato de brincar, é fundamental para estas. Quem brinca também joga, e os jogos e as brincadeiras fazem parte deste universo.

Um dia estava relatando para uma amiga sobre as dificuldades pedagógicas que passava no '*O que queremos para o mundo?*' e ela me disse que eu precisava conhecer mais o "pessoal das infâncias". Ela se referia aos pesquisadores das brincadeiras populares e de todas e todos aqueles que fazem parte do campo de investigação da própria *sociologia da infância*. Fui então me aprofundar e fazer amizades com os *brincantes*. *Brincantes* são pessoas conhecidas por seu trabalho espontâneo como mediadores e mediadoras que facilitam brincadeiras e outros modos de se articular com as infâncias e o mundo. Entre a brincadeira e o brinquedo, existe o brincar. Brincando as crianças estabelecem um ritmo consigo mesmo.

Como é bom brincar livre pelos cantos da nossa terra, aprendi isso com um brincante do Vale do Jequitinhonha chamado Roquinho. Uma de suas particularidades é que ele é um adulto que não tem celular. No bolso ele porta diversos brinquedos, como sua coleção de piões de várias culturas, barquinhos de folhas secas, sementes e barbantes e muita sabedoria sobre o *sonho de intimidade* das crianças engajadas no brincar.

> O interesse da criança por formas, sons, gestos, afazeres, cores, sabores, texturas, assim como suas perguntas sem fim, sua vontade de tudo agarrar e examinar, e seu amor *às* miniaturas que comportam o grande em menor tamanho, pode ser traduzido por um desejo de se intimar com a vida. Esse desejo embrenha a criança nas coisas existentes. *É* um intimar para conhecer, pertencer, fazer parte, estar junto daquilo que a constitui como pessoa. A criança, em contato com matérias primitivas, ao mesmo tempo que experimenta e transfigura o mundo, repercute-o em si mesma. *É* o que denomino de "sonho de intimidade". (PIORSKI, 2016, p. 63)

Ora, todos fomos crianças e sabemos do que se trata o brincar. Se brincamos pouco ou muito quando crianças, seja no meio da natureza ou diante de uma tela, fica difícil esquecer como era estar consigo e com outras crianças nessa troca. Tive um *"plin!"* de que se um dia todas as crianças do mundo pararem de brincar, não existirão mais infâncias.

Um fenômeno muito comum para observarmos é como as telas passaram a fazer parte da cultura das infâncias nesse aspecto do brincar. Entre *videogames*, jogos de realidade virtual 360 graus, entre outros, as bolas de gude e casinhas feitas com barro estão cada vez menos presentes em muitas vidas. Lembra daquela pequena pedra que podia se tornar uma tartaruga? Ela já não é tão interessante quanto um aparelho de celular, já que somos *hiperestimulados* pelas sensações visuais e sonoras de uma tela.

Percebo como o medo da tecnologia está presente em muitas professoras e professores da educação básica, já que meu foco de trabalho são as escolas que possuem ensino fundamental e médio. Adoro perguntar no início de uma *formação* para professores "quem tem medo de tecnologia?". Percebo uma *baixa autoestima tecnológica* dos professores de escolas públicas no Brasil e sempre tento mostrar que as mediações audiovisuais no processo de ensino-aprendizagem podem se tornar uma grande brincadeira. Eu até fiz um *poeminha* sobre isso:

Brincar de fazer filmes:

> *Na brincadeira de fazer filmes*
> *a câmera é como um pião*
> *para ser lançada bem lá no chão*
>
> *A menina adora uma câmera*
> *Ela sente que nas telas é possível protagonizar*
> *tudo aquilo que ela não consegue expressar*
>
> *A tela do cinema é uma tela mental*
> *pois dentro da menina tem uma luz ancestral*
> *Com essa luz se faz um filme muito legal*
>
> *A garota visualiza um espaço pequeno*
> *pelas telas de um celular*
> *Mas ela consegue olhar fora do quadro*
> *e por um novo mundo sonhar*
>
> *Você adulto pode despreocupar:*
> *A criança não faz filmes,*
> *Ela brinca de filmar.*

Quantas vezes presenciei como o medo gera problemas técnicos na rotina das escolas. Não porque existe um "espírito do mal" ou um "vírus" nos aparelhos tecnológicos, mas sim pelo fato de não conseguirmos estar presentes de forma plena para nos concentrarmos no uso daquela ferramenta de trabalho. As telas são amigáveis se estivermos presentes junto a nós mesmos as utilizando.

O que está em jogo, literalmente, é a forma como nos engajamos por meio da linguagem audiovisual para mediar esse processo de socialização das crianças sem eliminar a própria linguagem do brincar, sendo as telas um suporte, e não o fim da brincadeira. Por isso, gosto de nomear as metodologias que invento com as crianças de *Brincadeiras Audiovisuais*. Não são apenas brincadeiras, nem são apenas produção audiovisual, são os dois de forma *híbrida*. Quantas oficinas audiovisuais já realizei apenas com uma *Claqueto-Câmera Imaginária* de madeira, sem precisar recorrer à luz azul das telas digitais?

O colapso do mundo em que vivemos nos obriga a buscar por outros mundos que deem conta de suprir aquilo que fez aquele se dissolver. Quando todo um mundo precisa parar, novos mundos podem então emergir, a exemplo do que vivemos com a pandemia da Covid-19 em 2020.

> Sabeis o que está acontecendo no mundo? O que está acontecendo no mundo é uma projeção do que está sucedendo no interior de cada um de nós, pois, o que somos, o mundo é. Vivemos quase todos agitados, dominados pelo espírito de aquisição e posse, pelo ciúme, e condenando outras pessoas; a mesma coisa, exatamente, está sucedendo no mundo, apenas de maneira mais dramática e mais cruel. (...) E é necessário criar um nôvo mundo, um mundo que não represente uma continuação, em forma diferente, desta mesma sociedade corrompida. Mas não podeis criar um nôvo mundo, se vossa mente não está alertada, vigilante, intensamente cônscia. (KRISHNAMURTI, 1973, p. 66)

Foi isso que Ailton Krenak, líder indígena, ambientalista e escritor, antecipou-me. Ao telefonar para Ailton e convidá-lo para nos ajudar a criar um jogo audiovisual, tornando-se nosso consultor de ideias para essa metodologia que gostaríamos de criar, ele brincou comigo: "O nome do projeto é '*O que queremos para o mundo?*' ou '*O mundo que queremos*'?". Na hora não soube responder a pergunta, por achar que a "ordem dos fatores" não alterasse a pergunta. Só mais tarde, após a criação do *Jogo dos Mundos*, que Ailton me explicou pessoalmente sua provocação ao dizer que "não basta querermos algo para este mundo, ele já acabou. Precisamos começar a construir com as crianças o mundo que queremos".

As pessoas que se educam *audiovisualmente*, no intuito de ensinar e aprender com as crianças, são aquelas que irão contribuir muito para a criação de novos mundos com as telas. Se não criarmos esse movimento de resistência, iremos atuar com aquilo que já se esgotou, ineficiente para promover novas experiências de aprendizagem demandadas pelas crianças. Ao assistir diversos *YouTubers* que produzem conteúdos com ampla audiência das crianças, observei uma tendência de comportamento daqueles que protagonizam os vídeos. Já percebeu como elas adoram assistir a conteúdos com desafios no mundo real ou aquilo que ficou conhecido como os "*#challenges*" de internet?

Essa é uma forma prática pela qual a ideia de *gamificação* se consolida nos aplicativos e canais *broadcasting* como o *YouTube*. A ideia de aprender atrelada à superação de um desafio é algo comum para as discussões de novas tendências de pedagogias com o foco no fazer. Segundo Luciano Meira (2014, p. 8), o uso de processos de 'gamificação' pode ajudar a transformar a vida escolar em uma aventura imersiva de aprendizagem. Já o pesquisador Karl M. Kapp (2012, p.10) define a *gamificação* como aquela que usa mecânicas, estéticas e pensamentos de jogo para envolver pessoas, motivar ações, promover aprendizagem e resolver problemas.

Acredito que este é um motivo pelo qual os jogos de *videogame* são viciantes para as crianças, pois ativam um espírito de superação de um conflito, de como me coloco no centro da situação deixando de ser o antagonista e passando a ser quem protagoniza a superação daquele conflito presente nas telas. Eu não me tornei um *gamer*, mas me identifico muito com essa possibilidade de superação dos meus próprios desafios na vida com o auxílio das telas. É obvio que os estímulos audiovisuais em excesso ativam o sistema neurológico das crianças a ponto de prejudicar sua saúde mental, assim como apontam as pesquisas e o conjunto de orientações em defesa da "Saúde das crianças e adolescentes na Era Digital" da SBP - Sociedade Brasileira de Pediatria.[92] Sou curioso pelas influências causadas em nosso cérebro devido ao uso em excesso das telas. Existem áreas de pesquisa, como a *neuroeducação* e o *neurocinema,* que estudam essa relação do assistir a muitos filmes e como isso pode influenciar no desenvolvimento físico e psíquico das crianças.

Voltando ao foco da discussão, buscava desenvolver um jogo para utilizar como ferramenta nos processos de mediação audiovisual e então resolvi reunir pessoas queridas para me ajudarem a inventá-lo. Nasce uma aventura. O desenvolvimento de jogos e aplicativos audiovisuais tem um mundo à parte para podermos narrar aqui. Somente com a ajuda de outros profissionais e pessoas sensíveis[93] a uma compreensão da cultura das infâncias poderíamos *cocriar* uma metodologia em busca de estabelecer um outro território no *mundo das telas.* O *Jogo dos Mundos* foi aquilo que me ajudou a sintetizar várias das aprendizagens de escuta e interação com as crianças por meio da linguagem audiovisual baseada na imaginação.

> A brincadeira, o jogo, não é uma simples recordação de impressões vividas; mas uma reelaboração criativa delas, um processo pelo qual a criança combina entre si os dados da experiência no sentido de construir uma nova realidade, correspondente às suas curiosidades e necessidades. Todavia, exatamente porque a imaginação trabalha apenas com materiais colhidos na realidade (e por isso pode ser maior no adulto), é preciso que a criança, para nutrir sua imaginação e aplicá-la em atividades adequadas que lhes reforçam as estruturas e alongam os horizontes, possa crescer em um ambiente rico de impulso e estímulos, em todas as direções. (RODARI, 1982, p. 162)

O motivo maior foi o de estar cansado de realizar oficinas em um plano automático. Estava muito curioso com as possibilidades de expansão do conteúdo no formato das telas de cinema, articulando assim novos ambientes ricos de estímulos sensoriais *plurimodais*, ou seja, estímulos que vão além de uma interação do conteúdo audiovisual apenas com os olhos (visão) ou pelos ouvidos (escuta). Algo possível de interação com os corpos, as identidades, os cheiros, os desejos e a diversão das crianças, um toque de vida nas experiências audiovisuais educativas que buscava promover.

Nasceu a ideia da *gamificação* como algo que iria trazer uma interdisciplinaridade ao '*O que queremos para o mundo?*'. Ora, apenas um jogo poderia ajudar a conduzir uma exposição multimídia com visitas diárias de crianças e alimentar de forma lúdica uma experiência naquele momento, na qual as possibilidades de um jogo *híbrido*, tanto *on-line*, quanto presencial, seriam fundamentais para a experiência.

Foi por isso que criamos um 'app' – aplicativo de celular (jogo *on-line*) e um baralho de cartas (jogo *off-line*) como formatos múltiplos para se jogar o *Jogo dos Mundos.*[94] Trata-se de um jogo cooperativo, uma *brincadeira audiovisual*, na qual os jogadores e as jogadoras são desafiados a agirem em cenários socioambientais e tecnológicos do mundo em que vivemos, e que constituirão suas missões naquela aventura. Essas questões aparecem por meio de seis cartas divididas em seis mundos: 1. *Mundo Dentro de Mim*; 2. *Mundo dos Sonhos;* 3. *Mundo Txai*; 4. *Mundo da Natureza*; 5. *Mundo da Tecnologia*; e, por fim, 6. *Mundo do Aqui e Agora*, que estimulam a sentir, imaginar, pensar, dialogar e criar. Existem "Cartas-Crie Você Mesmo" ou baralhos em branco para que as próprias crianças possam criar suas cartas, sugerindo novas ideias para os mediadores e as mediadoras do jogo, tornando, assim, a linguagem audiovisual uma brincadeira com mais reflexão e diversão. Tudo isso em uma média de vivência que dura de 1 a 3 horas.

Para vencerem o jogo, os participantes são convidados a transformar os desafios em uma "colmeia de cartas" e a apresentar um roteiro de uma história que ligue todas as ideias, ou seja, que façam parte de uma construção coletiva. Na sequência, os jogadores e as jogadoras realizam, da forma mais criativa possível, um ensaio para um filme imaginário, chamado "O mundo que queremos", em que os membros da "equipe de cinema" serão os protagonistas da história. Utilizam-se os equipamentos de filmagem, que podem ser construídos pelos próprios jogadores, como câmeras imaginárias, microfone, cenário, figurino das atrizes e dos atores, entre outros itens. Ao final da experiência, eles compartilham um manifesto ou invenções que representem a "moral da história", capaz de inspirar uma ação que promova impacto positivo nas escolas ou nas comunidades. O objetivo geral do jogo é tornar o audiovisual um dispositivo para transformação da realidade dessas crianças, considerando que os problemas que enfrentamos entre nós e a natureza são um estímulo para alcançar a vitória.

Segundo Kapp (2013), na educação a distância não é cabível garantir resultados em processos de ensino, assim como acontece no ensino presencial. Ele ressalta que o que faz a diferença na transmissão da informação para a aprendizagem não está no equipamento, mas sim no *design* do jogo. Você me perguntaria: mas como professores que não dominam a arquitetura dos *games* poderão contribuir no processo de ensino-aprendizagem das crianças? O autor afirma que precisamos nos atentar para a participação mais ativa e colaborativa dos envolvidos no processo. No livro *The Gamification of Learning and Instruction* (2013), Kapp aborda quais são as *taxonomias*, ou seja, o sistema de classificação envolvido no desenvolvimento da *gamificação* para o ensino. Isso ajuda a determinar o tipo de *design* e navegabilidade do jogo a ser usado. Entre algumas classificações, o autor aponta três aspectos que considero muito importantes para pensarmos os jogos audiovisuais, sendo eles: *Solução de problemas*, quando os estudantes são confrontados com uma situação nova e devem usar seus conhecimentos para resolver o problema; *Habilidades interpessoais*, como diretrizes não sequenciais para lidar com as interações sociais durante o processo; e *Conhecimento Afetivo,* que são os conhecimentos dos participantes sobre atitudes, interesses, valores, crenças e emoções.

Para que um jogo flua, com autonomia, afeto e criticidade, torna-se necessário ampliarmos a visão estereotipada de um mundo único no qual as infâncias vivem, a exemplo do *mundo das telas,* para conhecermos outros mundos. Esses mundos foram mapeados a partir de três grupos formados, os *Grupos de Estudos, Grupos de Trabalho* e *Grupos de Ação* em 2017. Os seis mundos do *Jogo dos Mundos* são um exercício transdisciplinar a partir de conexões de mundos que revelam outros mundos possíveis.

Introduzimos às crianças uma espécie de *contação de histórias* sobre os seis mundos que começa com o clássico "Era uma vez seis mundos...".[95] Cada mediadora ou mediador do jogo pode escolher a forma como quer apresentar esses mundos às crianças. Convidamos as crianças a brincarem com a gente a partir de diversos argumentos, a exemplo do fato de que o tempo que gastamos da hora que acordamos até a hora de dormir é um tempo muito precioso hoje em dia e por isso precisamos utilizar nossa criatividade para construir novos mundos inspirados em nossos sonhos. Lembramos a elas de que sonho de criança não pode deixar de ser realizado. Este é um reforço positivo na aprendizagem, ao afirmarmos que tudo de bom é possível de ser realizado se nos movermos juntos em cooperação. O *mundo dos sonhos* é muito especial ao se conectar com o *mundo das telas,* pois como afirma Krenak, em um relato no seu livro *Ideias para adiar o fim do mundo* (2019):

> Quando eu sugeri que falaria do sonho e da terra, eu queria comunicar a vocês um lugar, uma prática que é percebida em diferentes culturas, em diferentes povos, de reconhecer esta instituição do sonho não como experiência cotidiana de dormir e sonhar, mas como exercício disciplinado de buscar nos sonhos as orientações para as nossas escolhas no dia a dia. Para algumas pessoas, a ideia de sonhar é abdicar da realidade, é renunciar ao sentido prático da vida. Porém, também podemos encontrar quem não veria sentido na vida se não fosse informado por sonhos, nos quais podem buscar os cantos, a cura, a inspiração e mesmo a resolução de questões práticas que não consegue

> discernir, cujas escolhas não consegue fazer fora do sonho, mas que ali estão abertas como possibilidades. (KRENAK, 2019, p. 51)

Para as crianças realizarem suas missões de ajuda ao *Mundo da Natureza*, mundo o qual às vezes esquecemos, mas em que estamos inseridos em carne e osso, convidamos elas a explorarem o *Mundo da Tecnologia* como um lugar onde é possível encontrarmos ferramentas, assim como resoluções de problemas, em que podemos manipular os desafios que enfrentamos e não deixar sermos manipulados pela tecnologia. Como podem perceber, o *mundo das telas* para mim vai muito além de um *mundo tecnológico*. Acredito nele como um mundo capaz de conectar diversos outros mundos presentes na cultura das infâncias. Assim nos tornamos Educadores Audiovisuais *conectores*, capazes de promover a união de outros pontos de vista, agora expandidos, os quais estamos aprendendo no convívio com as crianças.

Segundo Morin (2010, p. 109), o desenvolvimento da técnica não provoca somente processos de emancipação humana, mas também novos processos de manipulação do homem pelo homem, assim como dos indivíduos humanos pelas entidades sociais.

> [...] com a tecnologia, inventamos modos de manipulação novos e muito sutis, pelos quais a manipulação exercida sobre as coisas implica a subjugação dos homens pelas técnicas de manipulação. Assim, fazem-se máquinas a serviço do homem e põem-se homens a serviço das máquinas. E, finalmente. Vê-se muito bem como o homem é manipulado pela máquina e para ela, que manipula as coisas a fim de libertá-lo (MORIN, 2010, p, 109).

A lógica das máquinas presentes no *Mundo da Tecnologia* é muito comum às crianças, que muitas vezes trazem nelas uma possibilidade de encontrarem as soluções para os problemas dos homens, a exemplo do *Robô Love* e do *Suga Lixo 3000* citados neste livro. Como relatado em outros exemplos, é possível observar como as crianças sugerem diversos tipos de tecnologias, antigas, atuais ou futuristas, capazes de solucionar os problemas do mundo (ou pelo menos parte deles). Confesso que me assusto com o tanto de máquinas inventadas, discos voadores e extraterrestres que aparecem durante as oficinas, a ponto de refletir comigo mesmo se as crianças estão sem esperança na resolução dos problemas dos seres humanos por si próprios. Seríamos nós capazes de solucionar os tantos desafios que enfrentamos nos âmbitos sociais, políticos, econômicos e ambientais sem recorrer ao *Mundo da Tecnologia*? Segundo Morin (2010, p. 109), "não aplicamos os esquemas tecnológicos apenas ao trabalho manual ou mesmo à máquina artificial, mas também às nossas próprias concepções de sociedade, vida e homem".

Em nosso processo de *gamificação* no *Jogo dos Mundos* buscamos encontrar o *mundo que queremos* a partir das relações interpessoais entre os participantes, por meio do afeto e da autonomia. Tudo isso a partir de uma busca comum para a resolução de um conflito apresentado pelas *cartas-problemas* que fazem parte do *Mundo da Natureza*. São seis mundos que se inter-relacionam, abrindo possibilidade para cocriarmos este novo mundo que queremos com liberdade. Como diz Rudolf Steiner (2000, p. 20), o filósofo e fundador da pedagogia *Waldorf*, "ser livre não significa poder querer o que queremos, mas sim poder fazer o que queremos". Para estimularmos nas crianças a vontade de fazer algo pelo mundo a partir da sua própria autonomia, nosso jogo se estruturou em quatro atos, sendo eles as etapas de: *Reflexão > Imaginação > Manifestação > Ação.*

Uma reflexão crítica sobre os problemas apresentados pelas cartas do *mundo da natureza*, a exemplo das seis cartas abaixo:

> **"Energia renovável":** Hoje em dia ainda são utilizadas fontes não renováveis para a geração de energia nas cidades. Esses materiais (carvão, petróleo e seus derivados) vão acabar. As soluções já existem, mas a humanidade ainda insiste nas opções mais atrasadas e poluentes. Por quê?; **"Quem te ensinou?":**

> Estamos nos esquecendo de aprender com os povos originários e as culturas tradicionais a nos relacionar com a mãe natureza sem machucá-la. Nossos ancestrais estão deixando de transmitir sua sabedoria. É preciso resgatar logo todas as técnicas e modos de cultivar o meio ambiente; **"Torneirinha":** Dizem que gastamos muita água no banho. Sabiam que as indústrias também gastam muita água, lavando e transportando matérias-primas, como o minério? A agropecuária também gasta água de maneira intensa e ainda seca os solos. Como cuidar da água sem exceder seu uso?; **"Que lixo!":** O lixo traz problemas ambientais seriíssimos, sobrecarregando os aterros sanitários. Os oceanos viraram depósito de lixo, e as tartarugas e peixes estão se alimentando de canudinhos de plástico achando que são algas ou alimentos. Precisamos criar novas alternativas para isso, não é?; **"Tchau, veneno!":** Os alimentos orgânicos, ideais para a alimentação saudável, ainda hoje são pouco acessíveis porque se paga mais impostos por eles do que por aqueles que nos fazem mal – os processados ou cheios de agrotóxicos. Como os alimentos verdadeiros poderiam chegar mais fácil às nossas mesas?; **"Que dor nas costas!":** Pessoas que ficam tempo demais sentadas em frente ao computador ou com o celular acabam perdendo importantes momentos na vida. Podemos substituir as tecnologias e redes sociais por vários tipos de brincadeiras no mundo real, com pessoas de verdade. E aí, vamos brincar?. [sic] (AMIN, 2018, p. 51)

Após o diálogo, a *Imaginação* do mundo que queremos é facilitada por dinâmicas como as *Visualitações* e outras *brincadeiras audiovisuais,* além do auxílio das "cartas-inspiração" com as quais somos amparados por outros mundos como *Dentro de Mim, Sonhos, Aqui e Agora* e *Txai.*[96] Vale ressaltar que a palavra *Txai* significa "mais do que companheiro, a outra metade de mim", na língua dos povos *Kaxinawá* ou *Huni Kuin*, que vivem em sua maioria no Acre, no Brasil. Consideramos esse mundo como aquele que nos provê a empatia, a alteridade e a amizade.

No ato da *Manifestação*, as crianças podem expressar, com a ajuda das sugestões de cartas do *Mundo da Tecnologia*, aquilo que queremos colocar em *Ação*, finalizando assim o processo com um manifesto que as engaja a agir no mundo a partir do que querem.

Nessa perspectiva, buscamos trabalhar com esse mundo a partir do engajamento das crianças em ações que possam manifestar aquilo que querem para o mundo por meio da tecnologia. Seria a tecnologia um meio, e não um fim, como nos lembra McLuhan (1964), no sentido de permitirmos diversas formas de expressão pelos aparatos técnicos. A seguir, você poderá ler como apresentamos o *Mundo da Tecnologia* para as crianças, assim como suas possibilidades de cartas:

> **Mundo da Tecnologia:** O Mundo da Tecnologia foi criado pelo ser humano para facilitar sua vida, potencializar sua capacidade sensorial, seu alcance às perguntas do universo. Neste Mundo há invenção, inovação e uma guerra onde é preciso ética para lidar com os outros Mundos. Lutamos com responsabilidade contra a má-educação digital em busca de soluções para nossos desafios. Palavras de Poder: #invenções #inovação #responsabilidade #automação #educaçãodigital; **"Coletores de ideias":** Ajude seus colegas a criarem uma invenção. Colete os materiais reutilizados necessários para que todos construam juntos uma invenção que represente a solução de um problema no mundo; **"Escritores criativos":** Reúna todas as ideias que tiveram em grupo sobre a solução do problema. Depois, escreva de forma clara e objetiva como se fosse uma historinha com início, meio e fim, em no máximo três parágrafos; **"Desenhistas projetistas":** Faça um desenho do projeto da invenção que irão criar juntos da forma mais criativa e colorida possível. Lembre-se de deixar os traços bem bonitos, viu?; **"Artistas em cena":** Vocês irão representar como foi criada a invenção que irá solucionar o problema ambiental que os jogadores receberam. Lembre-se de preparar o cenário e fazerem uma bela atuação. Atenção, vocês

> serão filmados; **"Luz, Câmera, AÇÃO!":** Usando sua claqueto-câmera imaginária, agora faça um pequeno filme. Monte sua equipe e grave com sua imaginação o filme que ilustra as soluções apresentadas pelos seus colegas; **"Lambe, lambe!":** Tire uma foto, usando um celular ou um aplicativo, de um momento mágico do jogo. Pode ser durante a redação, o desenho, a atuação ou a gravação do filme. Não se esqueça de compartilhar a foto, hein?! [sic] (AMIN, 2018, p. 50)

As cartas do jogo são como um outro tipo de dispositivo para a escuta das crianças além das filmagens por uma câmera, que trabalha com a ludicidade, abrindo mão muitas vezes das tecnologias digitais ao utilizar tecnologias palpáveis, com as cartas impressas, câmeras imaginárias, entre outros recursos. Assim, acredito que é possível ouvirmos de forma descontraída as crianças por meio da linguagem audiovisual sem precisar usar as telas no primeiro momento da abordagem, deixando a produção de um conteúdo como registro final em uma espécie de celebração do processo. Os mundos do jogo buscam explorar questões como a multissensorialidade (Mundo da Natureza), imaginação, fantasia e ludicidade (Mundo dos Sonhos), debater sobre a realidade com criticidade (Mundo do Aqui e Agora), além das relações interpessoais a partir da alteridade (Txai), assim como a valorização das singularidades e subjetividade de cada jogadora e jogador (Mundo Dentro de Mim).

Depois das experiências transmidiáticas como as do *Jogo dos Mundos,* que nos proporcionou algo como uma espécie de "invasão" das escolas por meio de propostas *gamificadas,* passei a atrelar a postura de um Educador ou Educadora Audiovisual à figura dos *hackers.* Imaginei que nós podíamos *hackear* o *mundo das telas* para que as infâncias construíssem suas narrativas em um ambiente mais amigável nessa sociedade em rede. É por isso que aconselho àqueles que querem educar entre telas que se autoatualizem a partir de uma ética *hacker* (HIMANEN, 2001).

As escolas públicas do Brasil e o sistema de ensino que as legitimam como um espaço de educação formal deveriam ser o principal alvo de atenção para aqueles que pretendem compreender as estruturas de poder que regem a sociedade contemporânea. Ao mesmo tempo que destacamos a vitalidade dos movimentos pela infância e a possibilidade de um *hackeamento* das estruturas hegemônicas[97] nas formas de organização fortalecidas pela rede, vivemos um momento político de retorno ao conservadorismo dominante: tentativa de implementação de projetos como o da Escola Sem Partido; censura das artes, dos currículos e das salas de aula; militarização das escolas; ataque aos artistas, à ciência, às universidades e aos pesquisadores, e guerra declarada ao que passaram a chamar equivocadamente de "ideologia de gênero"; além do ataque a pensadores consagrados, como Paulo Freire e Milton Santos. Diante disso, assistimos a um patrulhamento ideológico, censura a provas, a práticas educativas, a filmes e livros didáticos, seguido de um sentimento de medo institucionalizado, ações que reforçam o risco de termos uma sala de aula uniformizada, normatizada, mediatizada, com a burocratização do acesso à informação e das relações humanas verdadeiras (MIGUEL; ATAÍDES, 2020).

Para que sejamos capazes de descolonizar nossos currículos e pensamentos, por um lado, torna-se necessário identificar como se dá a relação entre margem e centro no modo de se determinar quais temas deveriam ser trabalhados por professores e estudantes em suas salas de aula (HOOKS, 2017). Como lidar com os conflitos relacionados aos temas e às organizações impostas pela estrutura hegemônica? Como pensar as diferenças na construção de identidade desses alunos e dessas alunas, no modo como são atravessados socialmente pelas discriminações de raça, classe, orientação e prática sexual, nacionalidade, identidade de gênero, entre outras? Como aproximarmos a história de vida desses estudantes e o interesse em refletirem sobre suas próprias práticas de vida? Qual função o *mundo das telas* deveria ter na vida dessas pessoas? Por outro lado, dentro de uma estrutura ainda moldada pelos valores da meritocracia neoliberal *etapista* e excludente, de corpos disciplinados e sem perspectiva de futuro, professores mal remunerados e desvalorizados, currículos disciplinares homogeneizantes, centrados na acumulação de informações e aulas expositivas, seria possível ainda apontarmos para a construção de práticas democráticas, de uma cidadania conectada? Educadores e educadoras poderiam *hackear* a estrutura colonizadora das escolas junto a seus alunos por meio das telas, em um movimento que possibilite a existência de transgressões a este modelo instituído.

Poderíamos, a partir de especulações dessa natureza, imaginar a criação de uma espécie de reprogramação baseada na *ética hacker,* que Malcolm X chamou de "descolonização de nossas mentes e imaginações": aprender a pensar e a ver tudo com "novos olhos", a fim de entrar na luta como *sujeitos* e não como *objetos* (HOOKS, 2013, *apud* KILOMBA, 2019, p. 69). Esse processo de inventar de novo, citado por Grada Kilomba em seu livro *Memórias da plantação: Episódios de racismo cotidiano* (2019), traz à tona o argumento de bell hooks sobre o processo que emerge quando o indivíduo toma consciência sobre a operacionalização das estruturas de dominação:

> Estruturas de dominação trabalham na sua própria vida, à medida que são desenvolvidos pensamento e consciência crítica, à medida que inventam hábitos novos e alternativos de ser e à medida que se resiste a partir desse espaço marginal de diferença definido internamente. (HOOKS, 1990, p. 15)

Seria nessa tomada de consciência de um espaço marginal de diferença que Educadoras e Educadores Audiovisuais e as infâncias poderiam criar a "possibilidade de devir como um novo sujeito" (KILOMBA, 2019, p. 69). O desenvolvimento de uma ética *hacker* torna-se necessário em novos ambientes que serão ocupados por EAs, e talvez seja por isso que manifestações contra-hegemônicas nasçam com maior frequência nas telas, utilizando o algoritmo e a apropriação informacional com viés democrático para que exista então o acesso aos dados, tornando crianças protagonistas da liberdade de expressão em seus canais diários como no *YouTube.*

Quem educa pelas telas poderia dialogar com a *ética hacker*. Atores sociais que emancipam novas visões de mundo poderiam ser considerados *hackers*. Educadores e Educadoras Audiovisuais como *hackers* são aqueles que se apropriam daquilo que Pekka Himanen (2001) introduz em seu livro *A ética dos hackers e o espírito da era da informação, a diferença entre o bom e o mau hacker.* Segundo o dicionário de jargões *hackers, hackers* são definidos como "indivíduos que se dedicam com entusiasmo à programação"; no caso dos novos educadores, dedicam-se à reprogramação do sistema educativo. A definição continua dizendo que os *hackers* acreditam que "o compartilhamento de informações é um bem poderoso e positivo, e que é dever ético dos *hackers* compartilhar suas experiências elaborando *softwares* gratuitos e facilitar o acesso a informações e a recursos de computação sempre que possível". O conceito de *ética hacker* pode ser expandido além da ideia puramente tecnológica, já que o impacto das ações de um agente como esse reverbera em toda sociedade, promovendo acesso ao conhecimento e libertando a consciência aprisionada daqueles que vivem à margem.

A atitude de Educadores Audiovisuais como *hackers* seria justamente a de realizarem aquilo que Paulo Freire (2016) chamou de nova relação pedagógica a partir de uma tomada de consciência ou conscientização. Aquilo que emerge em forma de pensamento crítico para as e os estudantes traz de volta para os professores um papel de protagonismo (FREIRE, 2016, p. 126). Essas outras escolas possíveis estariam então baseadas na *ética hacker*, na vida coletiva, na cidadania e na utopia. Educadores Audiovisuais como *hackers* seriam agentes culturais capazes de fazer dialogar novas alternativas a antigas questões. Marcus Bussey,[98] em seu artigo *#HackFutures: Futurist as Hacker* (2017), comenta que aquele que busca reinventar a sociedade são atores que abrem novos caminhos para reconfigurar os velhos elementos, inserindo um novo "código", um trabalho criativo para gerar futuros alternativos. McKenzie Wark, em seu manifesto *A Hacker Manifesto*, potencializa a noção de *hackeamento* como prática capaz de criar narrativas alternativas para as estruturas em que vivemos:

> Os hackers criam a possibilidade de novas coisas entrarem no mundo. Nem sempre coisas boas, ou mesmo coisas boas, mas coisas novas. Na arte, na ciência, na filosofia e na cultura, em qualquer produção de conhecimento onde dados possam ser coletados, onde informação possa ser extraída deles, e onde nessa informação novas possibilidades para o mundo produzidas, há hackers hackeando o novo no antigo. (WARK, 2004, p. 4)[99]

O que está em jogo nesta nova ética cidadã é a possibilidade do livre acesso à informação, em valores centrados no compartilhamento, na descentralização do poder, na melhoria do mundo e da qualidade de vida das crianças. Segundo Bussey (2017, p. 96), as narrativas são a chave de nossa identidade e os *hackers* possuem uma capacidade de modificar aspectos identitários do sujeito, em níveis culturais, sociais e individuais. *Hackear* visões de mundo seria um tipo de intervenção tanto ideológica quando epistemológica.

> Somente os seres que podem refletir sobre sua própria limitação são capazes de libertar-se desde, porém, que sua reflexão não se perca numa vaguidade descomprometida, mas se dê no exercício da ação transformadora da realidade condicionante. Desta forma, consciência de ação sobre a realidade são inseparáveis constituintes do ato transformador pelo qual homens e mulheres se fazem seres de relação. (FREIRE, 1981, p. 53)

O ato de consciência integrada à ação pode modificar a realidade, já que o espaço virtual tem sido um "lugar de disputa de narrativas" (RIBEIRO, 2017, p. 85). Sujeitos historicamente discriminados encontraram nos novos meios de comunicação um lugar para existir e resistir ao criarem conteúdos emancipadores para *sites*, *blogs*, redes sociais, vídeos, nos quais se apropriam do seu lugar de fala. Podemos considerar que EAs veem nas telas um ambiente propício para que as crianças se apropriem dele como *lugar de fala*. Vozes dissonantes ainda lidam com as estruturas que dominam o acesso a esses meios em uma disputa pelas narrativas, já que se expressar de forma livre ainda não é um direto garantido a todos.

As experiências mais marcantes para mim como mediador do *Jogo dos Mundos* a partir de uma postura *hacker*[100] foram: a primeira vez que jogamos o jogo em Luanda, Angola, no Dia da Criança Africana, em junho de 2017; as falas de Larissa (7 anos, Cuiabá) e Maria Andrezza (9 anos, Cataguases) na *Exposição Multimídia Estúdio Casa da Árvore*, em 2017 e 2018; e o manifesto *Tempo para a natureza* de uma turma escolar em visita a nossa exposição multimídia em Cuiabá (MT), em outubro de 2018. Por coincidência, todas essas experiências aconteceram durante nossas atividades de comemoração ao dia das crianças africanas e brasileiras.

Um certo dia, recebemos uma mensagem em nossa página do *Facebook* vinda de Nidia, diretora do Centro Cultural Brasil-Angola, convidando-nos para apresentar o longa-metragem '*O que queremos para o mundo?*' em Luanda. O convite não era para exibir o filme em qualquer dia do ano, mas sim no 16 de junho, *Dia Internacional da Criança Africana*. A data é celebrada como um dia especial, pois foi nesse dia que aconteceu o massacre do Soweto (1976), em *Johanesburgo*, na África do Sul. O convite da coordenadora do centro cultural ia além de um puro entretenimento, pois a ideia era pensar como nossa iniciativa poderia ajudar na conscientização das crianças sobre que mundo elas queriam ao relembrar uma data importante em toda África e no mundo, que estava caindo em esquecimento no sentido do motivo de sua comemoração.

Uma responsabilidade tremenda para os Educadores e as Educadoras Audiovisuais do '*O que queremos para o mundo?*'. Estávamos a conhecer aquelas crianças que representavam para mim milhares de estudantes que saíram às ruas em protesto contra a fraca qualidade de ensino e contra o ensino obrigatório do *Afrikaans*, língua adotada pela minoria branca do país no *apartheid*. A língua materna das crianças e dos jovens da escola de Soweto estava sendo violentamente apagada no próprio território de aprendizagem das crianças. A manifestação que pretendia ser pacífica acabou virando uma repressão policial que transformou um possível comício num massacre levando à morte de quase 700 crianças e jovens. Um dos mortos foi o estudante que liderava o levante, Hector Pieterson (13 anos), que se tornou símbolo do massacre.[101]

Em memória das crianças africanas mortas em 16 de junho de 1976 e em prol das crianças africanas do presente e do futuro, instituiu-se em 1991 o Dia Internacional da Criança Africana. Todos os anos esse dia merece a atenção da UNICEF – Fundo das Nações Unidas para a Infância – e de outras organizações mundiais que promovem eventos variados em defesa dos direitos das crianças na África e em todo o mundo. Destaca-se a criação do ECA – *Estatuto da Criança e do Adolescente* – aqui no Brasil em 1990. Seria necessário um livro específico só para contar como foi realizar oficinas, jogar o *Jogo dos Mundos* e exibir o filme para mais de 200 crianças de um orfanato, algumas delas tendo o contato com o cinema e câmeras de realidade virtual pela primeira vez na vida.

Percebi que Nandilson (7 anos), uma das crianças do orfanato *Lar de Infância Kuzola,* que estava lá para a exibição educativa do filme, não parava de olhar para nossa Educadora Audiovisual, Bruna Carvalho. Convidei-o para dançar no palco antes do filme ao som das músicas com cunho social e ambiental do grupo *Malta da Paz e da Alegria.* Era um som muito especial, no ritmo de *Kuduro*, um gênero musical e de dança originário de Angola, que foi influenciado por outros gêneros, como *Sungura* e *Rap.* Nandilson dançava de uma forma que seu corpo inteiro era como um personagem de desenho animado que não possui limites ao dobrar seus membros. Uma criança que enchia os olhos com seu sorriso. Mais tarde, percebi que Bruna estava chorando no canto da sala de exibições e só mais tarde ela foi me contar o motivo. O menino havia perguntado a ela quando iria embora e ao responder que seria nos próximos dias, ele disse a ela: "Me leva com você?". Eu e Bruna não tínhamos condições para levar o garoto para o Brasil, mesmo com uma vontade interna grande. A emoção dessa experiência de não conseguir atender um pedido de uma criança como Nandilson foi se dissolvendo com o tempo, porém ficou marcada em nossa identidade, no sentido de aprendermos de forma profunda o que aquela criança queria para o mundo naquele momento.

Os materiais de registro audiovisuais dessa experiência[102] não dão conta de revelar tudo aquilo que vivemos nessa viagem. Eu, que fui a Angola para realizar atividades recreativas para as crianças, com a exibição de um filme, voltei transformado dessa viagem. Percebi o quanto somos, brasileiros, herdeiros dessa ancestralidade que, a meu ver, é resumida em uma resistência às dificuldades que países que foram colonizados enfrentam em termos democráticos, assim como tal resistência é sustentada pela alegria de viver. O que mais aprendi foi que, além de nossas duras realidades, existe a alegria e o espírito de aprendermos de forma coletiva. Isso é algo único na cultura daquelas crianças africanas com que tive contato. São experiências como essa que me revelaram uma necessidade de olhar para aquilo que não enxergava, a ponto de transcender certos tipos de preconceitos, a exemplo de um que eu tinha: o fato de adultos estrangeiros adotarem crianças africanas e partilharem suas fotos, vídeos e imagens na internet.

Outro exemplo marcante aconteceu com seis crianças que faziam parte do grupo de dança e música *Malta da Paz e da Alegria* de Luanda. Elas foram convidadas para jogarem nosso jogo pela primeira vez. Começamos com uma dinâmica de apresentação de nossos nomes por meio de uma dança, contamos a história dos "seis mundos" e as convidamos para se sentarem em roda. Foi aí que começamos a brincar com as cartas. Como ainda estávamos testando o jogo, o formato era mais livre, no sentido de retirarmos as cartas e improvisarmos possíveis cenas em cima das *cartas desafios*. Uma carta muito legal era a "dança dos ventos", em que a criança se passava pelo ar e começava a atuar diante da *Claqueto-Câmera Imaginária*. Um ponto que me surpreendeu era como as crianças, mesmo nos conhecendo há poucas horas, estavam à vontade com seus corpos, dançando para lá e para cá, sem timidez. Além de coreografarem tudo que falávamos com elas, seus sorrisos se misturavam com a beleza de suas roupas coloridas e miçangas nas tranças na cabeça. Uma experiência de estar presente com crianças e conversarmos na troca das diferenças de nossos sotaques portugueses. Uma conexão profunda que me fez lembrar da alegria de ser criança.

Ao final de toda a experiência, resolvi ligar a câmera e deixar com elas, para que pudessem à vontade responder à pergunta '*O que queremos para o mundo?*'. Só fui ver depois o que elas haviam dito, ao descarregar as imagens no meu computador no hotel. Inteiramente presentes, alegres, empolgadas, disseram: "Luz, Câmera, Ação. O que queremos para o mundo? Nós queremos Liberdade, Amor, Carinho, Alegria, Paz, Saúde. Nós somos a *Malta da Paz e da Alegria*." Malta era uma palavra nova para mim, que descobri com elas que significava povo, galera, multidão. Essas seis crianças representam para mim uma multidão de crianças que trouxeram paz e alegria em minha vida. Passei a me perguntar sobre o que significaria liberdade para essas crianças. Gosto de tomar essa palavra como uma provação a partir da escuta dessas crianças. Ao nos tornarmos livres dos dogmas que nos limitam como Educadores Audiovisuais, busco construir um *mundo das telas* como um ambiente sem fórmulas, que *desburocratize* a mente das crianças, para que elas possam se relacionar consigo mesmas e com o mundo sem correr risco de sofrerem daquilo que se opõe à liberdade ao longo da história: dependência, submissão, sujeição, subordinação, dominação, controle, obediência, imposição, servidão, escravidão. Como afirma Freire (2019):

> A liberdade de mover-nos, de arriscar-nos vem sendo submetida a uma certa padronização de fórmulas, de maneiras de ser, em relação às quais somos avaliados. É claro que já não se trata da asfixia truculentamente realizada pelo rei despótico sobre seus súditos, pelo senhor feudal sobre seus vassalos, pelo colonizador sobre os colonizados, pelo dono da fábrica e seus operários, pelo Estado autoritário sobre os cidadãos, mas pelo poder invisível da domesticação alienante que alcança a eficiência extraordinária no que venho chamando "burocratização da mente". (FREIRE, 2019, p. 3)

Educadores e Educadoras Audiovisuais são pessoas críticas e amorosas da liberdade, nesse sentido *freiriano*. Elas buscam modificar a lógica da "domesticação" do olhar sobre as infâncias no *mundo das telas* por uma "libertação" de nossos padrões mentais burocratizados pelo excesso de informação, assim como pela falta de tempo para o preparo de atividades audiovisuais. A linguagem audiovisual poderia ser então aquela que estimula o "*falar a* como caminho do *falar com*" (FREIRE, 2019, p. 114).

De volta aos relatos de experiência, quatro meses depois da viagem à África, na qual também tivemos oportunidade de conhecer a África do Sul e realizar por lá algumas experiências audiovisuais *fast-foods*, estávamos com tudo pronto para nossa *Exposição Multimídia Estúdio Casa da Árvore* na periferia da cidade de Cataguases (MG), no bairro Guanabara. Algumas crianças daquele bairro ficavam brincando nas horas vagas quando não havia visitas das escolas. Mesmo sem terem sido convocadas oficialmente para visitarem a exposição, resolvi convidá-las para irem conhecer nosso estúdio.

Fiz um pedido à Maria Andrezza (10 anos) para que trouxesse seus amigos no outro dia. Maria se tornou a diretora do filme imaginário, confirmando seu papel de liderança do grupo. Uma moça do bairro havia comentado comigo que a garota já tinha dado muito trabalho na escola, mas agora estava cada vez melhor. As crianças que dão trabalho na escola são as que mais nos interessam, acertamos em cheio ao convidar Maria. No início do *Jogo dos Mundos* eles tiraram a carta "Bandeira na Floresta", que mostrava um tamanduá-bandeira em apuros segurando uma bandeira vermelha pedindo ajuda devido a uma queimada na floresta e nela tinha a seguinte legenda: "Você é um tamanduá-bandeira nessa situação. Aparecem, interessados, repórteres e jornalistas. Aproveite a oportunidade para contar o que vem passando a população da floresta. Você tem 30 segundos para soltar o verbo." O manifesto final das crianças foi em formato de música, em que cantaram para a câmera: "O que queremos para o mundo? A chuva caiu, o tamanduá sorriu e a menina aplaudiu-o (aplausos)."

Fui entrevistar Maria Andrezza[103] antes de ela ir embora e Maria me pediu para emprestar a câmera. Pegou-a então da minha mão e foi sozinha dentro do estúdio para dar seu depoimento. Uma surpresa em vídeo a que só poderíamos assistir depois. Ela disse: "Eu tenho certeza que eu quero paz, amor e harmonia e nunca mais eu quero guerras. E isso, eu quero tirar aquelas crianças da solidão, daquela rua e trazer elas para dentro do meu coração aqui. Nesse querido lugar eu quero que ela aprenda muito." Ela termina o depoimento com "E você, o que você quer para o seu mundo?", devolvendo a pergunta para quem a assiste. Aprendi com Maria Andrezza que crianças não vieram ao mundo para trazer respostas, mas sim para criar novas perguntas. Talvez seja a partir das perguntas feitas pelas crianças que poderemos encontrar atalhos para caminhar juntos em direção ao mundo que queremos.

Por uma questão de logística, tivemos que receber duas escolas simultaneamente para visitação à exposição multimídia do projeto, um ano depois, em Cuiabá (MT). Eram mais de 50 crianças de duas escolas privadas da capital mato-grossense chegando ao nosso *Estúdio Casa da Árvore* para o jogo. Um grupo de crianças tirou a sexta "carta-problema" do *Mundo da Natureza,* chamada *Que dor nas costas!* e nela continha o seguinte texto: "Pessoas que ficam tempo demais sentadas em frente ao computador ou com o celular acabam perdendo importantes momentos na vida. Podemos substituir as tecnologias e redes sociais por vários tipos de brincadeiras no mundo real, com pessoas de verdade. E aí, vamos brincar?"

Aquela turma criou[104] então uma solução para esse problema desenvolvendo um aplicativo de celular chamado "tempo para natureza".

> Tempo para natureza é um aplicativo para as pessoas desconectarem um pouco da tecnologia e se conectarem consigo mesmas. Cientistas irão determinar quantas horas por dia o olho consegue ficar na frente de uma tela de celular. Quando alcança esse limite, o celular desliga "do nada" e permanecer apenas com a interface do aplicativo na tela. Para que ele volte a funcionar, o usuário precisa se gravar interagindo com a natureza, ou ajudando-a. Um relógio na tela calcula quanto tempo o usuário ficou na natureza para disponibilizar o uso do celular. Ele envia a gravação para o aplicativo, que garante a autenticidade da interação (não vale montagem!). O usuário ainda recebe bônus por ter ficado um tempo com a natureza, como mais bateria ou mais espaço no celular para armazenar fotos e baixar aplicativos. [sic] (AMIN, 2018, p. 22)

O texto acima é das próprias crianças presentes naquela experiência, e revela exatamente aquilo que escutamos ao vivo sobre sua proposta ao refletirem sobre o uso mal-educado das tecnologias por nós adultos no cotidiano. Muitas das crianças nos relataram como seus pais não lhes dão mais atenção como gostariam, sem tempo para brincar com elas. Não era apenas uma impressão minha, mas me divertia com elas encenando seus pais imóveis no celular e as vozes e pedidos das crianças entrando em um ouvido e saindo pelo outro. O que as crianças revelam com essa invenção é exatamente uma ideia de *compensação de telas.*

Ao proporem uma desconexão das pessoas para ajudarem mais o *Mundo da Natureza,* elas sugerem quanto tempo nossos "olhos" poderiam ficar na tela, diante de uma visão crítica a partir da ideia de meritocracia, assim como muitos pais e mães educam as crianças, em um sistema de recompensas por aquilo que você faz daquilo que considero ser o correto. O mais divertido eram os prêmios sugeridos aos adultos, como mais espaço na memória do celular, assim como mais bateria. São aspectos que fazem com que nosso acesso ao *mundo das telas* se torne limitado. Já percebeu que usamos este argumento para as crianças de que não temos bateria e memória no celular para que elas não usem nossos dispositivos móveis? Isso quando não as culpamos em alguns casos de isso acontecer pelo fato de elas baixarem jogos e consumirem toda nossa carga assistindo a conteúdos audiovisuais na internet. Nossa influência (positiva ou negativa) na forma como as crianças se relacionam com o *mundo das telas* é muito grande, pois é partir de nós (adultos) que elas têm acesso a esse mundo, assim como aprendem com a gente como se comportar nesse mundo.

Nesta mesma edição das atividades do *Jogo dos Mundos* em Cuiabá, realizamos uma contrapartida para visibilidade da marca do nosso patrocinador no Shopping Goiabeiras,[105] quase em frente à galeria *Lava Pés* em Cuiabá, onde iríamos ficar por algumas semanas em cartaz com a exposição. Em pleno Dia das Crianças, conhecemos Larissa Emerich Linhares (7 anos)[106], que nos respondeu em forma de um manifesto, ao final do jogo, qual mundo que ela quer. De forma crítica, a menina relata em seu discurso temas como a banalização da mídia, a imagem do homem patriarcal associada à violência física e agressiva, a necessidade do respeito pelas mulheres, o problema da violência nas cidades, a importância da respiração para lidar com a ansiedade promovida pela sociedade contemporânea, além da ênfase dada à necessidade de preservação do meio ambiente.

> O mundo tá precisando, sabe, ter mais calma, não ter muita violência. Os homens respeitarem as mulheres porque toda hora passa na TV, tá tá tá, tá tá tá, um homem, tá tá tá, depois uma mulher, tá tá tá... e menos roubo. Se a gente chegar bruto e falar assim – ó, tu tem que parar com isso – tá tá tá, não vai ajudar em nada. A gente tem que ser calmo, falar assim, ó – tem que parar

> com isso, as pessoas não fizeram nada pra você. Não pode chegar lá em falar bruta, falar assim, ó – para de maltratar as pessoas, tem que chegar lá e falar com calma. Quando eu estou agitada, de vez em quando eu respiro... (Larissa inspira e expira). Gente, é o mundo melhor que eu quero, é o mundo melhor que todos nós queremos. Queremos um mundo bom para se viver. Não poluição, amor e paz, e também, sabe o que que é, respeito pelas mulheres e pelo Brasil. Queremos muito mais respeito, amor e paz e *hashtag* sem poluição queremos um mundo melhor. É isso que nós queremos! (SE liga – O que queremos para o mundo? – A importância do respeito, 2018)

Como não se divertir e ao mesmo tempo perceber como as crianças estão *antenadas* com as pautas contemporâneas? Seria o depoimento de Larissa uma reprodução de discurso do que assiste na televisão ou na internet, ou daquilo que absorve nas escutas em casa? Poderia eu achar que ela estava dizendo aquilo para a câmera somente para nos agradar? Não posso responder a essa pergunta por elas, mas sim me atentar para cada palavra que ela disse, autoatualizar-me a partir da oportunidade de ouvi-la e, por fim, ser grato à Larissa por aceitar nosso convite para responder à pergunta que conduz nossa *intenção pedagógica.* Imagino que aquela experiência de jogar o *Jogo dos Mundos* deve ter sido uma surpresa para Larissa em pleno Dia das Crianças na hora do almoço no Shopping Goiabeiras. Imaginaria ela que encontraria um jogo desses no parque de diversão de um *shopping center* convencional da cidade?

Acredito que vivemos uma abertura no contexto da educação das crianças para novas possibilidades de ensino-aprendizagem junto ao *mundo das telas.* Penso que este seria o momento ideal para a construção de processos que ampliem nossas visões de mundo. O *Jogo dos Mundos* é um exemplo de como o audiovisual, atrelado a outros meios de expressão, pode se tornar uma prática que aponta para uma "educação emancipatória" (FARIA; SANTIAGO, 2016, p. 75), valorizando a cultura das infâncias plurais, inquietas e engajadas nas causas do mundo.

Nosso trabalho como EA sempre será o de contribuir com o máximo esforço para despertar essa consciência emancipatória por meio das narrativas audiovisuais. As telas são nossos meios para esse levante, essa tomada de conscientização.

POR UM MUNDO DAS TELAS AMIGÁVEIS

UMA EDUCAÇÃO VERDADEIRA LEVA À SENSAÇÃO DE AMOR EXPANSIVO POR TODA CRIAÇÃO.[107]

P. R. Sarkar

Gostaria de trazer a última reflexão deste livro e então concluir esta jornada a partir da pergunta '*Como educar as crianças no mundo das telas?*'. Considere as ideias abaixo como um manifesto, embasado em todas as experiências de aprendizagem com as crianças e a pesquisa realizada a partir de tais relatos. Tenho convicção de que não há uma resposta absoluta, mas sim várias compreensões do *mundo das telas* e suas possibilidades na educação das crianças. Notei que os campos teóricos e práticos caminham de forma conjunta, em uma busca na qual o caminhante se auxilia em tudo aquilo por trás de seu propósito. No meu caso, de forma bem objetiva, percebi que o que eu quero para o *mundo das telas* é que elas se tornem *amigáveis* para todas as crianças, suas famílias ou responsáveis, além de seus educadores e educadoras na escola.

O relato das experiências práticas deste livro foi revisitado a partir de discussões teóricas realizadas ao longo da minha pesquisa de mestrado, que puderam contribuir para reflexões importantes que possibilitaram novos caminhos de intervenção e novos olhares para o que já havia feito até o momento. Essa constatação da conjunção entre os campos teóricos e práticos se materializou neste livro, um resultado de grande valia em minha vida. Posso dizer que agora sou um Educador Audiovisual muito mais crítico e criativo depois desta jornada.

Confesso que meu maior desafio na educação foi sempre a leitura e a escrita. Não aprendi o gosto pela leitura, já que no meu tempo de infância dedicava muitas horas diárias olhando para as telas. Chegar aqui ao fim da trajetória desta pesquisa foi uma grande vitória. Pretendi percorrer e organizar as discussões e as memórias de minhas atividades a partir das seguintes perguntas: como narrar minhas experiências como Educador Audiovisual a partir daquilo que pude observar, na prática, sob a influência das tecnologias audiovisuais na construção da identidade das crianças? E como trazer propostas de Educação Audiovisual para os adultos que estão implicados nesta missão de educar as crianças pelas telas?

Acredito que consegui perseguir a intenção dessa primeira grande questão e encontrar uma forma dialógica ao escrever cada página deste livro *transmidiático*, por meio da criação do recurso das *piscadas* e de suas remissões teóricas, descritivas, sonoras, visuais, audiovisuais. Estou muito feliz de ter conseguido colocar de forma cuidadosa, no papel e nas telas, as histórias mais relevantes que vivi, até o momento, na condição de Educador Audiovisual. Já em relação à segunda pergunta que me propus discutir aqui, sinto que esta só poderia ser mensurada por vocês, leitores e leitoras. Espero que tenham se inspirado suficientemente para reinventarem junto com as crianças (de todas as formas e em todos os dias possíveis) este tal *mundo das telas.* Convido-os para irem sem pressa, com um dedo na tela de cada vez. Você pode caminhar diariamente, atento à sua respiração, neste propósito de nos tornarmos pessoas e comunidades mais educadas em relação ao uso das telas, sobretudo quando lidamos com as crianças e as tecnologias, na compreensão das inúmeras implicações a que essa educação nos convida: afetivas, culturais, éticas e políticas. Enquanto houver telas no mundo, acredito que haverá a necessidade de nos autoatualizarmos (HOOKS, 2017, p. 33), se quisermos utilizá-las em busca de uma educação como prática da liberdade. Evidentemente, focados em valores que nos tocam e que podem nos ajudar a sermos sujeitos engajados na construção de uma sociedade melhor e mais inclusiva.

Todas e todos podemos buscar diversas inspirações no campo da educação para enxergar as brechas, as frestas de luz que irão clarear as trilhas que escolhemos percorrer. No meu caso, confesso que foi a *Educação Neo-humanista,*[108] à luz dos pensamentos do escritor, artista, ativista e filósofo indiano P. R. Sarkar (1921-1990), que despertou em mim uma sede por ensinar a ensinar e aprender a aprender por meio do audiovisual, assim como lutar contra os dogmatismos cotidianos, dentro e fora das escolas, que nos impedem de pensar, sonhar, criar e *transver* o mundo. Segundo Sarkar:

> Se a humanidade atual quiser anunciar o advento de uma alvorada dourada, ela terá que alcançar a emancipação completa do intelecto humano através de uma luta implacável contra o dogma, apoiada por uma coragem ilimitada e desinibida. Esta é a razão pela qual, em todos os cantos e direções do mundo, somente um *slogan*, vindo de todas as vozes, deve ecoar, "Dogma - nunca mais, nunca mais!" (SARKAR, 2001, p. 144)

Esta proposta de olhar para a Educação Audiovisual em busca de uma luta contra os dogmatismos impostos por uma cultura hegemônica, que desprezam a alteridade e as diferenças, faz parte do meu propósito como educador. As crianças são diretamente influenciadas por certas práticas desumanas que as limitam de se conhecerem, de sonharem com o mundo que querem. A educação tem um papel fundamental na problematização crítica sobre a necessidade da descolonização do olhar sobre as infâncias. Por isso, tenho esperança na educação das crianças, já que reside nelas a possibilidade de essas transformações se realizarem.

Se agora elas vivem também em um *mundo das telas*, torna-se necessário compreender o que seria um dogma nesse novo mundo para todos nós. Sarkar (2001, p. 143) contribui de forma pragmática para a compreensão dessa ideia: "O que é dogma? A resposta é a seguinte: dogma é uma ideia preconcebida que proíbe os seres humanos de irem além dos limites dessa ideia ou objeto. Nessa situação o intelecto humano não pode funcionar livremente."

Quais são os dogmas impostos a nós e às crianças em relação ao *mundo das telas*? Um dos exemplos seria a ideia limitada ou preconcebida de que as telas são ruins, perigosas, de que fazem mal ou adoecem. Por outro lado, de que elas seriam a saída para os problemas presentes do mundo real, facilitando os acessos, a diversão e a informação. Nem uma coisa e nem a outra. Talvez todas elas; ou, quem sabe, nenhuma. Ir além de dogmas como esses seria o fato de reconhecermos que são os usos que fazemos desses dispositivos, ou seja, como nos relacionamos com o *mundo das telas,* que poderiam nos emancipar, sobretudo como educadores. Emancipação aqui seria a ideia de conscientização *freiriana*. Paulo Freire (2016) alertou sobre a importância de uma nova relação pedagógica a partir de uma tomada de consciência ou conscientização: "Aquilo que emerge em forma de pensamento crítico para as/os estudantes traz de volta para os professores um papel de protagonismo" (FREIRE, 2016, p. 126).

Nesse sentido, emancipar poderia ser uma alternativa às práticas colonizadoras do olhar. Este livro me fez compreender que a *colonização do olhar sobre as infâncias* viria de nós mesmos, porque podemos individualmente perpetuar esses dogmas, já que somos na maioria das vezes familiares ou educadores herdeiros de uma mentalidade dogmatizada. Questões impregnadas em nossa cultura, já que existem instituições e grupos que sustentam uma ideologia baseada em dogmas. Com quais interesses? Econômicos, egoístas, materialistas, entre outros. Nossas escolas também são alvo do interesse hegemônico, em busca de serem programadas por um sistema que busca fabricar uma única visão sobre o que é a infância.

Intuo que Educadores Audiovisuais poderiam se limitar em suas práticas caso eduquem distantes dos valores humanos. Valores não no sentido daquilo que é preconcebido, mas sim os fundamentos éticos e espirituais que constituem nossa consciência. Aquilo que torna a vida de cada um de nós valiosa. Muita gente pergunta quais são os valores nos quais a iniciativa '*O que queremos para o mundo?*' se embasa. Poderia dizer que são os valores neo-humanistas. Poder incluí-los em minhas *intenções pedagógicas* fez com que eu e as crianças pudéssemos nos tornar grandes amigos no *mundo das telas.* São princípios neo-humanistas que adotei em minha prática e que me ajudaram a chegar até aqui com entusiasmo e muita alegria. Não poderia deixar de compartilhar de forma íntima esses valores com vocês, já que foram a base para inventar tudo o que narrei acima. São eles: 1) Não machuque qualquer tipo de ser vivo; 2) Fale boas palavras; 3) Não roube; 4) Acredite no bem e seja ético; 5) Tenha uma vida simples; 6) Mantenha seu corpo e mente limpos; 7) Seja grato; 8) Ajude os outros; 9) Continue aprendendo; e 10) Expanda Amor.

Cabe a nós Educadores e Educadoras Audiovisuais trazermos alternativas que vão além do ensino técnico da linguagem audiovisual. Acredito que nossa prática de educar e aprender com as crianças possa despertar uma consciência de nossa herança colonial, que nos trouxe dores tão difíceis de serem superadas até hoje, já que vivemos em uma sociedade com dificuldades de enfrentar diversas questões estruturais, como a da própria escravidão. São poucas as políticas sociais efetivas para enfrentá-las, uma ausência de punição de pessoas, empresas e instituições que financiaram e seguem lucrando com essas heranças.

Podemos juntos ensinar as crianças a transgredirem (HOOKS, 2017) suas visões de mundo, sendo capazes de romper com as *viseiras* para limitar seus olhares, evitando que saiam do rumo. A tela não pode ser aquilo que impõe um olhar em única direção, limitando a visão periférica das infâncias, criando um padrão ou uniformidade para sua jornada de descoberta daquilo que está no mundo.

Nesta proposta por um *mundo das telas amigáveis*, buscamos criar uma espécie de imunidade, a *imunidade de telas*. Não para negá-las, mas sim para torná-las um ambiente saudável para que as crianças possam se sentir bem. Por isso, propomos incluir nas mediações audiovisuais um "t", para que os processos se tornem "medi(t)ações" com as crianças, capazes de partilhar o último valor que descrevi acima: expandir o Amor.

Se todos e todas me perguntarem qual é a melhor forma de mediação para ensinar algo com as telas que já pude experienciar, eu diria que seria a **mediação com amor**. Mais do que qualquer competência técnica ou recurso tecnológico que tenhamos em mãos, o amor, em suas infinitas possibilidades de intepretação, visto aqui como um estado elevado da consciência humana, é uma ferramenta indispensável para criarmos esse mundo que tanto sonhamos. Porém, precisamos lembrar que sem justiça, não é possível haver amor.

> Não pode haver amor sem justiça. Até vivermos em uma cultura que não apenas respeite, mas também defenda os direitos civis básicos das crianças, a maioria das crianças não conhecerá o amor. Em nossa cultura, a habitação familiar privada é a esfera institucionalizada do poder que pode ser facilmente autocrática e fascista. [...] Ao contrário das mulheres que podem se organizar para protestar contra o domínio sexista, exigindo direitos e justiça, as crianças só podem contar com adultos bem-intencionados para ajudá-las se estiverem sendo exploradas e oprimidas em casa. (HOOKS, 2000, p. 19)[109]

Pude perceber que as crianças que conheci em minhas práticas de Educação Audiovisual se tornaram minhas amigas porque busco trazer atenção e amor nas abordagens que desenvolvo. Mas como trabalhar com amor se nem sempre estamos garantidos de atuar com as condições necessárias para que esse estado flua? Imagine uma professora ou um professor que infelizmente passe por uma depressão, que não tenha condições financeiras dignas para viver, assim como aqueles que não podem contar com a colaboração dos setores públicos e privados para atuarem em sala de aula. Sou um privilegiado por poder utilizar as telas como um território no qual posso propor trocas de aprendizagem com as crianças. Estamos olhando para as margens das telas.

Esta é uma das vantagens do *mundo das telas*, elas podem funcionar como um *espelho* ou vidro translúcido que reflete em nós tudo aquilo que lançamos de bom ou ruim por meio dela. A ação refletida na tela vai nos trazer uma reação positiva ou negativa para todos nós Educadores e Educadoras Audiovisuais. Antes de agir, que tal parar, olhar e escutar bem os meninos e as meninas? Assim poderão colher bons frutos durante sua jornada a partir da atenção. Uma maturidade com o uso apropriado das telas é essencial para aquelas e aqueles que se propõem a entrar nesse mundo. Por isso, sou adepto do *bem-estar audiovisual*: *sets* de filmagem leves, qualidade de vida profissional, qualidade de conteúdo, processos mais que produtos. Nunca se esqueça de que o cinema pode ser pensado como uma grande brincadeira com as crianças.

A Educação Audiovisual para mim é uma prática que vai além do *letramento digital*, ao incluir tudo aquilo que argumento por meio deste livro e as atividades que desenvolvi focadas em *como educar as crianças no mundo das telas*. Assim, defendo a ideia de que Educação Audiovisual se torne parte do currículo das escolas, não como uma disciplina fragmentada, mas como um conhecimento transdisciplinar, inserido em todas as disciplinas ou atividades da escola. Assim, a prática audiovisual na educação poderia se tornar útil diante da postura pedagógica adotada por toda a comunidade de aprendizagem. Caso sua escola opte por não usar as tecnologias digitais como recurso pedagógico, lembre-se de que no mundo afora elas estarão presentes e aproveite para conversarem sobre isso e para criarem um pensamento crítico a respeito das telas, sem desconsiderarem a existência de um *mundo das telas*. Os filmes não precisam pensar por nós, basta pensarmos por meio deles. Se você for produtor de filmes e estiver interessado em incluir a Educação Audiovisual nesta grande indústria do *Cinema*, da *TV*, das *plataformas on-demand*, entre outras, que tal inserir a "educação" na cadeia de produção de seus conteúdos, que em resumo seria algo como: a) Idealização com uma intenção pedagógica; b) Desenvolvimento; c) Produção (pré-produção, produção, pós-produção e finalização); d) Distribuição, comercialização e exibição; e) Educação, por meio da promoção de processos de aprendizagem a partir da obra.

Acredito ser muito importante tomarmos os cuidados necessários para que as crianças não cresçam com medo das telas a partir de uma imagem que criamos em nós mesmos. Percebo que o melhor é que as crianças se sintam seguras para expressarem sobre quem são e qual mundo querem viver em companhia das tecnologias. Não seria possível isso sem que assumíssemos nosso compromisso como adultos conscientizados, no sentido crítico e criativo, motivo do convite realizado ao longo deste livro.

Sintam-se parte deste movimento mediado e que demanda uma série de cuidados para então formarmos uma *Comunidade de Educadores e Educadoras Audiovisuais*. Essa é uma estratégia para continuarmos pensando, juntos e juntas, em como usarmos as telas de forma comunitária e não individualista, construindo uma comunidade na qual possamos coexistir no *mundo das telas*. Um lugar onde as diferenças entre nós, adultos, e as crianças possam desenvolver certas habilidades de convivência com a telas. Pessoas *educadas audiovisualmente* podem também ser aquelas que são *conhecedoras de si*, *curadoras*, *conectoras*, *inventoras*, *hackers*, *conscientizadoras*. Assim, acredito ser possível criarmos juntos uma pedagogia do *mundo que queremos*, o audiovisual em harmonia com o que acredito ser a educação: "o conhecimento perfeito do que eu sou e do que devo fazer" (SARKAR, 2011, p. 199). Imagine o *mundo das telas* como este território no qual podemos nos relacionar de forma mútua com as infâncias, em um espírito comunitário para o desenvolvimento das potencialidades de todos os seres. Se concluo que as telas podem ser pensadas aqui como uma comunidade de aprendizagem, não seria possível viver nessa comunidade sem amizade.

Tive a ideia de usar este termo *Telas Amigáveis* já que muitas pessoas estão abertas a viverem de forma mais amigável. São pessoas com identidades de resistência (CASTELLS, 2018, p. 54) que pressionam o sistema socioeconômico e se tornam abertas àquilo que ele próprio nega. A exemplo de práticas para o bem ecológico em setores sociais como empresas, espaços de entretenimento, entre outros. Se você chega hoje em um grande evento de entretenimento ou nas empresas multinacionais, poderá ver uma placa dizendo que aquele lugar é *eco-friendly*. Assim como um *shopping center* se tornou *pet-friendly* e *bike-friendly*. Esta palavra em inglês, *friendly*, indica uma abertura de certos espaços normatizados para que se abram para ações mais conscientes, que gerem menor impacto no meio ambiente, na vida como um tudo. Por que não pensarmos as telas também como esse espaço, que seria aquilo que chamo de *Telas Amigáveis*. A ideia de amigável já foi usada pelo mundo tecnológico quando se diz respeito a facilitar a navegação ou o acesso do usuário a questões complexas de programação, a exemplo da *web 2.0*, que trouxe uma proximidade da navegação para muitas pessoas. O próprio toque na tela, *touch screen*, e os mecanismos de busca por áudio partem de uma estratégia de as tecnologias se tornarem mais amigáveis para os usuários.

Eu penso este amigável nas telas como uma amiga de verdade para as crianças. A amizade é um sentimento de grande afeição, simpatia, apreço entre as pessoas, os animais, as plantas, entre todos os seres. E com a tela, a partir desse lugar de cuidado, de amor genuíno. O *mundo das telas* como um campo de percepção harmônica, no sentido de que elas possam reagir em harmonia com as crianças, ativando suas formas de pensar, sentir e agir. Imagine uma harmonia *trifônica*, a partir da tríade de três notas musicais, a exemplo de Dó, Mi e Sol. No caso das telas, seriam as ideias de *Conscientização, Ritmo* e *Compensação* de telas. Assim poderíamos criar uma harmonia neste mundo, para que as telas não desafinassem neste propósito de as crianças poderem ouvir-se e falar também por elas. No *mundo das telas amigáveis* poderíamos conciliar essas três notas para a construção de identidades nas quais as telas também podem ser vistas metaforicamente como a construção de uma casa. Ela é a fundação, que irá precisar desses três pilares mencionados acima. Uma tríade que percebi ser fundamental no processo de mediação audiovisual entre as identidades das infâncias.

Na *Conscientização de Telas*, assumimos nossa responsabilidade de preparo cuidadoso dos conteúdos, a partir de uma visão crítica e *curatorial* daquilo que será projetado às crianças, seja na tela de um celular, computador, TV, sala de cinema, entre outras. Vale nos atentarmos para a duração média do conteúdo por idade de cada criança, assim como a fonte de onde esse conteúdo é acessado. Poucas vezes temos tempo para escolher o conteúdo apropriado para aquela fase ou idade que a criança possui. Os buscadores de internet não são sensíveis às particularidades de cada criança, por exemplo. Não existe "conteúdo livre" ou "ideal" para toda criança, já que cada criança possui seus modos de ver o mundo, suas singularidades, desafios e potências que merecem atenção na hora da escolha audiovisual, seja na prática de ver ou fazer os filmes. É de suma importância articularmos temas que fujam das normas impostas por aqueles meios que dominam os espaços digitais e os formatos audiovisuais de conteúdos, para que possamos trabalhar a qualidade dos conteúdos vistos ou produzidos com as crianças; sem perder de vista um viés afirmativo, inclusivo e da diversidade de culturas, sotaques, entre outros, a exemplo de temas de conteúdos que articulem o debate sobre equidade racial, diversidade cultural e de gênero, consciência de classe, valores humanos e espirituais, assim como narrativas que facilitem para que as crianças se conheçam melhor e fiquem motivadas a se engajarem nas causas do mundo.

No *Ritmo de Telas*, convidamos as crianças para uma rotina que valorize o *tempo de tela*, assim como o *tempo entre telas*. Um ritmo que seja harmonioso dentro daquilo que as fazem bem, no sentido de bons horários, assim como os dias apropriados da semana. É válido que as crianças tenham uma compreensão a partir do diálogo baseado no "por que" a escolha daquele tempo definido para elas usufruírem das telas seja para fins de aprendizagem ou de entretenimento. As crianças possuem um ritmo ligado a suas funções vitais, que vão da respiração, do sono, da vigília, assim como a compreensão de cada fase do dia, da semana, das estações do ano. Um filme em um dia de chuva no inverno pode ter uma influência muito diferente do mesmo conteúdo vivenciado em um dia de verão ensolarado. A criança possui um campo afetivo e sensorial em comunhão com o tempo da natureza, que muitos de nós adultos esquecemos ao envelhecer. Por isso não devemos criar alterações bruscas que perturbem o funcionamento vital do desenvolvimento das capacidades extracognitivas delas. As crianças também trazem uma rotina com diversos ritmos para as vidas dos educadores, mães, pais e professores. Uma casa ou sala de aula sem ritmo vira um parque de diversão onde não sabemos por onde começar a brincar. Ao darmos atenção plena ao ritmo da criança nas telas, com afeto, de forma participativa e não indiferente, acredito que elas poderão se sentir mais seguras para adentrarem nesse atrativo mundo. Tudo isso trará uma rotina mais amigável no uso das telas a ponto de favorecer uma relação saudável entre adultos, crianças e telas.

Por fim, a *Compensação de Telas* é exatamente aquilo que as faz voltar ao mundo real, a exemplo de podermos articular os temas dos conteúdos com uma *intenção pedagógica.* Assim, as crianças poderão experienciar no *mundo do aqui e agora* muitas das coisas que as fascinam no conteúdo assistido por elas. Poderiam também fazer um filme de verdade, colocando em prática temas que lhes interessam ou que você, educador ou educadora, considera importante para elas. Já pensou em escolher um filme para ver ou fazer sobre o plantio de hortas, o descarte correto dos resíduos orgânicos ou como se construir um robô? Precisamos também considerar a ausência de telas como uma estratégia para o usufruto de outros tipos de experiência na vida da criança. Ausentá-la das telas não é simplesmente dizer "não", mas sim criar alternativas para que o dia a dia da criança possa contemplar atividades como uma caminhada por uma trilha, um movimento diferente capaz de trazer uma consciência corporal, como se dá ao subirmos uma árvore, por exemplo. Aproveitar um tempo para os infinitos brinquedos e brincadeiras populares e de costume no território da criança, assim como a socialização com as diferenças nas infâncias. A experiência no *mundo das telas* pode se tornar muito mais agradável se conseguirmos compensar os momentos nas telas, trocando a ideia de "perda de tempo" por uma experiência de "ganho de aprendizagem" da criança.

Com as ideias de *Conscientização*, *Ritmo* e *Compensação* de telas, poderemos criar então um *mundo das telas amigáveis* resumido em algo como: *o uso qualificado e expandido do tempo das crianças nas telas.* Ao nos tornarmos conscientes de questões como essa metaforizada acima, podemos colocar o foco em "aquilo que queremos educar com as telas", em vez de "aquilo que as telas podem nos ajudar a educar". Compreendem essa diferença? Primeiro devo despertar em mim quais são os motivos e objetivos ao usar a linguagem audiovisual para mediar processos com as crianças como protagonistas das discussões. A partir daí pensar tecnicamente como isso pode se tornar algo divertido. Talvez seja uma animação, ou uma entrevista, ou uma encenação, um desenho animado de ficção científica. Se estamos preocupados apenas nas questões técnicas do audiovisual, eliminamos o propósito por trás do que estamos em busca pela educação audiovisual das crianças. Se estou te contando tudo isso é porque eu já deslizei muito por esses erros quando comecei a velejar nessas águas. Meu olhar era puro e romantizado, já que imaginava que no *mundo das telas* as crianças tinham autonomia e estavam prontas para serem soltas feito peixes em um aquário. Foram muitas frustrações até aqui. Não há nada pior do que sair de uma experiência de Educação Audiovisual como se a criança tivesse apenas se distraído durante as vivências. Mas nada se compara quando podemos sentir que a criança transfigurou sua realidade, ao trabalhar questões que não estavam presentes em sua rotina de aprendizagem.[110]

Levanto a bandeira de que a cultura das infâncias pode sim viver de forma agradável com as telas, basta criarmos com elas o *mundo das telas amigáveis*. Para isso, podemos ter intenções claras, abertas a conhecer as identidades daqueles que farão parte da experiência. Também consideramos que tudo pode ser adaptado de acordo com o tempo, o lugar e as pessoas, tornando a Educação Audiovisual um campo flexível para a aprendizagem. Como disse meu amigo Claudio: "O Igor é uma espécie de palhaço do circo, que chega de repente nos lugares e monta seu picadeiro tecnológico para se divertir com as crianças." Identifico-me muito com essa percepção, pois as *Telas Amigáveis* são como um circo para mim, trazendo um outro lugar para as crianças expressarem quem são e o que podem fazer de bom para o mundo.

Todas essas aprendizagens fizeram com que a iniciativa '*O que queremos para o mundo?*' deixasse de ser várias coisas que já foi ou que também poderia ser para assumir uma nova identidade depois que passei pela pesquisa que resultou neste livro. Já fomos um filme, um programa de TV, um projeto educativo, uma produtora de filmes infantis. Poderíamos ser uma *startup* de inovação em educação (*EDTech),* assim como uma desenvolvedora de plataformas e tecnologias audiovisuais e educativas. O que pude constatar é que na verdade somos uma *Comunidade de Educadoras e Educadores Audiovisuais.*[111] Nossa missão é a de garantir uma moradia digna para quem quer viver de forma amigável com o *mundo das telas,* uma luta constante da nossa comunidade composta por mães, pais, professores, professoras, gestores, produtores culturais, terapeutas e uma gama de pessoas que resolveram construir um mundo melhor para as telas, ao "aceitar entrar no processo de criá-lo" (FREIRE, 2000, p.61). Uma comunidade em que podemos nos autoatualizar, desenvolvendo habilidades diversas como aquelas seis que considero ter desenvolvido com as aprendizagens durante as experiências narradas neste livro. Educadores e Educadoras Audiovisuais também são: *1) Conhecedores de Si; 2) Conectores; 3) Curadores; 4) Inventores; 5) Hackers; e 6) Conscientizadores;* assim como podem estimular nas crianças tais habilidades.

Educadores Audiovisuais como *Conhecedores de Si* estão amparados pelo *Mundo Dentro de Mim.* Buscam conhecer quem são, assim como a singularidade de cada criança que conhecem. Valorizam as inteligências socioemocionais de todos e todas aqueles que participam de suas propostas. Autoatualizam-se a partir de um olhar crítico e criativo no uso da técnica, assim como as formas pelas quais estão utilizando o audiovisual em suas vidas pessoais. Buscam clareza sobre a construção de sua própria identidade como mediadores e mediadoras audiovisuais no *mundo das telas.*

Educadores Audiovisuais como *Conectores* fazem parte do *Mundo Txai e* estão atentos a como as identidades se inter-relacionam o tempo todo na cultura das infâncias, sendo a diversidade um princípio para promoção da união entre as crianças. Um modo conectado de ser no mundo por meio de práticas como as brincadeiras e a formas de configuração das comunidades de aprendizagem. Facilitam para que haja processos de trocas amigáveis entre os sujeitos de diferentes culturas, raças, etnias e assim por diante, a partir de valores que humanizam o *mundo das telas.*

Educadores Audiovisuais como *Curadores* atuam como curandeiros e programadores de conteúdos por meio do *Mundo da Natureza,* optando por escolhas que estão de acordo com os valores construídos pela criança e sua relação com o meio ambiente. Observam quais são os tipos de conteúdos que articulam com a criança nos âmbitos histórico, político, cultural, social e territorial. Questões que atravessam suas relações humanas nos campos subjetivos e familiares. Preocupa-se com o universo lúdico da criança, respeitando as diferentes formas de vida, garantindo a ausência de conteúdos que incentivem a violência, a compra e venda de produtos, o *marketing* de empresas ou conteúdos sexualizados ou que apelem para sentimentos de competitividade.

Educadores Audiovisuais como *Inventores* nasceram no *Mundo dos Sonhos,* aprendendo a valorizar a imaginação, a fantasia e os espaços de criatividade das crianças por meio das práticas audiovisuais. Buscam referências nos campos da arte, ciência e tecnologia, sem perder de vista como a tecnologia pode se tornar útil para imaginarem o mundo que queremos.

Educadores Audiovisuais como *Hackers* invadem as telas por meio do *Mundo das Tecnologias,* de forma política por meio da ética *hacker.* Sua missão está em *gamificar* as abordagens de escuta e ação com o outro, alterando os sistemas educativos programados. Trazem acesso às informações como direito do outro, assim como os saberes que são manipulados ou até mesmo privatizados por quem domina as estruturas hegemônicas. Refletem sobre como podemos *hackear* certos dogmas e crenças limitadoras a partir da educação digital, muitas vezes articulada por interesses econômicos.

E, por fim, *Educadores Audiovisuais* como *Conscientizadores,* que se assumem como mestres e mestras da conscientização, valorizando os meios para a consolidação de uma educação como prática de liberdade. Estimulam dinâmicas da Educação Audiovisual que expandem a consciência crítica acelerando o processo de transição do *analfabetismo digital* para um *mundo das telas amigáveis.*

As habilidades mencionadas acima são ponto de partida, e não de chegada, para aquilo que considero ser a condição mínima para nos tornarmos uma *Comunidade de Educadores e Educadoras Audiovisuais* capaz de promover um impacto positivo no mundo. Isso com a graça de nossas intenções, que se resumem na busca de nos conhecermos diante de nossas práticas pedagógicas; na conexão de pessoas de todas as idades por propósitos comuns ou divergentes; com a realização de curadorias expandidas com o que há de melhor para ver e fazer filmes; ao inventar ideias de como podemos *hackear* os sistemas dominantes educativos; e, por fim, assumindo o compromisso da conscientização por meio das mediações audiovisuais. Imagina o quão especial seria estarmos prontos para viver em um *mundo das telas amigáveis.* Essas são as habilidades mais relevantes que adquiri e que compartilho com prazer a todos e todas vocês. Tenho certeza de que a busca por essa vitalidade comunitária abrirá portas para que outras muitas habilidades possam contribuir para a preservação da cultura das infâncias.

Percebo o quanto é importante que as crianças tenham um lugar para imaginarem quem são no mundo. Pode ser por meio da brincadeira ou até mesmo das telas hoje em dia. Crianças amam construir castelos de areia. Nós adultos não precisamos construir um castelo para elas brincarem, mas sim podemos estar disponíveis para acompanhar o processo delas, dando algumas dicas, fazendo o nosso próprio castelo e estando disponíveis para acompanhar como serão as etapas de concepção, construção, brincadeira e entrega para que a própria natureza cuide daquele novo lugar.

Nós educadores somos aqueles que criamos também o acesso para que elas encontrem onde existe areia em abundância para brincarem por meio da imaginação nesses lugares. Podemos pensar que nessa brincadeira nós somos a areia e as crianças são as construtoras dos castelos, assim como as narradoras da história que se passa por lá. Elas não só têm a capacidade de criarem sozinhas os pilares do castelo, mas também podem entrar dentro dele com sua imaginação e inventarem um reino em que todos os seres podem viver sonhando com aquilo que querem para o mundo.

Construir narrativas com as crianças a partir de suas ideias de quem são e do que podem fazer pelo mundo é fundamental nas telas. E como eu penso o papel dos educadores e educadoras audiovisuais nessa brincadeira?

Quem educa *audiovisualmente* pode ir além de somente exibir filmes, filmar ou entregar a câmera para as crianças. Podemos ser uma espécie de Painel Fotovoltaico do castelo delas, ativando nossa escuta e trazendo a luz do sol para gerar uma energia renovável nos aposentos. Um lugar para construção de identidades dessas crianças de forma amigável no mundo das telas, em que elas possam usufruir de tecnologias criativas e acessíveis, aprender diversas habilidades emocionais, terem a oportunidade de valorizar sua própria cultura e também preservar nossa mãe natureza[112].

Quando eu falo "mundo das telas", penso a tela em toda sua diversidade de formatos, que vão de cinema, TV, computador, celular, *tablet*, óculos de realidade virtual a outros dispositivos que já existem ou irão existir. Falamos de um mundo de telas que também vai além da sua forma ou condição tecnológica. Um lugar de encontro de nós mesmos com o mundo por meio das imagens em movimento. A tela, que nasceu em um contexto de socialização desde as primeiras exibições na sala de cinema ou desde quando os televisores chegaram nas salas de casa, agora passa a ser um lugar de individualização, já que a tendência é que muitas pessoas tenham sua própria tela no bolso para navegar, mesmo que essa realidade ainda esteja distante para muitos.

O lado ruim: as telas deixaram de ser um dispositivo que estimulava a reunião de muitas pessoas em torno dela, sem estas abrirem mão de sua própria percepção subjetiva das histórias que eram contadas. Por outro lado, deixou de ser um espaço ocupado somente pelos conteúdos disponibilizados a partir dos interesses dos meios de comunicação convencionais que traziam o pensamento hegemônico como única possibilidade para as telas. O pai, homem da família, muitas vezes era quem decidia qual canal assistir na TV. A exibidora de filme no cinema era quem estreava na tela uma produção que reproduzia apenas um modo de vida ou cultura como postura correta na sociedade.

Agora podemos desbravar o mundo das telas com maior autonomia, caso tenhamos acesso, consciência e liberdade para fazer isso. O que busco com a Educação Audiovisual é desenvolver recursos para tornar mais amigáveis as possibilidades de aprendizagem com as crianças e os adolescentes. Além disso, busco disponibilizar o que pesquisamos e desenvolvemos ao maior número de educadores que queiram construir um mundo das telas além da técnica, que integre no social os aspectos culturais, emocionais e ambientais.

Por isso, o *Mundo das Telas Amigáveis*[113], esta que é minha abordagem prática de Educação Audiovisual, baseia-se em quatro dimensões. As quatro dimensões das telas amigáveis buscam enxergar as telas nos âmbitos sociotécnico, sociocultural, socioemocional e socioambiental. Acredito que assim é possível buscar o mundo das telas que não se limite ao ensino das ferramentas tecnológicas, ampliando nosso olhar para outras dimensões que ainda são pouco trabalhadas neste mundo.

A dimensão sociotécnica das telas amigáveis nos atenta para a função da tecnologia, que está em busca de solucionar nossos problemas quando precisamos de ajuda que vai além das nossas condições básicas do corpo. Quando inventamos uma tecnologia integrada à arte, como o caso do cinema e todas suas possibilidades, podemos nos aproximar da realidade por meio do domínio das ferramentas como a câmera, as ilhas de edição, as luzes e, ainda, desenvolver uma intimidade com a linguagem audiovisual para criação de narrativas.

A dimensão sociocultural das telas amigáveis busca trazer uma aproximação dos territórios, das culturas e das identidades que permeiam aquilo que se torna os temas dos filmes. Uma ideia sempre nasce de uma relação que temos com o lugar onde vivemos, as características daquilo que nos chama a atenção de forma encantadora e crítica sobre o mundo. Assistir a ou produzir filmes tem a ver com entrar em contato com diversas culturas e assim compreendermos qual cultura fazemos parte, quais são suas riquezas, desafios e necessidades de mudanças.

A dimensão socioemocional das telas amigáveis tem enfoque nos impactos positivos e negativos das telas em nossas emoções e como isso desencadeia sentimentos a partir de nossa experiência por meio do tempo e do ritmo em que estamos promovendo relações com o mundo mediado pela tecnologia. Questões que vão do impacto em nosso cérebro, assim como às competências envolvidas nessa relação entre o social e o emocional.

A dimensão socioambiental das telas amigáveis é aquela que valoriza a preservação da natureza e o desenvolvimento de uma consciência expandida sobre a relação que nós, seres humanos, estamos deixando de valorizar: somos parte integrada com a natureza e, para que haja uma relação de unidade com o mundo, precisamos levar para as telas essa compreensão de amor por todos os seres da terra.

Qualquer pessoa pode se tornar uma Educadora ou Educador Audiovisual a meu ver. Basta criarmos uma intenção pedagógica com as telas antes de agirmos com elas. É como se, antes de cantarmos "Luz, Câmera, AÇÃO", a gente trouxesse a intenção de tudo aquilo ou pelo menos uma das coisas que gostaríamos de ensinar e aprender com as crianças. Ou seja, por trás de toda ação com as telas, existe uma intenção quando estamos falando da Educação Audiovisual. No meu caso, as quatro dimensões mencionadas acima fazem parte dessa intenção.

O desenvolvimento da intencionalidade focada na aprendizagem com as telas para e com as crianças é algo muito valioso, pois ajuda a levar a elas a consciência de que é importante saberem da possibilidade de aprenderem e ensinarem no momento em que estamos em contato com o mundo por meio da tecnologia. A meu ver, deve-se considerar que a educação audiovisual das crianças é uma responsabilidade compartilhada entre família, escola, estado, assim como uma responsabilidade social de empresas, principalmente as de telecomunicação. A criança também deve ter direito à desconexão e, por isso, é importante sabermos como compensar o tempo de tela por meio de outros tipos de atividade.

Criar intenções pedagógicas, ou seja, que buscam ensinar e aprender com as crianças, é chave para viver em um mundo das telas amigáveis. Qual é o conjunto de motivações e finalidades que nos leva a realizar determinado ato de determinada maneira com as telas? Uma questão importante é que o mundo em que eu vivo é bem diferente do mundo em que você, leitor ou leitora, vive. Ambos também vivemos diferentes mundos dentro das telas em que as crianças habitam. Eu me alimento disso nas telas, faço aquilo por lá, você faz algo diferente e se conecta com outros tipos de recursos e daí começa nossa jornada diante a diversidade de quem somos, do que vivemos e de como dedicamos nosso tempo de vida nas telas.

Quando temos uma intenção clara com o foco de educarmos *audiovisualmente* a nós mesmos e o outro, precisamos então construir a partir dessa intenção o mundo em que queremos viver. Esse seria então um mundo amigável não só no meu ponto de vista, mas um lugar cheio de pontos de vistas, diversificados e baseados em um senso comum que inclui princípios éticos, de respeito às diferenças, com valores humanos que façam sentido para cada um que o habita, sem limitar as possibilidades de sermos quem somos e construírmos o mundo das telas em que queremos viver. Acredito que chegou a hora de começarmos uma jornada em busca de uma cultura das telas amigáveis. Amigáveis? Tipo fácil de mexer, para que qualquer criança consiga acessar, que dê para seu avô e avó navegarem? Bom, quando falo amigável, estou falando de amizade mesmo, de uma tela que nos faz companhia, ajuda-nos a encontrarmos com amorosidade quem somos e o que queremos para o mundo[114].

Para concluir, farei meu último relato, que se trata de um filme projetado em minha tela mental que contava em poucos segundos a história da minha vida. O episódio se deu durante um acidente de carro em setembro de 2019. Foi voltando de uma reunião com minha orientadora no mestrado, a amiga Fernanda, que pude experienciar uma das maiores aprendizagens como ser humano. Entre a teoria e a prática, literalmente, estava me preparando para a banca de qualificação sobre a pesquisa que resultou neste livro, e, ao mesmo tempo, estava construindo minha casa e sede da *Comunidade de Educadores e Educadoras Audiovisuais* do '*O que queremos para o mundo?*'. Também estava realizando um programa voluntário de educação digital na Escola Estadual Mestra Virgínia Reis, em São Gonçalo do Rio das Pedras, um pequeno vilarejo no distrito de Serro, em Minas Gerais.

Era um mês que minha vida estava eufórica, aquilo que chamo de uma *vida eufórica digital*. O *mundo das telas* estava causando dois problemas grandes em minha vida, talvez os dois que considero os mais graves e que muitas vezes não percebemos como as telas contribuem para isso: um estilo de vida com *pressa* e *ausência*. A *pressa* e a *ausência* são tudo aquilo que nos faz perder o chão, optando por uma rotina dispersiva, mesmo que você dedique todo seu tempo a grandes causas. Recorro a uma frase do amigo Ailton Krenak (2019, p. 26) para ilustrar o que digo:

> Nosso tempo é especialista em criar ausências: do sentido de viver em sociedade, do próprio sentido de experiência da vida. Isso gera uma intolerância muito grande com relação a quem ainda é capaz de experimentar o prazer de estar vivo, de dançar, de cantar. E está cheio de pequenas constelações de gente espalhada pelo mundo que dança, canta, faz chover. O tipo de humanidade zumbi que estamos sendo convocados a integrar não tolera tanto prazer, tanta fruição de vida. Então, pregam o

> fim do mundo como uma possibilidade de fazer a gente desistir dos nossos próprios sonhos. E a minha provocação sobre adiar o fim do mundo é exatamente sempre poder contar mais uma história. Se pudermos fazer isso, estaremos adiando o fim. (KRENAK, 2019, p. 26)

Na estrada entre a universidade e o vilarejo, percebi que dirigia pensando "naquilo que havia passado" e no "compromisso que deveria acontecer". Eu estava atrasado, dirigindo um carro de forma ausente, com pressa. O fato de podermos nos comunicar pelas telas nos traz a falsa impressão de que podemos realizar muitas tarefas ao mesmo tempo. Imagina construir uma casa com seu pai arquiteto, naquilo que virou uma *constelação familiar* para curar questões ancestrais, preparar um projeto para a banca de qualificação de um mestrado que aconteceria naquela semana e ainda realizar uma formação para mais de 30 professores de uma escola pública no mesmo dia. Foi aí que meu carro levantou voo na poeira da estrada de terra.

Muitos diziam que acontecia, e eu não levava muito a sério aquela história de assistirmos a um filme da nossa vida quando estamos quase morrendo. O meu começou a passar por minha *Tela Mental*, com tudo o que havia vivido até aquele momento, inclusive as milhares de crianças que conheci. Uma a uma apareceu no meio de um monte de outras imagens em efeito *randômico*. Confundia-me entre o diretor do filme que passava em minha cabeça e o motorista que dirigia o carro. Foram as práticas de meditação que trouxeram leveza para mim naquele momento. Uma conexão profunda com minha respiração, tudo aquilo que me protege, e, por incrível que pareça, eu consegui ficar calmo. Se estivesse eufórico, meu corpo teria desligado e este livro não seria escrito.

O carro deslizava feito um quiabo pela estrada, enquanto o filme da minha vida ia chegando ao fim. Eu precisava mediar um processo a partir do que eu queria para a cena final daquele episódio cinematográfico. Foi quando percebi que eu estava no controle e que não havia mais pressa. Senti que, pelo fato de estar indo de forma voluntária para partilhar meus conhecimentos em uma escola, o filme precisava continuar e terminar somente lá, e não na estrada. O carro rodou, tomou alguns giros em câmera lenta, e então fiquei acordado de cabeça para baixo sem entender muito bem se tudo era uma ficção ou uma realidade. No giro do carro, no que parecia aquelas cenas de ação na qual eu não tinha um *dublê* para me interpretar, pude ver a palavra "amor" escrita em um adesivo que tinha colado no vidro de trás do meu carro. O veículo parou entre um barranco à esquerda da estrada, após eu gritar a palavra "amor" em *sânscrito*. Eu, de cabeça para baixo, calmo, praticando dez respirações completas, resolvi então sair logo do carro com medo de algo pior acontecer, como, por exemplo, uma explosão. Ao sair, meus óculos haviam sumido, meu celular estava intacto e nada tinha acontecido com meu corpo. Poucos minutos depois, estava rindo fora do carro, olhando-o sem entender nada do que havia acontecido. Os professores da escola que mencionei estavam indo para a formação que eu iria realizar e me viram na estrada. Eles me deram carona até minha casa, depois até o hospital para ficar em observação.

Esse foi o filme mais interessante a que já pude assistir e dirigir ao mesmo tempo. Ele me ensinou muitas coisas. Por isso, desacelere se estiver eufórico. Não tenha pressa se estiver correndo. Esteja presente em tudo aquilo que se propõe a fazer. Sou grato por cada segundo que experienciei nesta vida, inclusive pela oportunidade de narrar todas estas histórias para vocês. Entre um acidente e uma pandemia, consegui construir uma casa, dirigir um filme[115] e escrever um livro, o qual espero ser útil, de alguma maneira, para o maior número de pessoas. Viver de forma *presente* e com *calma* seriam as coisas mais importantes que poderia compartilhar com vocês que buscam, assim como eu, viver de forma amigável no *mundo das telas*.

Fiquem bem nas telas! Um abraço de coração do Igor.[116]

PISCADAS

Piscadas 1
[Luz, Câmera, Ação]:

https://oquequeremosparaomundo.com.br/piscadas1

Piscadas 2
[O que queremos para o mundo?]:

https://oquequeremosparaomundo.com.br/piscadas2

Piscadas 3
[Relatos de um Educador Audiovisual]:

https://oquequeremosparaomundo.com.br/piscadas3

Piscadas 4
[Quando encontrei seis mundos]:

https://oquequeremosparaomundo.com.br/piscadas4

Piscadas 5
[Por um mundo das telas amigáveis]:

https://oquequeremosparaomundo.com.br/piscadas5

Piscadas 6
[Faça uma doação ao Fundo de Bem com a Tela]:

https://oquequeremosparaomundo.com.br/fundo

REFERÊNCIAS BIBLIOGRÁFICAS

AMIN, Igor. **Inventário dos Pequenos Futuristas Volume I.** 1. ed. Belo Horizonte: Mundos Audiovisual, Educação e Natureza, 74 p., 2018.

ANANDAMITRA ÁC., Avadhutika. **Meditação e os Segredos da Mente.** Tradução de Mariluce Filizola C. Pessoa, Revisão de Sonia Bali e Raimundo Braga, Revisão atualizada por Bharatti. 3. ed. São Paulo: Publicações Ananda Marga, 95 p., 2004.

ANANDAMURTI, Shrii Shrii. **Um Guia Para a Conduta Humana.** Tradução de Jiivanadeva. 4. ed. São Paulo: Ananda Marga Publicações, 75 p., 2001.

ARIÈS, Philippe. **História social da criança e da família.** Tradução de L'enfant et la vie familiale sous l'Ancien Regime. 2. ed. Rio de Janeiro: LTC, 2006.

BARROS, Manoel de. As lições de R.Q. *In*: **Livro sobre nada**. Rio de Janeiro: Record, 2000.

BAUMAN, Zygmunt. **Comunidade:** a busca por segurança no mundo atual. Rio de Janeiro: J. Zahar, 2003.

BAUMAN, Zygmunt. **Identidade:** entrevista a Benedetto Vecchi. Rio de Janeiro: J. Zahar. 2005.

BAUMAN, Zygmunt. **Modernidade líquida.** Tradução: Plínio Dentzien. Rio de Janeiro: Jorge Zahar, 2001.

BENJAMIN, Walter. **A obra de arte na época de sua reprodutibilidade técnica**. Apresentação, Tradução e Notas: Francisco De Ambrosis Pinheiro Machado. **1ª** reimpressão. Porto Alegre: Zouk, 2012.

BENJAMIN, Walter. **Magia e Técnica, Arte e Política.** São Paulo: Brasiliense, 1994.

BERGALA, Alain. **A hipótese-cinema:** pequeno tratado de transmissão do cinema dentro e fora da escola. Rio de Janeiro: Booklink, CINEAD-LISE--FE-UFRJ, 2008.

BERNARDET, Jean-Claude. **O que é cinema?**. São Paulo: Brasiliense, 2000.

BHABHA, Homi K. **O local da cultura.** Belo Horizonte: Editora da UFMG, 2013.

BHABHA, Homi K. **Minority Culture and Creative Anxiety**. Disponível em: http://www.britishcouncil.org\studies\reinventing_britain\bhabha. Acesso em: 01 jun. 2018.

BOFF, Leonardo. **Crise: Oportunidade de crescimento.** São Paulo: Verus, 2002.

BRASIL, André Guimarães. **Virar a câmera, estremecer a imagem.** 2004. Disponível em: http://www.fca.pucminas.br/ceis/kripticas3.asp. Acesso em: 02 jun. 2018.

BRASIL. Ministério da Educação. Secretaria de Educação Básica. Diretoria de Currículos e Educação Integral. **Diretrizes Curriculares Nacionais Gerais da Educação Básica.** Brasília: MEC, SEB, DICEI, 2013. Disponível em: http://portal.mec.gov.br/docman/julho-2013-pdf/13677-diretrizes-educacao-basica-2013-pdf/file. Acesso em: 15 ago. 2019.

BRASIL. [Constituição (1988)]. **Constituição da República Federativa do Brasil de 1988**. Brasília, DF: Presidência da República. Disponível em: https://www.planalto.gov.br/ccivil_03/constituicao/constituicao.htm. Acesso em: 01 nov. 2021.

BRASIL. Lei nº 8.069, de 13 de julho de 1990. Dispõe sobre o Estatuto da Criança e do Adolescente e dá outras providências. **Diário Oficial [da] República Federativa do Brasil**, Brasília, DF, 16 jul. 1990. Disponível em: http://www.planalto.gov.br/ccivil_03/leis/l8069.htm. Acesso em: 01 nov. 2021.

BUSSEY, Marcus. #HackFutures: Futurist as Hacker. **Journal of Futures Studies**. vol. 22, n. 1, p. 89-96, set. 2017. Disponível em: https://jfsdigital.org/wp-content/uploads/2017/10/HackFutures-Futurist-as-Hacker.pdf. Acesso em: 01 nov. 2021.

CANCLINI, Nestor G. **Consumidores & cidadãos:** conflitos multiculturais da globalização. Rio de Janeiro: Ed. UFRJ, 1995.

CARROLL, Lee; TOBER, Jan. **Crianças índigo.** Tradução: Yma Vick. São Paulo: Butterfly, 2005.

CASTELLS, Manuel. **A sociedade em rede.** São Paulo: Paz e Terra, 1999.

CASTELLS, Manuel. **O poder da identidade** (vol. 2, A era da informação: economia, sociedade e cultura). Tradução de Klauss Brandini Gerhardt. 9. ed. São Paulo/Rio de Janeiro: Paz e Terra, 2018.

CORSARO, William A. **We're friends, right?**. Washington, D.C.: Joseph Henry Press, 2003.

CORSARO, William A. **Sociologia da Infância.** São Paulo: Artmed, 2011.

CUNHA, Raquel Pacheco Mello. **Cinema e Educação.** Estudos de Caso no Brasil e em Portugal. 2016. Tese (Doutorado em Ciências da Comunicação). - Universidade Nova de Lisboa. Lisboa, 2016. Disponível em: https://run.unl.pt/handle/10362/18469. Acesso em: 15 dez. 2019.

DELEUZE, Gilles. O que é um dispositivo? *In*: **Michel Foucault, filósofo**. Tradução de Wanderson flor do Nascimento. Barcelona: Gedisa, 1990. p. 155-161.

DERRIDA, Jacques. **A voz e o fenômeno:** Introdução ao Problema do Signo na Fenomenologia de Husserl. Tradução de Lucy Magalhães. Rio de Janeiro: Jorge Zahar, 1994.

DERRIDA, Jacques. **A Escritura e a Diferença.** Tradução de Maria Beatriz Marques Nizza da Silva. 2. ed. São Paulo: Perspectiva, 1995.

DUBOIS, Phillipe. **Cinema, vídeo, Godard**. São Paulo: Cosac Naify, 2004.

FARIA, A. L.; BARREIRO, A.; MACEDO, E.; SANTIAGO, F.; SANTOS, S. (Orgs.). **Infâncias e pós-colonialismo:** pesquisas em busca de Pedagogias descolonizadoras. Campinas: Leitura Crítica; Associação de Leitura do Brasil - ALB, 2015.

FARIA, Ana Lúcia G.; FINCO, Daniela (Orgs.). **Sociologia da infância no Brasil.** Campinas: Autores Associados, 2011.

FARIA, A. L. G. de; SANTIAGO, F. **Adultocentrismo e conflito social no cotidiano das crianças. Descolonizando a educação.** *In*: III International Conference Strikes and Social Conflicts: combined historical approaches to conflict. 2016. Proceedings (p. 850-863). CEFID-UAB. Disponível em: https://ddd.uab.cat/record/158331. Acesso: 25 jun. 2020.

FARIA, Ana Lúcia G.; SANTIAGO, Flávio. Para além do adultocentrismo: uma outra formação docente descolonizadora é preciso. **Educação e Fronteiras On-Line**. Dourados (MS), v. 5, n. 13, p. 72-85, jan./abr. 2015. Disponível em: https://ojs.ufgd.edu.br/index.php/educacao/article/view/5184. Acesso: 25 jun. 2020.

FOUCAULT, Michel. **A Ordem do Discurso.** São Paulo: Loyola, 1996.

FOUCAULT, Michel. **Microfísica do Poder.** Rio de Janeiro: Edições Graal, 1990.

FOUCAULT, Michel. **Ditos e escritos. Estética:** literatura e pintura, música e cinema. Rio de Janeiro: Forense Universitária, 2011.

FOUCAULT, Michel. **Vigiar e punir:** nascimento da prisão. Petrópolis: Vozes, 1977.

FREIRE, Paulo. **Ação cultural para a liberdade.** 5. ed. Rio de Janeiro: Paz e Terra, 1981.

FREIRE, Paulo. **Conscientização:** teoria e prática da libertação: uma introdução ao pensamento de Paulo Freire. São Paulo: Cortez, 2016.

FREIRE, Paulo. **Educação como prática da liberdade.** 17. ed. Rio de Janeiro: Paz e Terra, 1979.

FREIRE, Paulo. **Pedagogia da autonomia:** saberes necessários à prática educativa. 59. ed. Rio de Janeiro/São Paulo: Paz e Terra, 2019.

FREIRE, Paulo. **Pedagogia da indignação:** cartas pedagógicas e outros escritos. São Paulo: Editora UNESP, 2000.

FREIRE, Paulo. **Pedagogia do oprimido.** 13. ed. Rio de Janeiro: Paz e Terra, 1987.

GARCIA, Marilene Santana dos Santos. **Curadoria Educacional:** práticas pedagógicas para tratar (o excesso de) informação e *fake News* em sala de aula. São Paulo: Editora Senac São Paulo, 2019.

GRAMSCI, Antonio. **Concepção dialética da História.** Rio de Janeiro: Civilização Brasileira, 1995.

HALL, Stuart. **A identidade cultural na pós-modernidade.** Tradução de Tomaz Tadeu da Silva e Guacira Lopes Louro. São Paulo: DP&A, 2001.

HALL, Stuart. **Cultura e representação.** Organização e revisão técnica: Arthur Ituassu. Rio de Janeiro: Editora PUC-Rio: Apicuri, 2016.

HALL, Stuart; WOODWARD, Kathryn. Quem precisa de identidade? In: SILVA, Tomaz T. da. (Org.). Tradução de Tomaz Tadeu da Silva. **Identidade e diferença**: a perspectiva dos estudos culturais. Petrópolis: Vozes, 2000. p. 103-133.

HIMANEN, Pekka. **A ética dos hackers e o espírito da era da informação a diferença entre o bom e o mau hacker.** Tradução de Fernanda Wolff. Rio de Janeiro: Campus, 2001.

HOOKS, Bell. **All About Love:** New Visions. New York: William Morrow and Company. 2000.

HOOKS, Bell. **Ensinando a transgredir:** a educação como prática da liberdade. Tradução de Marcelo Brandão Cipolla. São Paulo: Martins Fontes, 2017.

HOOKS, Bell. **Killing Rage:** Ending Racism. New York: Owl Books, 1995.

HOOKS, Bell. **Salvation:** Black People and Love. New York: Morrow, 2011.

HOOKS, Bell. **Yearning:** Race, Gender and Cultural Politics. Boston: South End Press, 1990.

IKEDA, Marcelo; LIMA, Dellani. **Cinema de garagem:** panorama da produção brasileira independente do novo século. Rio de Janeiro: WSET Multimídia, 2012.

JENKINS, Henry. Transmedia education: the 7 principles revisited. **Henry Jenkins**. 21 jun. 2010. Disponível em: http://tinyurl.com/2dc6kxv. Acesso em: 01 ago. 2019.

JENKINS, Henry. **Cultura da Convergência.** Tradução: Susana Alexandria. 2. ed. São Paulo: Aleph, 2009. Disponível em: http://www.nucleodepesquisadosex-votos.org/uploads/4/4/8/9/4489229/cultura_da_convergencia_-_henry_jenkins.pdf. Acesso em: agosto. 2019.

KAPP, Karl. **The Gamification of Learning and Instruction:** Game-based Methods and Strategies for Training and Education. [s.l.] Wiley, 2012.

KAPP, Karl. Once Again, Games Can and Do Teach! **Learning Solutions**. 04 mar. 2013. Disponível em: http://www.learningsolutionsmag.com/articles/1113/once-again-games-can-and-do-teach. Acesso em: 02 jul. 2020.

KILOMBA, Grada. **Memórias da plantação:** episódios de racismo quotidiano. Lisboa: Orfeu Negro, 2019.

KLEE, Paul. **Teoría del arte moderno.** Buenos Aires: Cactus, 2007, p. 35.

KRENAK, Ailton. **Ideias para adiar o fim do mundo.** 1. ed. São Paulo: Companhia das Letras, 2019.

KRISHNAMURTI, Jiddu. **A cultura e o problema humano.** São Paulo: Cultrix, 1973.

LARROSA, Jorge; LARA, Nuria Pérez. **Imagens do outro.** Rio de Janeiro: Vozes, 1998a.

LARROSA, Jorge; LARA, Nuria Pérez. **Pedagogia profana.** Porto Alegre: Contrabando, 1998b.

LÉVY, Pierre. **A inteligência coletiva.** São Paulo: Loyola, 1998.

LÉVY, Pierre. **As tecnologias da inteligência:** o futuro do pensamento na era da informática. 2. ed. Rio de Janeiro: Ed. 34, 1993.

LÉVY, Pierre. **Cibercultura.** São Paulo: Ed. 34, 2000.

LÉVY, Pierre. **O que é o Virtual?** São Paulo: Ed. 34, 1996.

LIPOVETSKY, Gilles; SERROY, Jean. **A Tela Global:** mídias culturais e cinema na era hipermoderna. Porto Alegre: Sulina, 2009. 326 p.

MACHADO, Arlindo. **Máquina e Imaginário:** o desafio das Poéticas tecnológicas. São Paulo: Edusp, 1993.

MACHADO, Arlindo. **Pré cinema e Pós Cinemas.** São Paulo: Papirus, 1997.

MATURANA, Humberto; VERDEN-ZÖLLER, Gerda. **Amar e Brincar:** fundamentos esquecidos do humano. São Paulo: Palas Athena, 2011.

MCLUHAN, Marshall. **Os meios de comunicação como extensões do homem**. 3. ed. São Paulo: Cultrix, 1964.

MEIRA, Luciano. Cultura Digital e Ensino Médio. **Revista Pátio Ensino Médio**. Ano 5, n. 19, 2014.

MIGLIORIN, Cezar. **Inevitavelmente cinema:** educação, política e mafuá. 1. ed. Rio de Janeiro: Beco do Azougue, 2015. Disponível em: https://www.academia.edu/30618884/Inevitavelmente_cinema_educa%C3%A7%C3%A3o_pol%C3%ADtica_e_mafu%C3%A1. Acesso em: 01 nov. 2021.

MIGLIORIN, Cezar; PIPANO, Isaac. **Cinema de Brincar.** Belo Horizonte: Relicário, 2019.

MIGUEL, Antônio. Infâncias e Pós-colonialismo. **Educação e Sociedade**, Campinas, v. 35, n. 128, p. 629-982, jul./set. 2014.

MIGUEL, Fernanda V. C.; ATAÍDES, Igor A. Hackeando as estruturas: crítica feminista e prática democrática. **Rematec – Revista Matemática, Ensino e Cultura**. v. 15, n. 33, 01 maio 2020. Disponível em: http://www.rematec.net.br/index.php/rematec/article/view/225. Acesso em: 01 maio 2020.

MORIN, Edgar. **A cabeça bem-feita.** Rio de Janeiro: Bertrand Brasil, 2000.

MORIN, Edgar. **Ciência com consciência.** 13. ed. Rio de Janeiro: Bertrand Brasil, 2010.

MOZZINI, Camila. **Corpos de luz:** afetos da imagem ubíqua. 2018. Tese (Doutorado em Comunicação; Doutorado em Artes: Produção e Investigação) – Universidade do Estado do Rio de Janeiro (UERJ); Universitat Politècnica de València (UPV), 2018. Disponível em: https://riunet.upv.es/bitstream/handle/10251/111835/Mozzini%20-%20CUERPOS%20DE%20LUZ%3A%20afectos%20de%20la%20imagen%20ubicua.pdf?sequence=1&isAllowed=y. Acesso em: 01 nov. 2021.

OLIVEIRA, Marta K. **Vygotsky.** Aprendizado e desenvolvimento: um processo sócio-histórico. São Paulo: Scipione, 1993.

PIORSKI, Gandhy. **Brinquedos do Chão:** a natureza, o imaginário e o brincar. São Paulo: Peirópolis, 2016.

PRESERVE todos os dias o meio ambiente. Belo Horizonte, 2013. (1 min. 44s). Disponível em: https://www.youtube.com/watch?v=7ryfw_nHX-8c&ab_channel=TVCOCRIATIVAwebcastcolaborativo. Acesso em: 02 nov. 2021.

RANCIÈRE, Jacques. **O espectador emancipado.** São Paulo: WMF Martins Fontes, 2012.

REGO, Teresa C. **Vygotsky:** uma perspectiva histórico-cultural da educação. 5. ed. Petrópolis, Rio de Janeiro: Vozes, 1998.

RIBEIRO, Djamila. **O que é lugar de fala?** Belo Horizonte: Letramento: Justificando, 2017.

RODARI, Gianni. **A Gramática da Fantasia**. 7. ed. São Paulo: Summus, 1982.

SANTOS, Boaventura de Sousa. **Reconhecer para libertar:** os caminhos do cosmopolitanismo multicultural. Rio de Janeiro: Civilização Brasileira, 2003.

SANTOS, Milton. **A natureza do espaço:** Técnica e Tempo. Razão e Emoção. São Paulo: Hucitec, 1996.

SANTOS, Milton. Território e dinheiro. **Revista GEOgraphia.** Niterói: Programa de Pós-Graduação em Geografia - PPGEO/UFF/AGB, v. 1, n. 1. p. 7-13, 1999.

SANTOS, Milton. **Por uma Geografia Nova**. São Paulo: Hucitec, 1978.

SARKAR, Prabhat R. Discourses on Neohumanist Education. Ananda Marga Publications, 1998. *In*: **The Electronic Edition of The Works of P.R. Sarkar - V7.0**. Ananda Marga Publications, 2006. CD-ROM.

SARKAR, Prabhat R. **Neo-humanismo:** Ecologia, Espiritualidade e Expansão Mental. 1. ed. Brasília: Ananda Marga Publicações, 2001.

SARKAR, Prabhat R. **Pensamentos de P. R. Sarkar.** Seleção de textos: Áv. Ánandamitrá Ác.; Tradução: Naviin (Niels Nikolaj Gudme), Maniisha, Rochaná e Mayajiita. 3. ed. Brasília: Ananda Marga Yoga e Meditação, 2011. 293 p.

SE liga - O que queremos para o mundo? - A importância do respeito. Cuiabá, 2018 (1 min. 44s). Disponível em: https://vimeo.com/295642394. Acesso em: 02 nov. 2021.

SEBASTIÃO, Walter. Longa dá voz às crianças e põe o cinema a serviço das inquietações dos adolescentes. **Estado de Minas**. 24 jan. 2016. Disponível em: https://oquequeremosparaomundo.com.br/bookpress-oqpm/. Acesso em: 02 nov. 2021.

SIMON, Sylvie. **Crianças índigo:** uma nova consciência planetária. São Paulo: Madras, 2010.

SPIVAK, Gayatri Chakravorty. **Pode o subalterno falar?** Tradução de Sandra Regina Goulart Almeida; Marcos Pereira Feitosa; André Pereira. 1. ed. Belo Horizonte: Editora UFMG, 2010.

SPIVAK, Gayatri Chakravorty. Quem reivindica alteridade? *In*: HOLANDA, Heloisa B. de (Org.). **Tendências e impasses:** o feminismo como crítica da cultura. Rio de Janeiro: Rocco, 1994. p. 187-205.

STEINER, Rudolf. **A Filosofia da Liberdade:** fundamentos para uma filosofia moderna. Tradução de Marcelo da Veiga. São Paulo: Antroposófica, 2000.

TAGORE, Rabindranath. **A lua crescente.** Tradução de Plácido Barbosa. Rio de Janeiro: Typografia Besnard, 1915.

VECCHIO, Egidio. **Educando Crianças índigo.** São Paulo: Butterfly, 2006.

VIEIRA, Ana Moraes. **Horizontes Transversais:** Artes da Imagem e do Som em Minas Gerais (2000-2010). 2012. Dissertação (Mestrado em Artes) – Universidade Federal de Minas Gerais, Belo Horizonte, 2012. Disponível em: https://repositorio.ufmg.br/bitstream/1843/JSSS-8ZBFXB/1/horizontes_transversais_ana_moraes_vieira.pdf. Acesso em: 17 set. 2019.

VYGOTSKY, Lev S. **A construção do pensamento e da linguagem.** São Paulo: Martins Fontes, 2000.

VYGOTSKY, Lev S. Aprendizagem e desenvolvimento intelectual na idade escolar. *In*: VYGOTSKY, L. S.; LURIA, A. R.; LEONTIEV, A. N. **Linguagem, desenvolvimento e aprendizagem.** 7. ed. São Paulo: Ícone, 2001. p. 103-119.

VYGOTSKY, Lev S. **A formação social da mente.** São Paulo: Martins Fontes, 1989.

WARK, McKenzie. **A hacker manifesto.** Cambridge: Harvard University Press, 2004.

WERNECK, Gustavo. Projeto leva crianças de Bento Rodrigues a expressar por desenhos seus sonhos e desejos. **Estado de Minas**. 27 nov. 2016. Disponível em: https://www.em.com.br/app/noticia/gerais/2016/11/27/interna_gerais,827520/criancas-de-bento-rodrigues-expressam-por-desenhos-seus-sonhos.shtml. Acesso em: 02 nov. 2021.

YOUNGBLOOD, Gene. **Expanded Cinema.** New York: P. Dutton & Co., Inc., 1970.

NOTAS

Piscadas 1 [Luz, Câmera, Ação]: https://oquequeremospa-raomundo.com.br/piscadas1

1 [✷] BARROS, Manoel de. As lições de R.Q. In: Livro sobre nada. Rio de Janeiro: Record, 2000. P. 75

2 [✷] A ideia de "ensino-aprendizagem" será vista neste livro como um processo de trocas entre indivíduos, uma interação, uma aprendizagem recíproca. Aquilo que Paulo Freire (2019) considera uma abertura necessária do educador diante de seu conhecimento inacabado, em constante atualização.

> A razão ética da *abertura*, seu fundamento político, sua referência pedagógica; a boniteza que há nela como viabilidade do diálogo. A experiência da abertura como experiência fundante do ser inacabado que terminou por se saber inacabado. Seria impossível saber-se inacabado e não se abrir ao mundo e aos outros à procura de explicação, de respostas a múltiplas perguntas. O fechamento ao mundo e aos outros se torna transgressão ao impulso natural da incompletude. O sujeito que se abre ao mundo e aos outros inaugura com o seu gesto a relação dialógica em que se confirma como inquietação e curiosidade, como inconclusão em permanente movimento da história. (FREIRE, 2019, p. 133)

3 [►] Faça um teste desse dispositivo a qual me refiro: abra o aplicativo da câmera do celular ou baixe um aplicativo para ler o QR Code. Com o aplicativo da câmera ou com o aplicativo de leitura de QR Code baixado, posicione a câmera em cima do ícone de QR Code que está na capa deste livro e clique no hiperlink que o QR Code revela. Você será direcionado à página: http://www.oquequeremosparaomundo.com.br/piscadas0.

Piscadas 2 [O que queremos para o mundo?]: https://oquequeremosparaomundo.com.br/piscadas2

4 [✷] FREIRE, Paulo. **Pedagogia da indignação:** cartas pedagógicas e outros escritos. São Paulo: UNESP, 2000. Disponível em: https://nepegeo.paginas.ufsc.br/files/2018/11/Paulo-Freire-Pedagogia-da-indigna%C3%A7%C3%A3o.pdf. Acesso em: 01 nov. 2021.

5 [►] Acesse o site da Mostra de Cinema de Tiradentes: www.mostratiradentes.com.br

6 [►] Acesse o site da produtora: www.cocriativa.com.br

7 [►] Acesse o blog do projeto: http://nemsooqueandaemovel.blogspot.com/

8 [►] Acesse nosso canal de YouTube: http://www.youtube.com/tvcocriativa/

9 [►] OS SONÂMBULOS | Igor Amin, Ficção/Infantil, Visconde do Rio Branco (MG), 6', 2011. Sinopse: Três crianças em férias no interior de Minas Gerais se divertem entre sonho, chuva e sonambulismo. Elenco: Camila, Gabriel e Giovanna. Roteiro, Direção, Produção e Edição: Igor Amin. Disponível em: https://www.youtube.com/watch?v=q_AGb58iIRs

10 [►] Assista ao longa-metragem 'O que queremos para o mundo?' em: https://www.youtube.com/watch?v=OtvvDIMH6q4

11 [►] Leia a matéria completa "Longa dá voz às crianças e põe o cinema a serviço das inquietações dos adolescentes". Disponível em: http://www.uai.com.br/app/noticia/cinema/2016/01/24/noticias-cinema,176414/longa-da-voz-as-criancas-e-poe-o-cinema-a-servico-das-inquietacoes-dos.shtml. Acesso em: 01 nov. 2021.

12 [►] *Moysés, Dentista (Igor Amin e Rodrigo Pazzini, 2006, Belo Horizonte, 3 min. 25 seg.).* Sinopse: Moysés, dentista. Disponível em: https://www.youtube.com/watch?v=2Pg4Xg8otcc

13 [►] Confira algumas matérias jornalísticas e artigos acadêmicos sobre o início do meu trabalho com a produção de microvídeos. **Acesse a matéria "Brasil participa de festival de filmes com celular em Paris" no jornal Estadão**: https://cultura.estadao.com.br/noticias/geral,brasil-participa-de-festival-de-filmes-com-celular-em-paris,7629. Acesso em: 02 nov. 2021.

Horizontes Transversais: Artes da Imagem e do Som em Minas Gerais (2000-2010). Pesquisa de mestrado de Ana Moraes Vieira. Disponível em: https://repositorio.ufmg.br/bitstream/1843/JSSS-8ZBFXB/1/horizontes_transversais_ana_moraes_vieira.pdf. Acesso em: 02 nov. 2021.

> Ativista do afeto, da espiritualidade e da cocriação. O primeiro vídeo de Amin surgiu dentro de uma oficina com Rodrigo Minelli na primeira edição do arte.mov - Festival de Arte e Mídias Móveis, realizado em Belo Horizonte em 2006. Com um celular e uma tremenda vontade de produzir alimentada pelas constantes pesquisas, Amin partiu para realizar Moysés, Dentista121 (2006), uma divertida intervenção carregada de ironia com o imaginário das câmeras de vigilância, bombas-relógio e segurança interna. Filmado e editado em celular, foi enviado do aparelho para o *YouTube*. Moysés, Dentista alcançou mais de 5 mil espectadores na internet e participou da mostra competitiva do Pocket Film Festival (2007), evento francês de mídias móveis, sendo exibido no Centre Georges-Pompidou. Amin voltou da França impressionado com o impacto que as mídias móveis podem ter na vida de uma pessoa e muito estimulado a pesquisar e produzir com essas mídias. (VIEIRA, 2012, p. 113)

Livro: Cinema de Garagem – panorama da produção brasileira independente do novo século, de Marcelo Ikeda e Dellani Lima (orgs.). Disponível em: https://arthurtuoto.com/livros/CINEMA-DE-GARAGEM.pdf. Acesso em: 14 set. 2019

> Hoje em dia, nós, cidadãos vigiados a todo momento, não teríamos também o direito de vigiar? Se o vídeo de Roberto Bellini não faz essa pergunta de forma direta, mas, claro, constrói um contexto que provoca essa e outras questões, é exatamente essa a pergunta que Igor Amin faz para o segurança de um supermercado, enquanto o artista grava, com seu celular, a câmera de vigilância do estabelecimento que o filma. Ou seja, o artista filma a câmera que o filma, uma espécie de confronto conceitual e simbólico, duas lentes que apontam uma para a outra como duas armas em um embate do olhar. O projeto Nem só o que anda é móvel, liderado pelos artistas Igor Amin e Vinícius Cabral, parte de ações muitas vezes simbólicas como essa para evidenciar uma certa semiótica da vigilância e dos novos meios. Utilizando-se de registros instáveis e ruidosos, os vídeos da dupla mantêm uma linha de força bastante particular que vislumbra não só conceitos de vigilância e olhar, mas uma certa representação subversiva da mídia que nos cerca, desconstruindo um imaginário globalizado que toca em questões como atentados, suicídios simbólicos, terrorismo e outras manifestações sempre presentes no cotidiano jornalístico. Uma paisagem sempre instável daquilo que nos chega através da TV e da internet, porém subvertida para uma estética do detrito, da baixa resolução, caso, aliás, deste Mohammed Gameover (2008), aqui exibido. O projeto, em sua magnitude, dividido por *playlists* temáticas e sempre irônicas, constrói um painel digital que vislumbra tanto ações mais diretas, frutos de intervenções que se apropriam do próprio dispositivo tanto como gerador de uma situação simbólica (caso do vídeo Moysés, Dentista [2006]), quanto dessas pinturas tecnológicas da baixa resolução, sempre instigantes tanto em suas possibilidades plásticas como políticas. [...] A simulação desses dispositivos na obra de Lisboa é outro indicativo de uma geração que, como aquela de Igor Amin e Vinícius Cabral do projeto Nem só o que anda é móvel, ao invés de permanecer passiva perante essa nova ordem das imagens, essa semiótica do poder, é bastante feliz ao se apropriar dessas mesmas estratégias e criar obras subversivas nesse sentido, que se utilizam do audiovisual para um questionamento atual e sempre inspirador. (IKEDA, LIMA, 2012, p. 45-47)

Imagens da biopolítica, de Eduardo Antônio de Jesus. Disponível em: https://www.academia.edu/4168891/Imagens_da_biopolítica. Acesso em: 14 set. 2019.

> Sabemos que nossa memória é composta por fragmentos e estilhaços de nossas experiências, inclusive com o circuito midiático. Isso faz com que os sistemas colaborativos de veiculação de audiovisual *on-line*, como o *vimeo*

> ou o *YouTube*, transformem-se em verdadeiros ancoradouros da memória, revelando as subjetividades que estiveram em contato com aquelas imagens. Longe da novidade atordoante da mais nova resolução do vídeo digital, algumas vezes é possível passar horas vendo imagens de antigos programas de televisão, vinhetas e antigos videoclipes que ainda trazem a cor e o esgarçamento do VHS, mesmo quando já está *on-line* [...] Moysés, dentista (2006), [de] Igor Amin e Rodrigo Pazzini. O procedimento simples e despretensioso com o aparelho de celular acaba por revelar a estranha insegurança que habita a vida contemporânea. Tomando partido de uma espécie de "pegadinha", o vídeo acaba por revelar os medos e tensões típicas de hoje em dia. (JESUS, 2009)

Por coincidência ou não, a experiência de ir à França em 2007 para o *Pocket Films* foi marcante em minha vida. Esse é um dos primeiros e mais importantes festivais de filmes para celular do mundo, realizado no Centre George Pompidou de arte contemporânea em Paris, local onde estão obras de artistas como Marcel Duchamp. Foi marcante em minha vida o impacto que a cultura digital trouxe, já que essa foi minha primeira viagem para fora do Brasil.

O vídeo *Moysés, Dentista* surgiu por uma inquietação ao participar do grupo de estudos *Poéticas Audiovisuais Contemporâneas*, na Pontifícia Universidade Católica de Minas Gerais, onde me formei em Comunicação Social. Lá iniciamos uma pesquisa e um artigo sobre *Videoblogs* (o que viria a ser hoje o fenômeno dos *YouTubers*, *influenciadores* e *blogueiros*). O trabalho foi apresentado ao INTERCOM Júnior, no XXIX Congresso Brasileiro de Ciências da Comunicação (Disponível em: http://www.intercom.org.br/papers/nacionais/2006/resumos/R0788-1.pdf. Acesso em: 02 nov. 2021).

Eu não entendia de forma alguma as reflexões de Gilles Deleuze e Michel Foucault naquela época e isso me levou a questionar a ideia de "dispositivo" trazida por eles. Nasce a ideia do microvídeo *Moysés, Dentista*, que me levou à França para o festival de cinema *Pocket Films*, país de origem dos dois teóricos, mas também onde nasceu o cinema. Abaixo, um trecho do artigo de minha coautoria "Videoblog: anotações iniciais acerca do dispositivo", que teve a supervisão de um querido professor que foi fundamental em minha caminhada, Eduardo Antônio de Jesus:

> Apesar da presença constante da instabilidade no dispositivo, da ausência de uma centralidade em sua estrutura, é possível pensá-lo, identificá-lo, traçar suas linhas. De acordo com Gilles Deleuze (1990, 155), "desemaranhar as linhas de um dispositivo é, em cada caso, traçar um mapa, cartografar, percorrer terras desconhecidas, é o que Foucault chama de 'trabalho em terreno". Antes de tudo, é preciso que se pense o dispositivo além da ideia de suporte, de uma ferramenta estrutural, formal; mais do que isso, ele é uma rede de relações repleta de elementos heterogêneos. O dispositivo trata-se então, como define André Brasil (2004: http://www.fca.pucminas.br/ceis/

kripticas3.asp), "de uma articulação multilinear, composta por fios visíveis e invisíveis, materiais e imateriais, de origem e natureza diferentes". O dispositivo é então, um emaranhado de relações que não se complementam e nem se anulam; as linhas não apenas o compõem, como também o atravessam. O dispositivo é um modo de traçar relações que envolvem tanto o objeto quanto o observador, numa espécie de multiplicidade. Nas linhas de força que compõem o dispositivo, já existem as potencialidades que podem mudar a sua maneira de funcionar. Segundo Deleuze (1990, 159), "todo o dispositivo se define, pois, pelo que detém em novidade e criatividade, o qual marca, ao mesmo tempo, sua capacidade de se transformar ou se fissurar em proveito de um dispositivo futuro".

(Disponível em: http://www.intercom.org.br/papers/nacionais/2006/resumos/R0788-1.pdf. Acesso em: 02 nov. 2021).

Mais de 12 anos depois de toda essa experiência relatada, fui ler o livro *A Tela Global: mídias culturais e cinema na era hipermoderna*, de Gilles Lipovetsky e Jean Serroy (Porto Alegre: Sulina, 2009, 326 p.), que consta nas referências bibliográficas desta pesquisa. Fiquei surpreso ao ler sobre um fenômeno citado pelos autores, "Cinemania: a cada um, seu filme":

> O fato é que a questão da criatividade pessoal por meio da tela adquiriu uma dimensão inédita, cuja importância não escapa aos atores do mundo da arte, da cultura, da informação, da publicidade, diante da emergência de criadores que agora dispõem não só de meios novos para criar, mas também para se fazer conhecer. [...] Superexposição, da vida em seus menores detalhes, "sublimação" do cotidiano como cena extraordinária: a tela on-line permite que as paixões exibicionistas e hipernarcísicas se manifestem numa escala desconhecida até então. Mas é sobretudo uma espécie de cinemania-reflexa que registra uma impressionante expansão. [...] O que se deve esse frenesi de imagens? Como compreender uma tal cinemania que substitui a experiência direta? Pode-se reconhecer aí, certamente, uma democratização dos desejos de expressão individual, um desejo de atividade pessoal que se verifica em outras práticas – escrita, blog, dança, caraoquê, artes plásticas – e que traduz a necessidade de escapar à simples condição de *Homo condommator*. O individualismo hipermoderno não é apenas consumista: ele busca reconquistar espaços de autonomia pessoal, construir-se apropriando-se do que está fora, colocar em imagem e em cena o mundo, um pouco à maneira de um repórter, de um fotógrafo, de um cineasta. (Nota 33: Essa nova paixão individualista é estimulada por diferentes *sites* que convidam os internautas a colocar *on-line* suas fotos e vídeos. Cada um se torna cinerrepórter amador em potência). Filmo, logo existo: agora existe em cada homem, em seu tempo livre, o desejo de ser "artista", "cineasta", a

> relação com o mundo sendo cada vez mais estética. (Nota 34: É o que revela o festival *Pocket Films*, organizado em Paris pela terceira vez em 2007, apresentando numa grande tela 200 produções de "filmes de bolso' realizados por e para telefone celular.). Uma nova fronteira se desenha: ela não é senão a expressividade de si erigida em ideal de massa. [...] Assim a cinemania não deixa de ter relação com o hiperconsumidor perpetuamente à espera de novas experiências de distração, destinadas a compensar os tempos mortos da vida. (LIPOVETSKY, SERROY, 2009, p. 290)

É impressionante o relato acima, pois além de ser exatamente o fenômeno ao qual eu estava me atentando em 2007, minha vida foi parte desse fenômeno, pois o filme *Moysés, Dentista* estava sendo exibido exatamente na terceira edição do *Pocket Films* citada na nota de rodapé 34 do livro referenciado acima. Foi a partir de tudo isso que me tornei um jovem cineasta e resolvi me lançar na experimentação de novas linguagens do audiovisual com jovens e crianças a partir do contexto da *cinemania,* que já intuía nascer nos anos sequentes.

Liguem seus celulares no cinema*: Breve história, linguagem e perspectivas*, de Márcia Cristina da Silva Sousa e Wilson Oliveira da Silva Filho. Disponível em: http://www.ufrgs.br/alcar/encontros-nacionais-1/encontros-nacionais/6o-encontro-2008-1/Liguem%20seus%20celulares%20no%20cinema.pdf. Acesso em: 14 set. 2019.

As potencialidades da internet para a construção de narrativas audiovisuais por jovens colaboradores da TVCocriativa

De Pedro Ivo Nunes Almeida e Iluska Maria da Silva Coutinho
Universidade Federal de Juiz de Fora, Juiz de Fora (MG)
Disponível em: http://www.ufjf.br/midiacidada2017/files/2018/10/As-potencialidades-da-internet.pdf. Acesso em: 02 nov. 2021.

> Uma matéria publicada no Jornal *Estado de Minas* no primeiro ano de atuação da TVCocriativa colocava em destaque a liberdade para criar e o caráter colaborativo em busca de tensionar e (re)conhecer novas linguagens, buscada em interface com a apropriação tecnológica e seu potencial renovador: "A vantagem de usar mídias móveis é que essa escolha exige ainda mais criatividade. Você não tem o tripé e resolve apoiar a câmera em um tronco, por exemplo. Sem contar todo o tempo que se perde com a parafernália tecnológica profissional quando se pensa em logística. Com o celular, pode-se investir na criatividade coletiva. É na base da 'sevirologia'. A espontaneidade é o que difere bem esse contexto de tecnologias", diferencia Igor Amin. (ESTADO de Minas, 22 mar. 2012, *apud* ALMEIDA, COUTINHO, 2017, p. 6)

14 [✸] Quando utilizo o termo *Lugar de fala*, refiro-me ao que Djamila Ribeiro (2017, p. 64) reflete sobre essa ideia em seu livro *O que é lugar de fala?*.

15 [►] Conheça os projetos desenvolvidos pelo Instituto Mundos em www.mundos.cc

16 [►] Gostaria de convidar você para ouvir um mantra que criei, o Mantra do *Educador Audiovisual*. Letra: "Respire, Observe, Escute. Construa, Converse, Celebre" (Notas: Lá Menor, Sol e Ré menor): https://youtu.be/J7XEu2EyGP8

17 [✺] Logo quando as crianças se tornaram companheiras nesta jornada de realização de projetos de educação audiovisual, fui entender aquilo que estava reprimido em mim desde novo, uma espécie de timidez junto ao medo de expressar minhas ideias e vontades durante a infância. Durante a pesquisa deste livro, deparei-me com a raiz etimológica da palavra "infância" e descobri que o prefixo *in-fans* se refere ao *sem phoné*, aquele ausente de som, de voz ou de fala (MIGUEL, 2014, p. 858). Também podemos nos atentar para a definição da palavra *criança*, que vem do latim *creare*, produzir, erguer, que se relaciona a *crescere*, crescer, aumentar, expandir, ou do indo-europeu *ker-*, "crescer". É nesse passo que percebemos que criar nasce de uma leitura de "aquele que deve ser criado, educado pelo outro e não por si próprio".

Esse sentido etimológico da palavra infância nos remete à ausência de valor socialmente dado à criança, uma noção coletiva do significado da linguagem na qual a experiência de ser criança não era valorizada, já que elas eram consideradas incapazes de terem seus lugares de fala devido às supostas limitações cognitivas, corporais, intelectuais. Tal experiência humana coletiva fundada na invisibilidade das crianças trouxe, ao longo da história, uma imagem fixa do que são as infâncias, eliminando as possibilidades de construção de uma cultura ativa no mundo.

> Coloco-me, pois, no rastro de significado etimológico a que nos remete o significante da palavra infância: *in-fans*, sem phoné, sem som, sem voz, sem fala. [...] Assim, o som da palavra infância nos remete a um momento da experiência humana coletiva, caracterizado pela ausência de fala, e o referido paradoxo se mostra quando tentamos rastrear o referente ausente e nos deparamos com o sem som, com a afonia, com um ausente que nos remete a outro ausente, com um significante que nos remete a outro significante, experiência esta que torna circular a nossa busca e nos sugere que a nossa experiência possível do período temporal a que denominamos infância inevitavelmente se confunde com os modos como praticamos os limites do próprio instrumento que produzimos para investigar essa experiência: a própria linguagem humana. (MIGUEL, 2014, p. 858)

As palavras trazem significados materializados na linguagem, recuperando construções simbólicas, históricas e sociais, nas quais as crianças foram culturalmente vistas como lugar de alteridade inferiorizada dentro da hierarquia desenvolvimentista do humano, capazes, portanto, de serem submetidas, subjugadas e silenciadas. Eu me sentia sem voz quando criança, não por parte da minha família, mas nos lugares que frequentava, como o meu bairro, a sala de aula, aniversários de colegas, clube social e outros lugares.

O adulto como centro do mundo e a criança à margem de tudo. Era assim que eu percebia a relação com os adultos nos meus anos da infância.

Como um EA, atuando nos diversos projetos infantis que desenvolvi, sempre desejei aprofundar a relação entre nós adultos, que interagimos com as crianças nos processos educativos e artísticos, e as próprias crianças, participantes desses processos de forma ativa, com direito à fala e à escuta, ou às vezes silenciadas, mesmo que não haja passividade de fala daquelas que são silenciadas. Por já ter me sentido sem voz, fui olhar para aquilo que é conhecido nas discussões acadêmicas como *adultocentrismo*.

Busco compreender quais são as implicações do adultocentrismo sobre a construção da identidade das crianças desde seus primeiros anos. Isso tem a ver com uma visão de criança que está em preparação para ser um adulto do futuro, "desconsiderando os aspectos singulares da criança, tornando esse momento da vida apenas uma passagem, apenas um vir a ser, em que aprendemos a nos relacionar e a nos integrar à sociedade" (FARIA; SANTIAGO, 2015, p. 73). O *adultocentrismo* é uma forma estrutural e conceitualmente comparável ao conceito de classe, no sentido da definição das características pelas quais os membros da sociedade estão organizados e pela posição que ocupam em relação a outros grupos sociais dominantes; no caso, os adultos como um grupo com poder diante das infâncias, como afirmam Ana Lúcia Goulart de Faria e Flávio Santiago (2016, p. 73). Mas é claro que nós adultos temos diversas responsabilidades junto às crianças que fazem parte de nossas vidas, além de buscarmos garantir a elas bons exemplos para que possam se inspirar no outro, nos "imitarem" de forma saudável, assim como fazem nossos filhos, e aprenderem a lidar com os desafios do mundo.

Como argumentam os autores, a ideia da educação voltada para o futuro foi algo trazido pelo capitalismo, ou seja, um jeito de viver padronizado que precisa ser ensinado e aprendido desde o nascimento, já que se trata de uma nova maneira de vida, em que o tempo do trabalho define novas mentalidades, sendo a educação uma espécie de "investimento social para o futuro" (FARIA; SANTIAGO, 2015, p. 75).

Quando criança ouvi muito a frase "tempo é dinheiro", afirmação proferida por Benjamin Franklin, em 1748, no ensaio intitulado "Conselhos para um jovem comerciante", *slogan* que remete aos interesses do capitalismo em poupar, economizar, compactar ou colonizar o tempo dos indivíduos na imposição do que deve ser feito, inclusive o tempo de ser criança no contexto do mundo das telas. Imagine, a exemplo, aquela criança que deixa de brincar no mundo real para se inspirar no mundo virtual, em vídeos na internet, criados por outras crianças que brincam.

Já pararam para pensar o quanto de produtos licenciados baseados em personagens de desenho animado, *melecas* e *massinhas*, *challenges* e jogos baseados em fórmulas únicas de brincadeiras são capazes de incitar o desejo de consumo das crianças? Ao permitir a elas uma postura *adultocêntrica* nas telas, pais, mães, professores, professoras, assim como muitos profissionais envolvidos nos meios de comunicação convencional ou digital, não consideram as características próprias do tempo da criança a partir da escuta delas, considerando que muitas poderiam sugerir caminhos para que sigam em seus processos de aprendizagem.

Segundo Faria e Santiago (2015, p. 74), a sociedade ocidental capitalista olha para a infância como se procurasse outro/a adulto/a, aquele ou aquela que a criança será. Essa forma *colonial de percepção* promove um distanciamento das crianças enquanto atores sociais, criando a ideia de que são apenas "consumidoras" do universo adulto.

> A lógica adultocêntrica parte de princípios "hierarquizadores" para fetichizar as linguagens das crianças [...]. Assim, a tentativa de silenciamento das linguagens das crianças é talvez o mecanismo mais forte presente no sistema de opressão capitalista, pois ele, ao mesmo tempo em que apaga a possibilidade de construção de novas formas comunicativas, coloniza as meninas pequenas e os meninos pequenos com uma linguagem preestabelecida, carregada de signos e significados culturais já determinados e prescritos dentro da lógica adulta. (FARIA; SANTIAGO, p. 77, 2015)

Essa seria uma tentativa de colonização dos olhares das infâncias sobre o mundo, que surge diante da suposta falta de domínio linguístico no desenvolvimento desde a primeira infância, em um equívoco de que os sujeitos sem competências cognitivas, como a fala, não demandam formas de comunicação consigo e com o mundo. A linguagem não se resume à condição verbal, aos sons, palavras e frases produzidas pelas pregas vocais e aprendidas culturalmente por meio das modalidades orais e escritas. Ao contrário desse pensamento fonocêntrico instituído, muitos estudiosos consagrados no campo dos estudos da infância, como Philippe Ariès (1981) e Lev Vygotsky (2001), mostraram como as crianças também estão marcadas pelos contextos históricos e culturais e que nem sempre foram compreendidas da mesma maneira.

Segundo Ariès (1981), era comum observar nas gravuras ou pinturas ao longo da história uma identidade da criança que não se parecia com aquilo que elas eram realmente, ou seja, uma busca para que elas se parecessem adultos. Assim, é possível observar, ao visitar um museu, igrejas ou um livro histórico, uma outra imagem da criança a qual conhecemos hoje.

> Isso sem dúvida significa que os homens dos séculos X-XI não se detinham diante da imagem da infância, que esta não tinha para eles interesse, nem mesmo realidade. Isso faz pensar também que no domínio da vida real, e não mais apenas de uma transposição estética, a infância era um período de transição, logo ultrapassado, e cuja lembrança também era logo perdida. (ARIÈS, 2006, p.18)

Segundo Vygotsky (2001), a linguagem tem origem na vida da criança e na relação comunicativa com outros indivíduos. O desenvolvimento da aprendizagem da criança pode ser auxiliado pelo adulto, assim como a criança poderá por si só realizar suas atividades mais tarde. Essas atividades coletivas no campo social são funções *interpsíquicas*, nas quais a linguagem se materializa na constituição dos significados construídos em um processo histórico e social para as infâncias. Assim, as relações com o mundo constituirão suas consciências interagindo com suas formas de sentir, pensar e agir.

> A linguagem origina-se em primeiro lugar como meio de comunicação entre a criança e as pessoas que a rodeiam. Só depois, convertido em linguagem interna, transforma-se em função mental interna que fornece os meios fundamentais ao pensamento da criança. (VYGOTSKY; LURIA; LEONTIEV, 2001, p. 114)

Segundo Rego (1998), os sistemas simbólicos poderiam ser entendidos como os sistemas de representação da realidade, como, por exemplo, a linguagem, e funcionariam como elementos mediadores que permitem a comunicação entre os indivíduos (REGO, 1998, p. 55), o estabelecimento de significados compartilhados por determinado grupo cultural, a percepção e interpretação dos objetos, eventos e situações do mundo circundante. A autora atenta para uma reflexão de Vygotsky de que os processos de funcionamento mental dos homens são fornecidos pela cultura, por meio da mediação simbólica. Prefiro pensar que a revolução tecnológica trouxe algo além das mediações, promovendo uma interação maior entre os envolvidos no processo comunicativo social, no qual todos fazem parte do processo de troca, sem haver alguém que media como centralizador do discurso. Assim, penso que os Educadoras Audiovisuais interagem por meio dos processos audiovisuais elaborados por eles com as crianças a partir de uma linguagem que passa a ser, em sua maioria, a linguagem das telas. Ou seja, toda criança traz para o jogo de interações suas vozes imbuídas de seus territórios, pessoas que convivem e também tudo aquilo que estão recebendo de informação não só nas escolas, mas também nas mídias sociais.

A criança incorpora ativamente as formas de comportamento que nós adultos estamos tendo com a linguagem audiovisual, já que esta passa a ser mais uma linguagem para que a criança construa, na relação com o outro, seus processos de aprendizagem e desenvolvimento. Para Oliveira (1993, p. 38), Vygotsky não pensava a cultura como algo pronto, como um sistema estático ao qual o indivíduo se submete, mas como uma espécie de "palco de negociações", em que seus membros estão em um constante movimento de recriação e reinterpretação das informações, conceitos e significados. Tal compreensão dessa não rigidez e maleabilidade da cultura das infâncias, assim como da cultura digital, é essencial para que Educadores e Educadores Audiovisuais possam interagir com as crianças por meio de processos de ensino-aprendizagem pelos quais as crianças possam desenvolver suas capacidades psíquicas usando a linguagem audiovisual.

Esse é um esforço que deveria partir não só de educadores como eu, mas da sociedade como um todo, pois a tentativa de controle sobre o tempo das crianças é algo sistematizado pelas relações de poder. Confiar nas infâncias é, de certa maneira, conferir a elas possibilidades de resistência. Talvez por isso desenvolvo iniciativas nas quais as telas são pensadas não apenas como uma alternativa para ensinar e aprender, mas como um ambiente de descolonização do olhar dos adultos sobre as infâncias. Segundo Michel Foucault (2011, p. 267) "desde que há uma relação de poder, há uma possibilidade de resistência. Nunca somos pegos na armadilha pelo poder, sempre podemos 'mundificar' o domínio, em determinadas condições e segundo uma estratégia precisa".

18 [►] Produzi uma videoaula na qual me apresento melhor e abordo, de forma descontraída, o tema do *adultocentrismo*. Disponível em: https://youtu.be/RUOCJKCYojQ

19 [✸] Outra pergunta que me ajudou a compreender boa parte das experiências da escuta das crianças por meio do audiovisual nesta pesquisa foi a provocativa questão colocada por Gayatri Spivak, em seu texto *Pode o subalterno falar*? (2010). A pesquisadora é muito citada entre as teorias feministas e as teorias pós-coloniais, que investigam temas como o direito à fala, a marginalidade social, a política e a literatura. Nesse sentido:

> As teorias pós-colonialistas também colocaram o mundo de ponta-cabeça, e assim contribuem para os estudos das crianças e das culturas infantis, dando maior visibilidade às crianças como protagonistas de uma sociedade adultocêntrica, podendo dessa forma romper com as influências de uma ciência androcêntrica e adultocêntrica. Oferecem também elementos para a desconfiança dos discursos que pretendem construir verdades absolutas sobre as infâncias. Ajudam-nos a pensar as relações desiguais nas explicações ou compreensão do mundo contemporâneo, a partir de uma concepção não fundamentalista e antiessencialista. Contribuem, portanto, para romper com estereótipos e preconceitos sobre as crianças e as culturas infantis, conhecer o que pensam. (FINCO; FARIA, 2011, p. 4)

As questões de Spivak (2010) problematizam se o subalterno pode falar e isso me ajudou a compreender sobre até que ponto as estruturas hegemônicas culturais oprimem o lugar de fala daqueles que estão à margem da centralização europeia patriarcal, identidades que fogem de um padrão unitário. As discussões da autora não abordam a cultura das infâncias diretamente, mas o papel das intelectuais e mulheres periféricas como ela, uma filósofa indiana que buscou dialogar e confrontar a legitimidade e a institucionalidade política de certas vozes em relação à tradição eurocêntrica ocidental. A autora utiliza-se do exemplo da prática de imolação de viúvas na Índia diante de um contexto do patriarcado e como isso faz parte dos dogmas impostos pela sociedade.

Se consideramos os grupos periféricos como sujeitos oprimidos com ausência de fala diante dos mecanismos de opressão, proponho pensarmos que as telas não seriam um espaço democrático, onde todos podem ser escutados. Assim, como compreender o que pensam as crianças diante de toda sua complexidade? Não é o fato de apenas "poder" ou "não poder" ligar uma câmera e falar diante dela, mas sim como os diferentes grupos lidam diariamente com essa "dificuldade de falar dentro do regime repressivo do colonialismo e do racismo" (KILOMBA, 2019, p. 47).

Nessa relação das infâncias com as telas, gostaria de aproximar parte da discussão promovida por Spivak para pensar também as vozes das infâncias, pois acredito ser muito útil para tal reflexão. Confesso que meu olhar estava condicionado socialmente, talvez um olhar *adultocêntrico,* sobre as infâncias no início dos meus projetos. Foi à luz das teorias de algumas pensadoras e pensadores que consegui compreender uma relação interdisciplinar entre identidade social e cultura, a exemplo da relação entre a cultura adulta, cultura das infâncias e a cultura digital. Se as crianças podem ser vistas hoje a partir de um olhar de identidades plurais, elas poderiam também ser comparadas às mulheres, aos negros, aos idosos, aos excluídos sociais, àqueles com necessidades especiais ou a outros grupos que se afastariam dos padrões normativos dominantes, sendo eles o padrão *eurocêntrico*, branco, masculino, heteronormativo, *adultocêntrico*.

Essas reflexões iniciais mostraram que as crianças participantes do projeto pertenciam a realidades bastante diversificadas e que não poderiam ser incluídas em uma única categoria: os países eram diferentes, alguns muito ricos e desenvolvidos, outros marcados pelos legados da colonização europeia. Algumas crianças possuíam condições materiais evidentes, tinham acesso às tecnologias e estudavam em escolas particulares em cidades mais desenvolvidas, com experiências culturais diversificadas, enquanto outras eram desprovidas de condição financeira, nunca tinham viajado ou frequentado determinados espaços sociais, inclusive uma sala de cinema. Algumas estudavam em escolas rurais, outras eram de comunidades indígenas e negras quilombolas, evidentemente marcadas pela herança racista de um país historicamente escravizado. Boaventura de Sousa Santos (2003) nos lembra de que:

> Temos o direito a ser iguais quando a nossa diferença nos inferioriza; e temos o direito a ser diferentes quando a nossa igualdade nos descaracteriza. Daí a necessidade de uma igualdade que reconheça as diferenças e de uma diferença que não produza, alimente ou reproduza as desigualdades. (SANTOS, 2003, p. 56)

Compreender as diferenças passou a ser algo fundamental na minha trajetória como EA, afinal as crianças apresentavam condições muito distintas de se autorepresentar ou de subjetivar-se de forma mais ou menos autônoma em função das oportunidades e de suas vivências. Aprendi que olhar para aquilo que nos difere uns dos outros é algo fundamental quando atuamos como educadores junto à cultura das infâncias. Precisamos nos atentar para o fato de que o acesso à tecnologia depende das forças de poder que tentam nos convencer de que "somos todos iguais" socialmente e politicamente, colaborando assim para a manutenção das desigualdades. Esse é um confronto que vai além da representação:

> Por fora (mas não exatamente por completo) do circuito da divisão internacional do trabalho, há pessoas cuja consciência não podemos compreender se nos isolarmos em nossa benevolência ao construir um outro homogêneo se referindo apenas ao nosso próprio lugar no espaço do Mesmo ou do Eu (Self). Aqui se encontram fazendeiros de subsistência, os trabalhadores camponeses não organizados, os tribais e as comunidades de desempregados nas ruas ou no campo. Confrontá-los não é representá-los (vertreten), mas aprender a representar (darstellen) a nós mesmos. (SPIVAK, 2010, p. 70)

Enquanto parte das crianças do século XXI cresce amparada por todas as condições materiais necessárias, os limites sociais impostos a elas pelos pais, por exemplo, parecem menos atuantes, e as frustrações aparecem como algo a ser evitado. Quando observamos que as crianças de hoje ensinam os adultos nos usos das tecnologias, desenvolvendo um sentido oposto ao da negligência, o de uma atuação mais vigorosa, estamos falando de crianças, na maioria das vezes, cujo acesso aos bens materiais tecnológicos foram desde sempre possíveis. Como EA que já atuou em diversos contextos de presença das infâncias, não considero que todas as crianças são subalternizadas. O que considero aqui é uma visão de que, no *mundo das telas*, algumas crianças podem falar, outras não, devido a sua realidade social. Reafirmo que tenho consciência de que não são todas as crianças que se encontram em condições de subalternidade, mas as que se encontram nesse *locus* social sentem na pele as dificuldades de serem ouvidas por meio do uso das tecnologias.

Com a falta de acesso às tecnologias pelas crianças de baixa renda, pobres, das periferias e interiores de países que foram colonizados como o Brasil, percebe-se uma intenção do sistema capitalista em popularizar, baratear e fidelizar o acesso aos recursos tecnológicos por meio de planos de dados e aparelhos mais populares. Ao diversificar o acesso por meio do consumo, o tipo de tela e a forma com a qual podemos acessar informações está diretamente ligada a quais tipos de telas (celulares, *tablets, notebooks)* as pessoas podem ou não utilizar, criando uma lacuna de igualdade para o acesso à informação em uma sociedade cada vez mais digitalizada. Um celular *smartphone* de última geração, assim como os pacotes ilimitados de dados, estão à disposição daqueles que têm condição de pagar.

Imagine uma pessoa pobre no interior do Brasil que deixa de acessar a informação digital caso sua tela caia no chão e trinque a tela. Um fato bem comum para todas as pessoas hoje em dia; a diferença é que os menos favorecidos poderão demorar dias, semanas ou meses para conseguir realizar a manutenção do seu aparelho devido à falta de dinheiro.

Um exemplo fundamental para pensarmos essa questão parte daquilo que vivemos durante a pandemia da Covid-19, um fenômeno que atravessou nossas vidas a partir do início de 2020. Até mesmo a escrita deste livro foi bastante afetada em função das discussões que se tornaram centrais a todos nós: justamente a necessidade das relações virtuais, do ensino por meio de aulas *telepresenciais* e do impacto dessas relações na discussão sobre o acesso às redes. As crianças menos favorecidas economicamente sofreram um grande impacto no primeiro momento pela impossibilidade de uso das telas para aprender, assim como as dificuldades de novas abordagens, que não reproduzissem os mesmos discursos da escola presencial, em uma espécie de aula expositiva filmada. Já para aquelas crianças em condições de sobrecarga das telas, para as quais era pedido cautela por familiares e educadores, no sentido de diminuir o excesso à informação pela internet, por exemplo, aconteceu uma inversão na lógica do "saia do celular" para o "fique no celular e apareça nas telas" (assistindo a suas aulas), ou ainda do "fique calado" para o "fale, por favor", devido a como diversos estudantes estavam inteiramente ou parcialmente presentes nas transmissões de aulas ou atividades. O distanciamento não foi apenas entre os corpos, mas também entre o acesso e o excesso no mundo das telas. Se a educação é uma necessidade básica a ser garantida para as crianças, torna-se inevitável criar novas formas de interação por meio das telas, com videoaulas criativas e transmissões ao vivo que também possam ser aulas expositivas, uso de processos *gamificados* e assim por diante, enfim, um ambiente amigável para o ensino-aprendizagem. Nunca imaginei que estaria escrevendo um livro bem neste momento de "virada digital" no contexto educativo.

Spivak (2010) ressalta a necessidade de que nós, pesquisadores e intelectuais, tenhamos uma postura de investigação sobre os espaços por trás do discurso etnocêntrico, sobre aquilo que está nas vozes daqueles que centralizam as falas em função de interesse próprio, para que assim, como diria Derrida, possamos "tornar delirante aquela voz interior que é a voz do outro em nós" (DERRIDA *apud* SPIVAK, 2010, p. 165). Por uma questão de alteridade, nenhum discurso é singular e único. Quando as crianças falam, suas vozes são atravessadas por uma coletividade de discursos que fazem parte da construção da identidade de quem são e de como se colocam no mundo. A ideia de "fala" não se restringe ao ato de oralizar ou pronunciar, mas sim dentro do contexto do discurso institucional. Evidentemente que a influência dos adultos na fala das crianças pode ser positiva, no sentido de autonomia, assim como colonizadora, no sentido do silenciamento diante de suas formas de perceberem o mundo.

Muitas vezes pode parecer que a tecnologia é algo intangível, imaterial, que se opera pelas nuvens, no sentido de armazenamento. Porém, ela demanda uma grande produção de energia para sua fabricação, além da exploração de diversos recursos naturais como certos tipos de areias raras e ouro que enriquecem um sistema minerário pelo planeta. Sem contar os materiais químicos perigosos e prejudiciais, como chumbo e mercúrio, que afetam os solos e as águas por todas as partes ao serem descartados sem cuidado. São metais pesados lançados de volta à natureza, como os resíduos tóxicos, descartados de forma acelerada por uma escolha mercantil do produtor. Um sistema que propositadamente desenvolve algo para vender com a intenção de torná-lo obsoleto ou não funcional em pouco tempo e, assim, forçar o consumidor a comprar a mais nova geração de aparelhos. O mundo das telas é igualmente complexo quando se trata da sua relação com o consumo e os impactos gerados no contexto socioambiental. Um cenário no qual a tela possui uma relação direta com a economia e a forma como as riquezas do mundo são distribuídas de forma desigual e sem preocupações com os impactos nos diversos tipos de seres vivos que habitam esta terra além de nós seres humanos.

Tomar consciência de que existe um sistema vigente operando para que apenas algumas crianças possam construir suas próprias narrativas entre telas foi de fundamental importância neste processo de refletir sobre minhas experiências como Educador Audiovisual. Não canso de afirmar nos cursos que promovo para o público adulto que esta imagem fixa de que as crianças hoje nascem sabendo lidar com as telas é um erro. Nem todas as crianças estão garantidas de terem acesso, sem contar o fato de que a tecnologia só existe para uma criança se houver um adulto com condições ou um esforço financeiro para tornar a tela disponível para elas.

Ainda estamos longe de uma possibilidade de soberania digital, no que diz respeito à informação estar igualmente disponível para todos. Por isso, cabe a nós, que somos educados *audiovisualmente* e privilegiados por termos acesso às tecnologias, trabalharmos por uma quebra do projeto colonizador relacionado aos novos espaços de enunciação nos quais as tecnologias estão disponíveis de forma desigual para todos, abrindo margens para que as telas não sejam um ambiente amigável para todas as crianças, apenas para algumas.

Nas entrelinhas da possibilidade de acesso das crianças e da difusão de suas narrativas pelas telas, existe um sistema hegemônico tão arraigado ideologicamente em nossas práticas, que fica difícil, muitas vezes, enxergá-lo e desnaturalizá-lo. No contexto da sala de aula, cada vez mais as tecnologias são pensadas como um recurso para ensinarmos algo para as crianças e quase nunca questionamos como nossos olhares estão "capturando" mecanismos de manipulação social inseridos em nossas rotinas pelas telas, a exemplo das propagandas. Basta observarmos como o consumo está presente na dinâmica dos canais de vídeo como no *YouTube*, ou então como familiares se tornam empresários das carreiras das crianças. Já percebeu a quantidade de produtos que circulam direcionados por marcas entre os protagonistas dessa nova profissão tão desejada pelas crianças, os influenciadores digitais ou *YouTubers*? É por isso que existe um esforço de algumas instituições não governamentais para que exista uma legislação que respeite os diretos das crianças diante da publicidade direcionada a elas no mundo das telas.

Uma pedagogia pela e para as telas torna-se fundamental para que o mundo digital seja um lugar com função social para as crianças, cabível às mudanças que meninos e meninas queiram ver nesse lugar onde estão cada vez mais presentes.

O acesso de forma democrática ao mundo das telas deveria ser aspecto prioritário para as Educadoras e os Educadores Audiovisuais. Minha hipótese sobre o motivo pelo qual as infâncias estão tão interessadas ou presentes na cultura digital é devido ao fato de que encontram no mundo das telas um novo lugar de existir, capaz de tornar visíveis suas narrativas. Isso tudo caso não seja limitado por um sistema hegemônico que não valoriza a educação digital em uma visão ética e cidadã.

As ideias de Djamila Ribeiro (2017) no livro *O que é lugar de fala?* nos ajudam a compreender como é importante promover narrativas emancipatórias, colaborando para que na cultura digital as crianças possam encontrar seus lugares de fala. Penso que do outro lado das telas é necessário que o outro as escute, mediando um processo em que as telas sejam aliadas das crianças na construção de suas identidades. Para descolonizar o olhar sobre as infâncias no mundo das telas é fundamental a compreensão do papel da linguagem audiovisual na construção de suas identidades.

Estamos apontando para a importância de quebra de um sistema vigente que invisibiliza essas narrativas. Com todos os limites, o espaço virtual tem sido um espaço de disputas de narrativas, pessoas de grupos historicamente discriminados encontraram aí um lugar de existir. Seja na criação de páginas, sites, canais de vídeos, blogs. Existe nesse espaço uma disputa de narrativa, mas ainda aquém do ideal por conta das barreiras institucionais que impedem o acesso de vozes dissonantes. Como expressar-se não é um direito garantido a todos e todas, ainda há a necessidade de democratização das mídias e rompimento de um monopólio, a discussão sobre liberdade de expressão também não pode ser pautada unicamente no direito - não absoluto - de expressar opiniões. Friso que mesmo diante dos limites impostos, vozes dissonantes têm conseguido produzir ruídos e rachaduras na narrativa hegemônica, o que, muitas vezes, desonestamente, faz com que essas vozes sejam acusadas de agressivas justamente por lutarem contra a violência do silêncio imposto. (RIBEIRO, 2017, p. 85)

20 [▸] Assista ao vídeo *Preserve todos os dias o meio ambiente,* produzido em Belo Horizonte (MG), no dia 17/07/2013, no Memorial Minas Gerais. Vídeo disponível no canal de *YouTube* do '*O que queremos para o mundo?*': https://www.youtube.com/watch?-v=7ryfw_nHX8c

21 [▸] O clássico filme de 1936 *Tempos Modernos*, de Charlie Chaplin, revela bem o que estou falando em termos de automatização dos processos de produção. O filme mostra como era a realidade de uma época na qual o cinema acabara de nascer. Disponível em: https://www.youtube.com/watch?v=HAPilyrEzC4

22 [▸] Assista ao curta-metragem *Dona Árvore* em https://www.youtube.com/watch?v=-cxMybBXxxLs. Direção: Igor Amin e Bruna Carvalho, Delfinópolis (MG), Serra da Canastra, Brasil, 10', 2011. Sinopse: Ana Flor e Jéssica plantam palavras de amor à Dona Árvore e recebem em troca gratidão. Elenco: Ana Flor e Jéssica. Música: "I love this tiny green island", de P. R. Sarkar, por Neo Humanistic Education; "Pequena Ilha", por Sam'giita. Baixem o cartaz do filme em http://bit.ly/rArKac.

23 [✈] Confira algumas fotos da edição de 2012 do Festival em: http://www.cineeco.pt/historico/2012/galeria/galeria.html (Acesso em: 02 nov. 2021). Conheça o relato dessa viagem de forma poética por meio do curta-metragem *Penso que Sim*, que codirigi com Bruna Carvalho durante a viagem a Portugal: https://www.youtube.com/watch?v=-lI2Zu8qnY5A

24 [▸] Assista à *websérie Heróis Sustentáveis,* produzida em junho de 2013 em Cascais, Portugal. A vinheta: https://www.youtube.com/watch?v=Ihl41O-T_yU; o lançamento da campanha de intervenção urbana: https://youtu.be/xJovt5FdB5M; e os 3 episódios ficcionais, como *Amizades Sustentáveis*: https://youtu.be/2CglEKA0KjE, *Transporte Sustentável:* https://youtu.be/Rs2dBdr5kGA e *Alimentação Sustentável:* https://youtu.be/Mm7hsRiEgjs.

25 [▸] Assista ao depoimento de Simão, em Cascais, Portugal. Disponível em: https://youtu.be/7lNztK6YzJk

26 [✹] Faço um convite para que possamos conhecer alguns livros e artigos sobre os estudos culturais e as teorias pós-coloniais como possibilidade de ampliarmos a

compreensão destas discussões abordadas no livro. Disponível em: https://oquequeremosparaomundo.com.br/piscadas2/

27 [✱] Spivak (1994), no texto *Quem reivindica alteridade?*, tece uma crítica histórica aos fatos que foram mascarados a partir dos interesses de determinados grupos hegemônicos. Instituições privilegiadas no interesse de estabelecerem verdades que desprezam os sujeitos marginalizados, assim como a história da escravidão e do massacre dos povos originários no Brasil. Fatos colocados debaixo do tapete para favorecer certos grupos, já que "somos obrigados a trabalhar dentro de narrativas da história, e inclusive a acreditar nelas" (SPIVAK, 1994, p. 189). A autora nos convida a realizar uma ruptura diante das imposições cristalizadas, levando em consideração que "refazer a história envolve uma negociação com as estruturas que produziram o indivíduo como o agente da história" (SPIVAK, 1994, p. 199). Por isso a educação torna-se um meio estratégico de luta:

> Portanto, proponho o estabelecimento e o restabelecimento persistentes, a repetida consolidação do não-feito, de uma estratégia de educação e pedagogia de sala de aula preocupada com soluções provisórias para as oposições [...] através da cumplicidade. Ela deve se negar resolutamente a oferecer a fantasmáticas contranarrativas nativistas hegemônicas, que implicitamente respeitam o regulamento histórico de quem "tem permissão para narrar". (SPIVAK, 1994, p. 198)

A possibilidade de sermos mediadores para que as vozes das crianças reverberem naquilo que propomos como educadores torna esse processo respeitoso em termos de alteridade. Consigo dar sentido ao que eu sou no mundo das telas porque existo com o outro. Um outro ser capaz de me ver, ouvir e sentir, significando minha fala do outro lado do dispositivo tecnológico. Uma condição humana para existirmos no mundo real ou virtual só é possível em função do outro. A nossa falta de atenção, afeto e presença com as crianças durante a mediação entre telas pode levar a uma *dispersão digital,* no sentido da perda de foco no que estamos nos propondo a realizar com as telas. Por isso, busco trabalhar com a imaginação. Gianni Rodari (1982), em seu livro *Gramática da fantasia,* atenta-nos que "é preciso imaginação também para acreditar que o mundo possa torna-se mais humano [sic] " (RODARI, 1982, p. 167). Com a imaginação acredito ser possível articularmos certos tipos de resistência por meio da invenção amparada pelos recursos tecnológicos no contexto da educação, despertando nas crianças uma vontade para narrarem suas histórias sem desejarmos falar por elas ou criar perguntas que induzam respostas prontas. Quando edito os registros de processos audiovisuais, busco expandir meu ponto de vista sem fazer apenas as minhas escolhas individuais do material, mas sim integrar a participação efetiva das infâncias neste processo de imaginação da edição. Isso demanda mais tempo para escuta atenta do que as crianças querem produzir em termos de narrativa audiovisual, já que envolve um momento de também nos tornarmos inventores com elas. Educadores também são criadores e imaginam junto às crianças outros mundos possíveis de serem pelas telas.

> É um adulto em meio a crianças, pronto a exprimir o melhor de si mesmo, a desenvolver em si mesmo os hábitos da criação, da imaginação, do empenho construtivo em uma série de atividades que são enfim consideradas semelhantes: a produção pictórica, plástica, dramática, musical, afetiva, moral (valores, normas de convivência). [...] Em uma escola desse tipo, a criança não é mais uma "consumidora" de cultura e de valores, mas uma criadora e produtora de valores e cultura. (RODARI, 1982, p. 167).

O processo de ensino-aprendizagem por meio da linguagem audiovisual é pensado aqui pela amplitude das possibilidades de interação com o outro, em que também estamos aptos a aprender com as crianças e não só ensiná-las. Não podemos considerar que as práticas audiovisuais educativas estão condicionadas à transferência de conhecimento técnico. Podemos criar dinâmicas mais criativas que sejam possíveis a partir da compreensão técnica que já temos ou que buscamos adquirir. São recursos que não precisam ser usados de forma exagerada ou prepotente, já que o mais importante a meu ver é aprendermos (de forma crítica e criativa) novas formas de usos das telas para melhor compreensão do mundo em que vivemos.

Durante a pandemia da Covid-19, podemos nos lembrar de um exemplo: de como foi difícil para muitos professores demandarem de seus alunos e suas alunas uma atenção nas telas para a aprendizagem. Algo que parecia simples, como o fato de gravar um vídeo em casa e enviar para um professor, tornou-se um grande obstáculo devido à falta de orientações mínimas de como as crianças e seus pais poderiam utilizar aquele recurso além do óbvio. Não houve tempo antes da pandemia para que os adultos pertencentes a toda a comunidade escolar aprendessem a utilizar o audiovisual como um recurso de linguagem educativa, no sentido crítico, criativo e pedagógico. Isso dificultou muito o uso das telas nesse período, já que sempre corremos o risco de tentar editar um filme sem saber editá-lo com olhar lúdico para as possibilidades de construção de narrativas em diálogo com as crianças, assim como tentar filmar um roteiro sem saber escrevê-lo. Não houve tempo para nos prepararmos para ocupar a escola pelas telas e isso fez com que a tecnologias audiovisuais deixassem de ser a grande promessa de solução para a renovação das práticas de aprendizagem para se tornar uma batata quente em nossas mãos. Mesmo com uma boa intenção, a falta de prática ou incentivo para usarmos a linguagem audiovisual de forma criativa na escola pode nos levar à frustração de um processo que não dará certo com as crianças devido ao fato de não termos tido a oportunidade de nos capacitar por meio desse novo recurso presente agora no dia a dia da escola.

Quando não tenho intimidade com certo tipo de recurso audiovisual, primeiro busco aprendê-lo para depois testá-lo com as crianças que estão mais próximas de mim, para aí então colocar aquela proposta em prática. Este é um relato de experiência de quem já errou muito sem ter pernas e braços suficientes para dar conta de certos recursos do *mundo das telas.* É por isso que hoje busco realizar cursos para pais e professores para que assim possamos correr o *risco audiovisual* com consciência dos desafios e das fortalezas que estão presentes nesse risco.

Crianças e adolescentes, sobretudo os que têm oportunidade de acesso às telas hoje, possuem maior intimidade com essa linguagem do que nós adultos, pensando, filmando, editando seus próprios vídeos. Somos mais úteis se mediamos um processo que permita que suas vozes se tornem conscientes durante a aprendizagem. Se agirmos sem preparo, talvez a primeira fala das crianças sobre qualquer tipo de assunto poderá se tornar uma fala superficial, moldada àquele que a escuta. Muitas crianças já responderam a mim coisas que nunca entendi quando eu as perguntava o que queriam para o mundo. Eu já ouvi muitas frases que espelhavam um discurso social pré-determinado, mais do que ligados à sua subjetividade, como irei relatar adiante. Faça um teste: ligue uma câmera e peça, sem preparo, para uma criança responder 'o que ela quer para o mundo?'. Ou ela vai te dizer algo como "não jogar o lixo nas ruas" ou ela te dirá aquilo que imagina que você quer ouvir. A não ser que esta seja uma criança com *conscientização de tela*, no sentido crítico da presença da tecnologia em suas vidas, como várias que conheci durante minha jornada como EA.

Tenho convicção de que uma mediação que observa e prepara a criança para um diálogo diante da câmera é muito importante, mais do que simplesmente pedir para ela falar diante do dispositivo. Já percebeu a mudança de humor de uma menina ou um menino quando tentamos convencê-la/lo de tirar uma foto ou de falar algo para um vídeo sem estarem à vontade para fazer isso? Podemos ir mais a fundo sobre essa ideia de autoridade, já que somos adultos em um sistema socioeconômico que oprime as alteridades. Essas questões são centrais na compreensão sobre as identidades contemporâneas, nas quais o discurso é um elemento-chave para a manutenção dos desejos e do poder.

> Por mais que o discurso seja aparentemente bem pouca coisa, as interdições que o atingem revelam logo, rapidamente, sua ligação com o desejo e com o poder. Nisto não há nada de espantoso, visto que o discurso – como a psicanálise nos mostrou – não é simplesmente aquilo que manifesta (ou oculta) o desejo; é, também, aquilo que é o objeto do desejo; e visto que – isto a história não cessa de nos ensinar – o discurso não é simplesmente aquilo que traduz as lutas ou os sistemas de dominação, mas aquilo porque, pelo que se luta, o poder do qual nos queremos apoderar. (FOUCAULT, 1996, p. 10)

Nossos discursos não estão isentos daquilo que permeia a consolidação e a propagação de uma determinada lei, regra, norma, valores presentes na sociedade. Por isso, toda proposta de mediação audiovisual com as crianças está imbuída das relações de ordem e poder, nas quais as crianças podem ser induzidas a um uso das telas permeado por problemas estruturais da sociedade, a exemplo de racismo, machismo, sexismo e *adultocentrismo*. Os discursos também estão presentes nas telas, assim como em nossas casas, nossas escolas, nossas praças públicas e todos os espaços onde é possível a consolidação da "ordem do discurso" (FOUCAULT, 1996, p. 10).

28 [♫] *Descansos de Tela* é o nome do *podcast* que criei durante a escrita deste livro, para debatermos juntos a familiares e educadores a possibilidade de construirmos espaços para outros lugares de expressão sem abrir mão da linguagem audiovisual como um elemento presente na construção da identidade das infâncias. Ouça os episódios em: http://www.oquequeremosparaomundo.com.br/descansosdetela

29 [✹] Pode uma criança falar no mundo das telas? Talvez Spivak diria que não. Mas para que não interpretemos erroneamente sua suposta afirmação, consideramos que as crianças seriam seres oprimidos nas telas pelos mecanismos normativos, que só poderiam permiti-las falar recorrendo ao discurso hegemônico. "Não se pode falar pelo subalterno, mas pode-se trabalhar 'contra' a subalternidade, criando espaços nos quais o subalterno possa se articular e, como consequência, possa também ser ouvido" (SPIVAK, 2010, p. 16).

30 [▸] Conheça o canal de conteúdos do projeto *Memórias do Futuro* no *YouTube:* https://www.youtube.com/channel/UCzIxmhqLv8Ii5ilQXSVeb6A. Acesso em: 02 nov. 2021.

31 [✈] Passamos uma semana em Campo Grande (MS) junto a *brincantes* como Lydia Hortélio e Gandhy Piorski, militantes potentes por uma cultura das infâncias, cuja existência eu desconhecia. Não poderia deixar de citar dois pensamentos que me ajudaram a compreender como a educação audiovisual poderia se aliar à preservação dos modos presentes na cultura das infâncias. Começo por Lydia: "Estou pela revolução que falta, esta revolução da criança. É isso que vai nos tirar desse mal-estar, dessa tristeza generalizada que a gente vê nas pessoas, essa falta de alegria que estamos vivendo". Finalizo com Gandhy: "O gesto da criança diante de tantas formas e matérias do mundo cria um elo desde o chão, passando pelo corpo, até a imaginação."

32 [▸] Assista ao curta-metragem *Amigas de Infância*, realizado pelo coletivo de jovens pesquisadores brincantes do projeto *Memórias do Futuro*. Disponível em: https://youtu.be/ss0Hb7IQ884. Conheça a Aldeia Amambai, em imagens captadas durante a presença do projeto no local: https://youtu.be/0sFVSODZwFo.

33 [▸] Assista ao vídeo-carta *Ore Roipota Tekoha Guasupe*, realizado pelos jovens da Aldeia Amambai Guarani Kaiowá. Assista em: https://oquequeremosparaomundo.com.br/filme-educativo/ore-roipota-tekoha-guasupe/

34 [✹] Censo Demográfico de 2010 do Brasil. Disponível em: https://www.ibge.gov.br/estatisticas/sociais/populacao/25089-censo-1991-6.html?=&t=o-que-e. Acesso em: 02 nov. 2021.

35 [▸] O projeto *Vídeo nas Aldeias* e sua coleção *Cineastas Indígenas para Jovens e Crianças* é um exemplo de prática audiovisual para emancipação de nossos olhares sobres os povos tradicionais e sua diversidade cultural. Disponível em: http://www.videonasaldeias.org.br/downloads/vna_guia_criancas.pdf. Acesso em: 02 nov. 2021.

36 [✹] "Sociedade em rede" é um termo muito usado por Manuel Castells (1999) e busca revelar quais são as dinâmicas econômicas e sociais na era da informação e os efeitos causados pelo impacto das tecnologias da informação na contemporaneidade.

37 [✹] Segundo a visão de que nossa sociedade funciona em redes (CASTELLS, 1999), poderíamos dizer que as relações humanas passam a se organizar em ambientes multimídias, com uma presença digital que passa a ser relevante. Ao observamos a dinâmica da vida contemporânea, está cada vez mais claro que esta se desloca nas relações entre o espaço e o tempo. Somos extremamente apressados no dia a dia e isso faz com que a velocidade acelerada nos tire a atenção para o que está acontecendo diante das influências causadas pelas telas na vida das crianças, sejam elas positivas ou negativas. Com o aumento do acesso diário à internet e ao mundo digital, a experiência das crianças com esse universo começa cada vez mais cedo, aumentando a preocupação de mães, pais, educadoras e educadores diante da segurança e da saúde socioemocional de suas filhas, filhos, alunas e alunos. Esse contexto nos faz aceitar que as telas hoje já fazem parte da construção direta ou indireta da identidade das crianças.

As identidades na sociedade em rede, segundo Manuel Castells (2018, p. 54), são compreendidas como a fonte de significado e experiências de um povo, um processo de construção de significado com base em um atributo cultural, um conjunto de atributos culturais inter-relacionados, que prevalecem sobre outras fontes de significado. Do ponto de vista sociológico, em uma compreensão das identidades coletivas, a identidade é algo construído pelo sujeito em sua relação com o mundo, também marcado por influências das estruturas de poder.

Para Castells, as identidades são distintas em três formas no que diz respeito à sua construção. As *Identidades Legitimadoras* seriam aquelas introduzidas pelas instituições dominantes da sociedade no intuito de expandir e racionalizar sua dominação em relação aos atores sociais. Por que não pensar sobre quais são as estruturas de poder que dominam os meios de comunicação típicos da sociedade em rede e como interessa a elas influenciar uma identidade pela qual as crianças devem ver e fazer filmes? Legitimar um padrão de comportamento mediado pelas telas é controlar a forma pela qual a criança pode ter um lugar de fala nos ambientes digitais. Precisamos estar atentos aos conteúdos que são oferecidos para as crianças durante nossas práticas formativas. Até que ponto estamos legitimando um discurso autoritário por trás da imagem em movimento? Mais à frente, abordaremos aspectos sobre a importância da curadoria de telas para que possamos lidar com essa questão.

Segundo Castells, um dos tipos de identidade mais importante a ser criado são as *Identidades de Resistência*. Elas seriam desenvolvidas por atores sociais em posição de desvalorização ou, por que não, subalternidade, estigmatizados pela lógica da dominação que podem então promover trincheiras de luta com base em princípios que se opõem à hegemonia dos discursos dominantes. Essa é uma posição muito cara a nós, Educadores

Audiovisuais, que buscamos disseminar uma consciência crítica sobre as diversas formas de as crianças estarem presentes no *mundo das telas*. Torna-se necessário o desenvolvimento de estratégias de resistências, como a formulação de políticas públicas que insiram o audiovisual como uma linguagem fundamental a ser debatida, aprendida e ensinada por meio do afeto e da autonomia.

Já as *Identidades de Projetos*, para o autor, são aquelas construídas a partir dos atores sociais que se engajam por meio de materiais culturais ao seu alcance para construírem uma nova identidade capaz de redefinir sua posição na sociedade, um projeto que possa transformar as estruturas sociais. Assim como o feminismo, um movimento que nasce para lutar contra as opressões impostas pelo patriarcalismo, pelas estruturas de produção e reprodução *falocêntrica*. Poderiam os EAs construírem, a partir das telas, um novo projeto capaz de transformar as estruturas sociais?

Educadoras Audiovisuais poderiam desenvolver *Identidades de Resistência*, além de estimular nas crianças o desenvolvimento de *Identidades de Projetos*, já que ambos, educadores e crianças, podem também ser vistos como reféns de padrões fundados em questões como a falsa liberdade de acesso a conteúdos disponíveis na internet. No *mundo das telas*, existem questões que afetam nossa relação com a vida. Alguns exemplos são: como o *algoritmo* e o *marketing* digital das empresas buscam atrair os olhares dos usuários infantis; a falta de preparo de aulas quando se trata de utilizar o audiovisual como linguagem para ensino e aprendizagem; a obsolescência programada dos dispositivos tecnológicos, para que nos obriguemos a consumir mais e mais telas; a *disneytização* ou exaltação de pensamentos como a valorização de heróis em filmes produzidos por países colonizadores; o boicote à imaginação espontânea; além do compartilhamento de vídeos baseados em *fake news*, para usarmos um exemplo de um debate bastante atual sobre o excesso de compartilhamento de informações sem verificação de fontes corretas. Cada tipo de processo de construção de identidade leva a um resultado distinto no que tange à constituição da sociedade (CASTELLS, 2018, p. 24).

38 [✈] Devido à falta de intimidade, medo no uso e falta de acesso adequado às tecnologias educativas, que são empecilhos frequentes para as professoras e os professores, criei de forma voluntária em 2019, na Escola Estadual Mestra Virgínia Reis, em São Gonçalo do Rio das Pedras, distrito de Serro (MG), a formação continuada intitulada P.E.TEC.A – Programa de Educação e Tecnologia para a Autoconfiança. Durante a pandemia da Covid-19, a escola, assim como milhares no mundo, passou por uma pressão para que fossem utilizadas tecnologias durante o isolamento, e o programa da escola amadureceu em uma proposta participativa junto aos professores, professoras e gestor da escola, para criação da iniciativa *Nossa Escola Digital Mestra Virgínia Reis* (www.nossaescoladigital.com.br). Essa iniciativa contribuiu para que novas abordagens de ensino-aprendizagem, além da gravação de videoaulas expositivas, fossem colocadas em prática, atreladas a competências gerais da BNCC – Base Nacional Comum Curricular, como a inserção da cultura digital na escola. O Nossa Escola Digital Mestra Virgínia Reis passou a fazer parte do Projeto Político Pedagógico da escola e hoje esta é reconhecida por tal iniciativa.

39 [✻] Os livros *Microfísica do poder* (1990) e *Vigiar e punir: nascimento da prisão* (1977), de Michel Foucault, são ótimos estudos para aprofundar sobre aquilo que o pensador chamou de "crise da sociedade disciplinar". Ambos os títulos são mencionados nas referências bibliográficas deste livro.

40 [✻] Na abordagem de Milton Santos (1999), pelo viés da geografia e das ciências humanas, a ideia de território possui outras significações, com uma importância para as dimensões identitárias e de pertencimento dos sujeitos:

> A configuração territorial é dada pelo conjunto formado pelos sistemas naturais existentes em um dado país ou numa dada área e pelos acréscimos que os homens superimpuseram a esses sistemas naturais. A configuração territorial não é o espaço, já que sua realidade vem de sua materialidade, enquanto o espaço reúne a materialidade e a vida que a anima. (SANTOS, 1996, p.51)

A partir dessa perspectiva, poderíamos dizer que existiria uma diferença entre os conceitos de espaço e território, por vezes vistos como sinônimos. Já percebeu como fazemos uso dessas palavras no cotidiano? Por exemplo, quando falamos de uma aula que será transmitida em um espaço virtual, estão presentes tanto a ideia de um espaço neutralizado, quanto a ideia da virtualidade. Seria válido pensar o *mundo das telas* como um território, onde diferentes culturas dialogam e interagem. Penso as telas como um território das infâncias, um lugar onde suas identidades também são construídas. Como nos esclarece Milton Santos,

> O território não é apenas o conjunto dos sistemas naturais e de sistemas de coisas superpostas. O território tem que ser entendido como o território usado, não o território em si. O território usado é o chão mais a identidade. A identidade é o sentimento de pertencer àquilo que nos pertence. O território é o fundamento do trabalho, o lugar da residência, das trocas materiais e espirituais e do exercício da vida. (SANTOS, 1999, p. 7)

Esse pertencimento ao território digital nos coloca em dúvida em relação à possibilidade de estarmos ou não o habitando como um lugar para o exercício da vida, por meio de trocas materiais, assim como espirituais. É comum, durante os problemas técnicos em um início de uma reunião *telepresencial*, perguntarmos se "todos estão me ouvindo?" Ou "conseguem me ver?". Essa imprevisibilidade do deslocamento entre espaço-tempo nos faz questionar nossa existência e permanência nas telas. Eu mesmo não consigo parar de olhar para minha própria imagem nessas reuniões, talvez pelo fato de ter medo de perder o chão de onde estou nesse novo território para trocas com o outro. Poderíamos imaginar que hoje somos sujeitos interconectados no *mundo das telas*, onde a informação e os dados permeiam nossas relações. Segundo Pierre Lévy (1993):

> Qual a imagem que sobressai desta dissolução do sujeito cognitivo em uma microssociedade biológica e funcional de base, e de sua imbricação em uma megassociedade povoada por homens, representações, técnicas de transmissão e de dispositivos de armazenamento, no topo? Quem pensa? Não há mais sujeito ou substância pensante, nem "material", nem "espiritual". O pensamento se dá em uma rede na qual neurônios, módulos cognitivos, humanos, instituições de ensino, línguas, sistemas de escrita, livros e computadores se interconectam, transformam e traduzem as representações. (LÉVY, 1993, p. 135)

Ao digitarmos um "www", abreviação de *World Wide Web*, tornamo-nos parte de uma *sociedade em rede hipermidiatizada*, que se relaciona com o outro a partir de vídeos, sons, *hiperlinks*, fotografias e diversos tipos de dados. As telas são constituídas por uma cultura em constante transformação, em que as autoridades culturais, que agenciam as relações sociais por meio das tecnologias na lógica capitalista *algorítmica*, controlam por meio de nossos dados pessoais os perfis de comportamento digital e como podemos ou devemos proceder nesses espaços.

A consciência crítica sobre esse funcionamento das estruturas do *mundo das telas* poderia gerar maior autonomia para lidarmos com isso. Ou seja, dependendo da forma como somos educados *audiovisualmente*, podemos criar mecanismos de preservação e de resistência a certas estruturas impostas ou supostamente invisíveis ou imperceptíveis, mas que estão ali agenciando nossas relações virtuais. No entanto, as crianças talvez não tenham ainda possibilidade de entender e lidar com isso, o que poderia apontar um limite dessa relação delas com as telas, a exemplo da criança poder conversar com pessoas estranhas, que se fazem passar por outras crianças. Um limite aí de tensão permanente sobre as potencialidades e os perigos dessas relações virtuais.

O acesso globalizado à tela faz com que exista um caráter de *hibridismo* das identidades das crianças hoje. Surge então uma possibilidade para que os Educadores e as Educadoras Audiovisuais proponham novos espaços de enunciação, espaços no sentido de alargamento dos *lugares de fala*, neste novo território compreendido aqui como o *mundo das telas*. Um lugar que resista e também crie um novo projeto para se contrapor às ideias hegemônicas daqueles que dominam os discursos por meio da linguagem audiovisual. Penso que o meio digital abre brechas possíveis para que as crianças explorem uma possibilidade de lugar para colocarem-se, manifestarem-se, exprimirem-se. Como problematiza o pesquisador pós-colonialista Homi Bhabha (2019), a globalização e a diluição das fronteiras geográficas rígidas do mundo contemporâneo poderiam ser estendidas também para este novo território do *mundo das telas*, possibilitando a criação destes *hibridismos culturais*, encontros entre diferentes posicionamentos e culturas na criação de um Terceiro Espaço de enunciações. Nas palavras do autor:

> O Terceiro Espaço de enunciações constitui a condição prévia para a articulação da diferença cultural. [...] É significativo que as capacidades

produtivas desse Terceiro Espaço tenham proveniência colonial ou pós-colonial. Isso porque a disposição de descer àquele território estrangeiro pode revelar que o reconhecimento teórico do espaço-cisão da enunciação é capaz de abrir o caminho à conceituação de uma cultura *inter*nacional baseada não no exotismo do multiculturalismo ou na *diversidade* de culturas, mas na inscrição e articulação do *hibridismo* da cultura. Para esse fim deveríamos lembrar que é o "inter" – o fio cortante da tradução e da negociação, o *entre-lugar*, que carrega o fardo do significado da cultura. Ele permite que se comecem a vislumbrar as histórias nacionais, antinacionalistas, do "povo". E ao explorar esse Terceiro Espaço, temos a possibilidade de evitar a política da polaridade e emergir como os outros de nós mesmos. (BHABHA, 2019, p. 76)

Ao interrogar as identidades, Bhabha (2013), em seu livro *O local da cultura*, traz o conceito do *entre-lugar*, um outro espaço de enunciação no qual o *hibridismo* cultural poderia exercer uma influência sobre a construção das identidades. É importante ressaltar que o autor trata aqui especificamente do impacto da relação entre as culturas do colonizador e do colonizado no contexto atual, entendendo que elas teriam uma zona de mistura compartilhada por esse hibridismo das culturas. De maneira semelhante, poderíamos também pensar nas relações com o mundo das telas, um espaço híbrido, atravessado pela problemática das identidades e pela relação entre o mundo real e o mundo virtual. Identifico-me com esse pensamento no sentido de que um lugar de *hibridismo* poderia formar um perfil identitário que não é *"nem um, nem outro"* (BHABHA, 2013, p. 56), que se movimenta com fluidez por essa polaridade.

A partir do momento em que nos rebelamos diante das expectativas de poder de poucos sobre muitos, agora reproduzidas também no universo das telas, levantamos a oportunidade da criação de um movimento social que resiste por meio das práticas culturais exercitadas nesse novo território. Se pensarmos nas práticas artísticas do audiovisual, do cinema, por exemplo, em um mundo atravessado por essas relações de poder e colonialidade, ele se tornaria um lugar mencionado por Bhabha como o de um *Terceiro Cinema*, esse típico universo de "diversos cineastas e críticos que são exilados ou refugiados no Ocidente e vivem de forma problemática, frequentemente perigosa, às margens 'esquerdas' de uma cultura liberal eurocêntrica e burguesa" (BHABHA, 2013, p. 50).

Quando o cinema passa a ser produzido neste contexto de territórios tipicamente *híbridos*, em um *entre-lugar* onde as imagens são filmadas e registradas, cria-se então um *deslocamento cultural*, a partir do qual nossas identidades são interpostas junto àquela nova cultura que também passa a nos constituir. A internet tornou-se um ambiente potencial em que diferentes culturas podem ser colocadas em contato, e cria oportunidade de ampliação dos repertórios de conhecimento, além da invenção de novos dispositivos audiovisuais para ensinarmos e aprendermos com as diferenças. Um exemplo disso foi quando estive em Angola para exibir meu longa-metragem e realizar oficinas. Embora relate mais sobre essa experiência à frente, não poderia deixar de comentar aqui sobre uma imagem que transformou sutilmente meu olhar sobre a desigualdade racial. Nunca tinha ido a um país africano como Angola e talvez só depois dessa viagem pude entender como os traços da cultura angolana estão presentes em minha própria identidade.

Foi a partir de um contato, primeiramente pelas redes sociais da internet e depois presencialmente, que pude perceber como é belo sermos diferentes. Relato a seguir como consegui tirar uma fotografia que tanto me tocou. Meu celular estava com a câmera ligada para tirar uma foto durante a oficina que realizava para as crianças do *Lar de Infância Kuzola*, em Luanda, em julho de 2017. Ao me distrair com o celular ligado, a câmera ficou apontada para minha mão em cima de uma mesa. Oito crianças vieram até mim e perceberam a câmera ligada, começando a tocar minha mão branca, com pelos, que parecia ser tão diferente para elas. Elas davam gargalhadas ao brincarem de fazer um filme com diversas mãos em um *plano detalhe* no qual os dedos das crianças eram como seus corpos inteiros em dança. Emocionado com o toque da pele das mãos das crianças, consegui fotografar aquela experiência de afeto com elas.

Poderia descrever a fotografia como o registro de uma experiência entre cores de pele: as mãos pretas de crianças angolanas misturadas com minha mão branca, na qual a incidência da luz que entrava pela janela fez com que uma paleta de cores formasse sob meus olhos o encanto da beleza das diferenças físicas que temos. Cada pele tem sua própria cor, com diversas tonalidades de pretos, marrons e brancos.

Tem muitas coisas que não conseguimos mudar sozinhos, mas sozinhos conseguimos mudar a nós mesmos a partir da ampliação de nossas visões de mundo de acordo com o que mediamos. Essas experiências emergem durante os processos de ensino-aprendizagem que propomos por meio das telas. Uma sensibilização do olhar para os mundos das crianças, pois cada uma delas tem sua própria identidade, assim como formas diferentes de se comunicarem além da oralidade: um pulo para dizer *eu te amo*, um chute na canela para dizer que não gostou, um silêncio para dizer que quer ficar sozinha, um pensar alto para dizer que está brincando de imaginar o mundo. Por isso, precisamos investigar essas diferentes formas de expressão, utilizando a câmera como um dispositivo terapêutico, por meio da qual seria possível podermos nos sentar com calma e nos dispormos a ouvir o outro, sendo as telas uma espécie de *divã*. Isso só seria possível para as crianças no devir do espaço-tempo construído nesta relação ou compreensão do cinema e do audiovisual como um *Terceiro Espaço*.

As crianças habitam esse novo espaço de enunciação quando se relacionam mediadas pelas telas. Articulam as diferenças culturais entre um lugar e outro, em que a identidade é formada por diversas representações do simbólico, um processo resultante da interculturalidade contemporânea em fricção aos padrões de identidade globalizada projetada nos cinemas, TVs ou novos formatos de tela. Um emaranhado de agenciamentos sociotécnicos entre os sujeitos, envolvendo um esforço pela interação das imagens em movimento. Narrar quem somos por meio das telas passa a constituir uma forma de estar presente no mundo. Quando as crianças tomam consciência de uma percepção sensível sobre a realidade, descobrem que podem então criar narrativas pelas telas, estas capazes de mostrá-las presentes no mundo. Tais narrativas podem se desdobrar em um caráter colonizador ou emancipatório, dependendo de como são constituídas.

Penso que as narrativas audiovisuais podem ser trabalhadas com um propósito emancipatório, no qual possamos contribuir para que as crianças percebam que existe um respeito diante de suas alteridades e lugares de fala. Algo que permita que elas expressem quem são e o que querem para o mundo. Imaginem quantos filmes incríveis surgiriam em nossas telas a partir dessa perspectiva ainda pouco explorada. Tenho convicção de que o *mundo das telas* poderia contribuir para um intercâmbio das identidades dos educadores que ensinam e aprendem em escolas com pouca flexibilidade para alteração de suas estruturas. Nós, Educadores e Educadoras Audiovisuais, poderíamos contribuir, por meio das telas, para a fomentação de iniciativas como programas e cursos para professoras e professores de escolas públicas e privadas, para que juntos possamos promover a troca de peles de *Identidades Legitimadoras* para *Identidades de Resistência* e de *Projetos* (CASTELLS, 2018) que nos leve a uma pedagogia do fazer.

Gosto muito como Stuart Hall (2001) traz em suas discussões este apontamento sobre as *crises de identidades* que entraram em colapso no século XX. As identidades passaram a ser vistas ou reconhecidas a partir de lugares menos estanques e mais fragmentários, reconhecidas como um processo sempre em construção, em que categorias como classe, gênero, sexualidade, etnia, raça e nacionalidade adquiriram importância significativa para a compreensão sobre as relações de poder, as ações políticas e culturais.

Entre o mundo pessoal, de quem eu sou, para o mundo público, como atuo no mundo, a identidade é aquilo que costura o sujeito à estrutura, articulando os sujeitos e os mundos culturais em que eles habitam. São exatamente essas formas unificadas da identidade que estavam se fragmentando naquele momento, deixando assim uma característica de identidade fixa, que se abre na relação com várias identidades que se relacionam com outros tipos de identidades, levando-as a uma impermanência e à flexibilidade. Como esclarece Hall:

> Assim, em vez de falar da identidade como uma coisa acabada, deveríamos falar de identificação, e vê-la como um processo em andamento. A identidade surge não tanto da plenitude da identidade que já está dentro de nós como indivíduos, mas de uma falta de inteireza que é "preenchida" a partir do nosso exterior, pelas formas através das quais nós imaginamos ser vistos por outros. (HALL, 2001, p. 39)

Na perspectiva de Hall, a identidade nunca pode ser vista como algo que a gente possui, como uma essência interna e subjetiva, mas ao contrário, uma identidade está sempre em processo de permanente construção. Nossa identidade caminha em sintonia com aquilo que imaginamos ser visto por outros, algo intimamente ligado à alteridade. Ela se constrói na relação coletiva com o outro, na qual moldamos o que somos a partir do modo como imaginamos ser vistos. Por isso, as telas como um território de aprendizagem, e não apenas como meio de entretenimento, tornam-se fundamentais para que as crianças não desejem moldar quem são de acordo com certos *estereótipos* os quais são levadas a adorarem. Se antes olhávamos para um grupo de amigos e amigas, nossos familiares e nossos professores como espelhos para imaginarmos quem somos, hoje também temos a possibilidade de criar a relação com o outro nos ambientes digitais. Nesse sentido, também *no mundo das telas* não existiria uma essência identitária, ainda mais para a cultura das infâncias em constante movimento. Se hoje digo que sou isso, amanhã poderei ser aquilo.

41 [✱] Para o antropólogo Néstor García Canclini (1995), essas novas práticas comunicacionais consideram a relação entre identidade e cidadania em sociedades urbanas globalizadas, amplamente conectadas com uma visão dos estudos culturais na América Latina, compõem o lado marginal, subdesenvolvido e do terceiro mundo.

> A identidade surge, na atual concepção das ciências sociais, não como uma essência intemporal que se manifesta, mas como uma construção imaginária que se narra. A globalização diminui a importância dos acontecimentos fundadores e dos territórios que sustentavam a ilusão de identidades a-históricas e ensimesmadas. Os referentes de identidade se formam, agora, mais do que nas artes, na literatura e no folclore – que durante séculos produziram signos de distinção das nações –, em relação com os repertórios textuais e iconográficos gerados pelos meios eletrônicos de comunicação e com a globalização da vida urbana. (CANCLINI, 1995, p. 124)

As narrativas dos sujeitos subalternos são agora transmitidas em *streaming* pela internet, rompem com a lógica de transmissão da informação típica dos circuitos de comunicação de massa e desenvolvem, com isso, novos modelos de comunicação. O conteúdo produzido por uma criança não está mais centralizado, a exemplo de um texto escrito na escola ou um desenho feito em casa. Quando a criança produz um vídeo e seus pais postam na internet, diversas pessoas começam a ter contato com suas imagens. Será que as crianças têm noção do nível de exposição que suas imagens possuem hoje nas redes sociais? Países como Portugal não permitem a veiculação de imagens das crianças nos *sites* de suas escolas, por uma questão de segurança e direito de imagem.

Cabe a nós, adultos, revelar quais seriam os melhores caminhos para que haja uma proteção dos conteúdos produzidos com e para as crianças, a partir de cuidados legais, como contratos e termos de uso de imagens e sons com consentimento não só dos pais, mas também das crianças. Talvez poderíamos pensar nas telas como ferramentas mediadoras de um novo espaço de criação e de transfiguração de nossas identidades em âmbito local, para que possamos usufruir da experiência audiovisual de forma ética. Não são as telas que fazem, que levam, que produzem essas ações, somos nós mesmos quando nos apropriamos delas e as direcionamos para uma possível mudança na forma de sentirmos, agirmos e procedermos no mundo real. Como afirma o sociólogo Zygmunt Bauman (2003), são muitos medos e ansiedades que nos assombram ao pensar que as identidades das crianças também são construídas e mediadas pelas telas. Deveríamos nos unir no sentido de redes de apoio, já que agora podemos perceber o quanto o audiovisual influencia na construção da nossa própria identidade.

> "Identidade" significa aparecer: ser diferente e, por essa diferença, singular – e assim a procura da identidade não pode deixar de dividir e separar. E no entanto a vulnerabilidade das identidades individuais e a precariedade da solitária construção da identidade levam os construtores da identidade a procurar cabides em que possam, em conjunto, pendurar seus medos e ansiedades. (BAUMAN, 2003, p. 21)

No meu caso, essa influência existe desde quando eu era criança. Estou cada vez mais certo de que todos nós podemos nos tornar Educadores e Educadoras Audiovisuais. Ora, se educar é algo que se aprende por meio de nossas vivências nas práticas culturais cotidianas e na troca com o outro, então devemos buscar conhecer melhor as telas, de maneira crítica, apartada de *pré-conceitos*, buscando um entendimento amplo sobre as transformações sociais, sobre as mudanças nos suportes tradicionais de leitura, escrita e criação de conteúdos audiovisuais, por exemplo, e sobre como essas mudanças não trazem em si mesmas qualidades boas ou ruins: são os usos que fazemos das ferramentas e suportes que podem nos trazer consequências inovadoras ou repetitivas, éticas ou reprováveis, transformadoras ou destrutivas. Nada melhor do que sermos educados tecnologicamente para educarmos em um mundo no qual as telas estão cada vez mais presentes, ou presentes até demais em nossas vidas.

Piscadas 3 [Relatos de um Educador Audiovisual]: https://oquequeremosparaomundo.com.br/piscadas3

42 [✷] KRISHNAMURTI. Jiddu. A cultura e o problema humano. São Paulo: Cultrix, 1973. Disponível em: https://krishnamurtibox.files.wordpress.com/2015/09/a-cultura-e-o-problema-humano-j-krishnamurti.pdf. Acesso em: 02 nov. 2021.

43 [▸] Acesse o *site* do projeto *Curta Circuito*, que deixou de ser um cineclube e se tornou uma mostra permanente de mais de 20 anos de atuação no circuito de exibições audiovisuais no estado de Minas Gerais: http://www.curtacircuito.com.br/

44 [⬣] Faça *download* da versão digital do *Inventário dos Pequenos Futuristas – Volume 1* e pratique as diversas propostas de medi(t)ações audiovisuais descritas nele: https://oquequeremosparaomundo.com.br/catalogos-exposicoes/

45 [▸] Os símbolos podem ser vistos acessando o *link* de apresentação do '*O que queremos para o mundo?*' em sua plataforma digital: https://www.oquequeremosparaomundo.com.br/sobre-nos/

46 [▸] Confira a primeira vinheta realizada pelo projeto '*O que queremos para o mundo?*', que tinha como objetivo estimular que familiares enviassem seus vídeos gravados com outras crianças em resposta à pergunta lançada: https://www.youtube.com/watch?v=-z486wzilyms

47 [▸] A mídia social *ItsNoon* permitiu que nosso projeto ganhasse um alcance em todo o Brasil e pudesse então ampliar opiniões de mães, pais e educadores ao partilharem o que as crianças pertencentes a ciclos de convívio queriam para o mundo. Acesse o *site* https://www.itsnoon.net/ e confira algumas criações na piscada virtual.

48 [✈] Convido-os a assistir a algumas dessas experiências, por meio desta piscada. Detalho como essas oficinas se organizavam por meio das ementas, faixa-etárias, materiais usados, planejamento pedagógico, entre outras informações. Chegamos a criar na equipe, eu e Bruna, que foi a primeira coordenadora pedagógica do nosso projeto, um guia para auxiliar todos que realizam as oficinas comigo e assim facilitar as dinâmicas com as crianças. As ementas das oficinas revelavam os objetivos por trás dos temas e a necessidade de trabalharmos diversas expressões, como a expressão corporal, oral, visual e outras, até chegarmos na expressão audiovisual.

> **Luz, Câmera, AÇÃO!** | Reflexão | 50 min. a 3h | 5 a 7 anos ou 7 a 9 anos ou 9 a 12 anos.
> As crianças irão refletir sobre possíveis "ações" que auxiliem no desenvolvimento social e ambiental, apresentando diante à câmera seus desenhos e ideias para um mundo melhor. Os vídeos serão gravados pelas próprias crianças utilizando claquetes, tripés, câmera digital e artefatos lúdicos do Cinema. No fim da oficina será exibido o vídeo produzido pelas crianças, além de serem veiculados nas redes sociais do projeto. Exemplos: https://www.youtube.com/watch?v=a09dGxqwaYY
>
> **Cartas à Natureza** | Literatura | 3h | 7 a 9 anos ou 10 a 12 anos.
> Se você pudesse escrever uma carta para as plantas ou para os animais que vivem na natureza, como seria? As crianças irão escrever suas cartas e apresentar, diante da câmera, sua carta e ideias para um mundo mais sustentável. Os vídeos serão gravados pelas próprias crianças, utilizando claquetes, tripés, câmera digital e artefatos lúdicos do Cinema. No final da oficina, será exibido o vídeo produzido pelas crianças para os familiares e visitantes do local de realização da oficina, além de serem veiculados nas redes sociais. Exemplos: https://www.youtube.com/watch?v=TgcmrYzxH04 e https://www.youtube.com/watch?v=XvEpHZox5gk
>
> **Origamis Animados** | Dobraduras de Papel e Animação | 3h | 7 a 9 anos
> As crianças farão origamis e, a partir deles, criarão um vídeo de animação *stop-motion*, potencializando suas expressões emocionais, corporais, orais e visuais. O conceito da oficina se baseia no mito japonês dos pássaros Tsurus, que preconiza que a pessoa que dobrar mil aves terá seu pedido realizado.

Exemplos: https://www.youtube.com/watch?v=fp6Dl8c3sqI e https://www.youtube.com/watch?v=JfgwUIKWnyg

Mural dos Sonhos | Artes Visuais | 2h ou 3h | 5 a 7 anos ou 7 a 9 anos ou 9 a 12 anos
Oficina de caráter expositivo que consiste em decorar com desenhos em espécie de *storyboard* um mural intitulado "dos sonhos", com soluções para um mundo melhor. Exemplo: https://www.youtube.com/watch?v=b2GGF-J4ci8o

Desenhos Animados | Desenhos, Pintura e Animação | 3h | 7 a 9 anos ou 9 a 12 anos
Nesta oficina, as crianças são convidadas a cocriar um desenho animado e a narrativa será construída a partir do tema proposto por elas. Serão utilizadas dinâmicas com ferramentas audiovisuais, em que todos colaboram para o desenvolvimento do desenho idealizado e produzido por elas. Exemplos: https://www.youtube.com/watch?v=BenkSiw7bT8&t=6s e https://www.youtube.com/watch?v=7ryfw_nHX8c&t=1s

Pequenos Futuristas | Reflexão | 3h | 7 a 9 anos ou 9 a 12 anos
Uma oficina que convida para criação de histórias futuristas, como projetar invenções mirabolantes e ideias para serem construídas e usadas no presente ou no futuro. As crianças expõem no vídeo por meio de desenhos suas ideias e invenções para um mundo mais sustentável. Exemplos: https://www.youtube.com/watch?v=anLEBZFmS6c&t=6s e https://www.youtube.com/watch?v=6Ov_MUgczA0&t=79s

49 [▶] Baixe o material de educação audiovisual chamado *Caderno do Multiplicador II* por meio do link: https://oquequeremosparaomundo.com.br/cadernodosmultiplicadores2/

50 [▶] *Stop Motion*, quadro a quadro em português, é uma técnica de animação muito usada na produção audiovisual. Utilizam-se desenhos ou objetos reais, além de diversos materiais, como madeira, massinha e tecido, para a construção de personagens e dos cenários. São necessários 24 quadros em média para se obter 1 segundo de animação. Confira um exemplo de animação *stop motion* em nossa coletânea de invenções criadas pelas crianças para solucionar problemas do mundo da natureza. O conteúdo faz parte do resultado das oficinas realizadas para criação da publicação de educação audiovisual *Inventário dos Pequenos Futuristas – Volume 1*, disponível em: https://www.youtube.com/watch?v=KVLwtqq-yDM&t=62s

51 [●] Você pode realizar de forma simples em casa ou na escola algumas de nossas oficinas e brincadeiras por meio do *Inventário de Brincadeiras Audiovisuais*. Confira: https://oquequeremosparaomundo.com.br/cadernodosmultiplicadores2/

52 [▶] Assista ao *making of* do projeto especial #FériasNoPátio *'O que queremos para o mundo?'* disponível em: https://www.youtube.com/watch?v=b2GGFJ4ci8o

53 [▸] Assista ao vídeo realizado durante a oficina em Capivari em 9 de dezembro de 2014, no evento *Dezembro Solidário*, organizado pela Associação Comunitária de Capivari e Ecovila Ayrumã: https://youtu.be/yPLKWgSpv3M

54 [▸] Um dos primeiros vídeos produzidos pelo projeto '*O que queremos para o mundo?*' em 29 de junho de 2012 foi o "Caderno de Boas Ideias", em que surgiam ali os primeiros temas imaginados pelas crianças a partir de um olhar socioambiental. As crianças escolheram jovens para encenar de forma ficcional duas situações relacionadas a temas como a mobilidade urbana e a fonte de energia renovável. No vídeo, um jovem sem dinheiro para comprar um carro aprende a andar de bicicleta ao conseguir uma emprestada. A cartela final assina com "Ande mais de bicicleta. Bom para natureza. Bom para você". No segundo capítulo, crianças estão em uma praça em dia de chuva e a energia elétrica acaba na cidade. Elas resolvem construir um cata-vento gigante que representa a possibilidade de energia eólica para a cidade e o vídeo termina com "Os escoteiros de Goiás tiveram uma grande ideia... e a energia voltou". Acesse em: https://www.youtube.com/watch?v=W6mSH6OFnfw

55 [▸] *O mundo encantado* é uma animação realizada com 181 desenhos de crianças que participaram das oficinas do '*O que queremos para o mundo?*' durante um mês nas #FériasNoPátio, no Shopping Pátio Savassi. O filme foi exibido no Cinemark Pátio Savassi no fim das férias de julho de 2014: https://www.youtube.com/watch?v=BenkSiw7bT8

56 [✈] Conheça a *Claqueto-Câmera Imaginária* idealizada por Igor Amin em parceria com o Estúdio Herthel no ano de 2017: www.oquequeremosparaomundo.com.br/claquetocameraimaginaria

57 [♫] Exemplifico algumas reflexões de Gil sobre a relação entre ciência, tecnologia, futuro e humanidade, por meio de suas músicas como: Futurível (1969): "Seus olhos talvez sejam de cobre, seus braços de estanho. Não se preocupe, meu sistema manterá. A consciência do ser"; Cérebro Eletrônico (1969): "O cérebro eletrônico faz tudo. Quase tudo. Quase tudo. Mas ele é mudo"; Parabolicamará (1991): "Do tamanho da antena parabolicamará. Ê, volta do mundo, camará. Ê-ê, mundo dá volta, camará"; Pela Internet (1997): "Com quantos gigabytes. Se faz uma jangada um barco que veleje"; e Banda Larga Cordel (2008): "Diabliu de menino internetinho. Sozinho vai descobrindo o caminho. O rádio fez igual com seu avô", músicas que sempre fizeram parte das minhas *playlists*.

Acesse a *playlist* em: https://open.spotify.com/playlist/0Jw5IEtYodLJo5y7GgGvTx?si=-gsSrJn6TR6iUqMf4_3JWdQ

58 [▸] Assista à *Entrevista* realizada com Gilberto Gil em 2010 no evento Feira Música Brasil, em Belo Horizonte (MG). Disponível em: https://www.youtube.com/watch?v=s_VSO_Omhf0

59 [▸] Cozinha de rua | Igor Amin, MG, 2009, 6'. Sinopse: Igor Amin e seus amigos foram até o local onde vivem seus vizinhos Maria Antônia e Geraldo para trocar conversas,

distrair e se alimentar com uma deliciosa sopa a céu aberto. Disponível em: https://www.youtube.com/watch?v=KkMbPGthDJA

60 [♫] Você pode me assistir tocando o mantra Baba Nam Kevalam no meu IGTV do Instagram. Disponível em: https://www.instagram.com/tv/CAh8CME-l7A9P-fRGQbDakpGPtKxjMwfT2B6HBI0/?igshid=bvymoc7s63e6

61 [▸] Confira o videoclipe seriado da canção *Mãe Ana*, de Mãeana. Disponível em: https://www.youtube.com/watch?v=AfypKsfsCus

62 [✷] Acesse o Relatório anual do Fundo das Nações Unidas para a Infância de 2017, intitulado *Situação Mundial da Infância 2017: Crianças e adolescentes em um mundo digital* em: http://www.crianca.mppr.mp.br/arquivos/File/publi/unicef_sowc/sit_mund_inf_2017.pdf.

63 [✷] CUNHA, Raquel Pacheco Mello. **Cinema e Educação. Estudos de Caso no Brasil e em Portugal.** Lisboa, 2016. Disponível em: https://run.unl.pt/handle/10362/18469. Acesso em: 15 dez. 2019.

64 [✷] O final da declaração chama muito a atenção, já que me sinto parte daquilo que é reportado por ela:

> A educação para os *media* será mais eficaz quando pais, professores, profissionais dos media e decisores políticos, enfim todos reconhecerem que têm um papel a exercer no desenvolvimento de uma maior consciência crítica entre ouvintes, espectadores e leitores. A maior integração dos sistemas educacional e de comunicação seria indubitavelmente um passo importante para uma educação mais eficaz. Assim, convocamos as autoridades competentes para que: 1. iniciem e apoiem programas de educação para os *media* abrangentes - do pré-escolar ao nível universitário, e na educação de adultos - cujo objetivo seja desenvolver os conhecimentos, capacidades e atitudes que encorajem o crescimento da consciência crítica e, consequentemente, de uma maior competência entre os usuários dos media eletrônicos e impressos. Idealmente, tais programas deverão incluir a análise de produtos de *media*, o uso de *media* como meios de expressão criativa, e o uso e a participação eficazes nos canais de media disponíveis; 2. desenvolvam cursos de formação para professores e outros agentes educativos tanto para aumentar os seus conhecimentos e a compreensão dos *media* como para os preparar nos métodos de ensino apropriados, que terão em conta a familiaridade com os *media* já considerável, mas ainda fragmentada, que muitos alunos já possuem; 3. estimulem atividades de investigação e desenvolvimento em benefício da educação para os *media*, em domínios tais como a psicologia, a sociologia e as ciências da comunicação; 4. apoiem e fortaleçam as ações realizadas ou previstas pela UNESCO com o objetivo de encorajar a cooperação internacional na educação para os *media*.

Declaração de Grünwald sobre educação para os media. Grünwald, República Federal da Alemanha, 22 de janeiro de 1982. Disponível em: https://milobs.pt/wp-content/uploads/2018/06/Declaracao-de-Grunwald.pdf. Acesso em: 02 nov. 2021.

65 [✹] Confira a tradução em português da Convenção sobre os Direitos da Criança (CDC) ao acessar o *site* da UNICEF Portugal: https://www.unicef.pt/media/2766/unicef_convenc-a-o_dos_direitos_da_crianca.pdf

66 [✹] FREIRE, Paulo. **Educação como prática da liberdade.** 17. ed. Rio de Janeiro: Paz e Terra, 1979.

67 [✹] Conheça o projeto *Inventar com a Diferença – cinema, educação e direitos humanos*, que busca compartilhar saberes e práticas para que todos aqueles interessados em levar o cinema e os direitos humanos para a educação possam fazê-lo, mesmo que não tenham qualquer experiência com as técnicas cinematográficas ou mesmo com a linguagem audiovisual. Acesse http://www.inventarcomadiferenca.com.br/ ou baixe os cadernos do *Inventar com a Diferença* em https://www.academia.edu/30703627/Cadernos_do_Inventar_com_Diferen%C3%A7a. Vídeos disponíveis em https://vimeo.com/inventarcomadiferenca. Conheça o projeto *Escola Animada*, uma ação de cultura e educação que experimenta a aplicação do audiovisual para uma formação criativa e transformadora de crianças e jovens, em especial, de escolas públicas da Zona da Mata de Minas Gerais. Uma de suas iniciativas é a *Rede Cineclube*, que promoveu instalação de salas de exibição em escolas e centros culturais locais, criando assim um circuito alternativo de democratização do acesso à produção audiovisual nacional. A ação forma público para o cinema brasileiro ampliando o repertório cultural da população da região: www.escolaanimada.org.br

68 [⬣] Pratique os *relaxamentos futuristas* com as crianças por meio de três exercícios, sendo eles: 1) Respiração Profunda; 2) Automassagem nos Olhos; e 3) Visualitação. Disponível em: https://oquequeremosparaomundo.com.br/catalogos-exposicoes/

69 [✹] *Mídia Ninja* é uma rede descentralizada de mídia de esquerda, com atuação em mais de 250 cidades no Brasil. Sua abordagem é conhecida pela militância sociopolítica, declarando-se ser uma alternativa à imprensa tradicional. O grupo ganhou repercussão internacional na transmissão dos protestos no Brasil em 2013. Tive a oportunidade de acompanhar esse movimento nascer, já que estava realizando uma série de oficinas de produção audiovisual colaborativa em eventos nos quais integrantes dessa iniciativa estavam sempre presentes. Acesse https://midianinja.org/.

70 [✈] Conheça o di*ário de bordo* no qual narro a história dessa experiência na oficina realizada na *Casa da Árvore.* Disponível em: https://youtu.be/q7fHxaNE-bA

Piscadas 4 [Quando encontrei seis mundos]: https://oquequeremosparaomundo.com.br/piscadas4

71 [✷] TAGORE, Rabindranath. **A lua crescente**. Tradução de Plácido Barbosa. Rio de Janeiro: Typografia Besnard, 1915.

72 [✷] Leia o artigo *Videoblog em cena: anotações acerca do dispositivo*, disponível em: http://www.intercom.org.br/papers/nacionais/2006/resumos/R0788-1.pdf

73 [►] Você pode assistir ao longa-metragem no link a seguir: https://oquequeremosparaomundo.com.br/filme-educativo/o-que-queremos-para-o-mundo-o-filme/

74 [✈] Confira o histórico da nossa campanha no Catarse: https://www.catarse.me/oquequeremosparaomundo?ref=user_contributed&project_id=2495&project_user_id=643314

75 [►] Assista aos episódios da interprogramação do *Gloob* na *playlist Outros Mundos* no canal de *YouTube* do '*O que queremos para o mundo?*': https://www.youtube.com/watch?v=VdMkCqGBRQg&list=PLLnOVswDTa5c3v9hfLuh9mrhWwOzaLxeV

76 [✷] Matéria publicada pelo jornalista Walter Sebastião no dia 24/01/2016 no jornal *Estado de Minas*. Disponível no *bookpress* do filme '*O que queremos para o mundo?*', em: https://oquequeremosparaomundo.com.br/bookpress-oqpm/

77 [✈] Chegamos a realizar cinco shows com a banda *Pequeno Cidadão*, a banda *Constantina*, também presente em nossa trilha, e a própria *Banda da Casa da Árvore*. Uma experiência *transmídia* sonora, na qual a trilha do filme era tocada ao vivo para o público durante e depois da sessão. Ouça a música *Polifonia Amor* regravada pelo *Pequeno Cidadão* nas versões *completa, instrumental e piano* no menu de *Podcasts e Músicas* do *site* do '*O que queremos para o mundo?*': www.oquequeremosparaomundo.com.br.

78 [✷] Tradução minha do texto em inglês em *HOOKS, Bell.* **Salvation:** Black People and Love. New York: Morrow, 2011, p. 16.

79 [✈] O *Circuito de Exibições Educativas* foi um projeto aprovado por leis de incentivo e patrocinado por empresas que acreditaram que era possível não só produzir um filme para as crianças, mas também cumprir seu propósito de circular de forma educativa pelas telas das escolas públicas de vários estados no Brasil. Desde 2016, passamos a promover sessões educativas do filme '*O que queremos para o mundo?*', sendo ele apenas uma ferramenta para mediação de processos, que estava presente no material pedagógico do filme distribuído para escolas e instituições parceiras. Confira o *bookpress* do filme em: https://oquequeremosparaomundo.com.br/wp-content/uploads/2020/02/Bookpress-OQPM_.pdf

80 [✈] Assista à entrevista realizada em 2016 para a *15ª Mostra de Cinema Infantil de Florianópolis*, um dos festivais em que nosso filme teve pré-estreia: https://www.youtube.com/watch?v=y_odGPfDG6A. Acesso em: 02 nov. 2021.

81 [✹] Acesse o *link* com o decreto do Congresso Nacional pela presidenta Dilma Rousseff, logo quando sancionada a Lei 13.006: http://www.planalto.gov.br/ccivil_03/_Ato2011-2014/2014/Lei/L13006.htm

82 [✈] Em 2017, fui convidado para criar uma aceleração *transmídia* do filme *A Família Dionti* (2016), de Alan Minas, no contexto do Polo Audiovisual da Zona da Mata (www.poloaudiovisual.org.br). Uma experiência incrível por poder viajar à cidade onde nasci e cidades vizinhas para "invadir" as escolas e exibirmos o filme, casado a oficinas nas quais estudantes do ensino básico iriam construir novos filmes curtas-metragens a partir de suas percepções sobre o filme gravado em seus territórios. O projeto resultou em uma plataforma educativa chamada "O mundo da família Dionti", com diversos curtas-metragens e conteúdos educativos. Os 11 curtas-metragens estão disponíveis em: http://www.afamiliadionti.com.br/producao-de-curtas-nas-escolas/

83 [▶] Assista ao depoimento das professoras Ohana e Elizete de como as Tecnologias Audiovisuais de Ensino-Aprendizagem do '*O que queremos para o mundo?*' as auxiliaram em suas mediações audiovisuais em suas escolas. Disponível em: https://vimeo.com/298239237

84 [▶] Assista a Rio de Lamas, um filme em realidade virtual, de Tadeu Jungle, que retrata os sobreviventes da maior tragédia ambiental do Brasil com delicadeza e melancolia: https://www.youtube.com/watch?v=YoG_msiQsKU. Acesso em: 02 nov. 2021.

85 [▶] Assista ao vídeo produzido pelo jornal *Estado de Minas* com os desenhos produzidos pelas 23 crianças participantes do *Circuito de Exibições Educativas*: https://www.youtube.com/watch?v=3KUBWV8vUH0. Acesso em: 02 nov. 2021.

86 [✹] Leia na íntegra a matéria "Projeto leva crianças de Bento Rodrigues a expressar por desenhos seus sonhos e desejos", publicada no dia 27 de novembro de 2016 no link:

https://www.em.com.br/app/noticia/gerais/2016/11/27/interna_gerais,827520/criancas-de-bento-rodrigues-expressam-por-desenhos-seus-sonhos.shtml. Acesso em: 02 nov. 2021.

87 [▶] Assista ao *making of* da exposição multimídia no Centro Cultural dos Correios, em Juiz de Fora (MG): https://www.youtube.com/watch?v=TT5TBlAEgTI&t=72s. E leia a matéria sobre nossa primeira Exposição Multimídia Cubos Mágicos 'O que queremos para o mundo?' no link a seguir: https://globoplay.globo.com/v/4463349/?s=0s. Acesso em: 02 nov. 2021.

88 [▶] Assista ao *making of* da exposição multimídia no Museu das Minas e do Metal, em Belo Horizonte (MG). Disponível em: https://www.youtube.com/watch?v=mHsATo774_k&feature=emb_title. Acesso em: 02 nov. 2021.

89 [▶] Assista ao *making of* da exposição multimídia *Estúdio Casa da Árvore* em: https://youtu.be/LvQ9OUJ7yl8

90 [▶] Assista ao episódio "O lugar da fala", que registra a exposição multimídia "Estúdio Casa da Árvore" em Cuiabá. Disponível em: https://youtu.be/c7dZIUFY0nk

91 [►] Conheça os catálogos das Exposições Multimídias do '*O que queremos para o mundo?*', disponíveis em: https://oquequeremosparaomundo.com.br/catalogos-exposicoes/

92 [✷] Confira o Manual de Orientação do Departamento de Adolescência da Sociedade Brasileira de Pediatria. Disponível em: https://www.sbp.com.br/fileadmin/user_upload/2016/11/19166d-MOrient-Saude-Crian-e-Adolesc.pdf. Acesso em: 02 nov. 2021.

93 [✈] Uma equipe interdisciplinar foi formada para pensar o *Jogo dos Mundos,* incluindo eu, as educadoras Bruna Carvalho e Isa Terezinha Rodrigues; o professor e designer Claudio Santos; as arteterapeutas Juliana Guerra Motta e Maria Lourdes Maciel; o escritor Ailton Krenak; o desenvolvedor de jogos cooperativos Claudio Casaccia; a neurocientista Juliana Tavares; os roteiristas Vitor Drumond, Vinicius Cabral, Laura Barile e Alan Minas; o brincante Roquinho; o artista multimídia João Pedro Schneider e as produtoras Joana Braga e Daniela Vitorino.

94 [●] Leia mais no *Inventário dos Pequenos Futuristas - Volume 1* ou baixe gratuitamente o *Jogo dos Mundos* em seu celular acessando a Play Store ou a Apple Store. Inventário: https://oquequeremosparaomundo.com.br/catalogos-exposicoes/

95 [●] Convido-os a conhecerem mais a fundo os seis mundos do *Jogo dos Mundos* e quais são suas cartas a partir da página 47 do *Inventário dos Pequenos Futuristas - Volume 1.* Aproveite para apresentá-los às crianças e conversarem sobre as cartas presentes nessa publicação. Disponível em: https://oquequeremosparaomundo.com.br/catalogos-exposicoes/

96 [●] As "cartas-inspirações" dos mundos como *Dentro de Mim, Sonhos, Aqui e Agora* e *Txai* do *Jogo dos Mundos* podem ser lidas no *Inventário dos Pequenos Futuristas - Volume 1.* Disponível em: https://oquequeremosparaomundo.com.br/catalogos-exposicoes/

97 [✷] Essa discussão foi realizada pelos autores Fernanda Valim Côrtes Miguel e Igor Amin Ataídes em um artigo inédito intitulado *Hackeando as estruturas: crítica feminista e prática democrática.* In: *Rematec - Revista de Matemática, Ensino e Cultura.* Número temático: Espero tua re(volta): a tessitura de outras escolas e de escolas outras, 2020. Disponível em: http://www.rematec.net.br/index.php/rematec/article/view/225. Acesso em: 02 nov. 2021.

98 [►] Assista a algumas reflexões de Marcus Bussey, Professor Doutor da Universidade de Sunshine Coast, Austrália. O conteúdo foi gravado durante sua passagem pelo "III Fórum *O que queremos para o mundo?* de Educação Audiovisual e Pedagogias Emergentes". O evento foi realizado nos dias 21 a 23 de novembro de 2019, na Escola Estadual Mestra Virgínia Reis, em São Gonçalo do Rio das Pedras (Serro-MG). Disponível em: https://oquequeremosparaomundo.com.br/3forumoqpm/

99 [✷] Tradução minha do trecho em inglês: "Hackers create the possibility of new things entering the world. Not always great things, or even good things, but new things. In art,

in science, in philosophy and culture, in any production of knowledge where data can be gathered, where information can be extracted from it, and where in that information new possibilities for the world produced, there are hackers hacking the new out of the old" (WARK, 2004, p. 4).

100 [►] Conheça no episódio "O contexto da Escola", da *websérie Luzcamerização do Olhar*, o trabalho de nossas professoras-mediadoras Zirlene e Sirlene na escola que trabalhavam em Cuiabá (MT). Disponível em: https://youtu.be/JBk8VMQbcL8

101 [►] Matéria "Levante de Soweto: um dia para não esquecer" no *site* do Movimento dos Trabalhadores Rurais Sem Terra - MST. Disponível em: https://mst.org.br/2020/06/16/levante-de-soweto-um-dia-para-nao-esquecer/. Acesso em: 02 nov. 2021.

102 [►] Assista a alguns conteúdos gravados em Angola em: https://oquequeremosparaomundo.com.br/angola/

103 [►] Assista ao episódio 1 do *making of* do *Estúdio Casa da Árvore* em Cataguases (MG): https://www.youtube.com/watch?v=LvQ9OUJ7yl8&t=125s

104 [⬢] Registro da invenção do aplicativo "Tempo para natureza" nas páginas 32 e 33 do *Inventário dos Pequenos Futuristas - Volume 1.* Disponível em: https://oquequeremosparaomundo.com.br/catalogos-exposicoes/

105 [►] Assista ao *making of* da nossa intervenção com o '*O que queremos para o mundo?*' no Dia das Crianças, 12 de outubro de 2018, no Shopping Goiabeiras: https://vimeo.com/296082582

106 [►] Assista à resposta de Larissa Emerich Linhares (7 anos) à pergunta '*O que queremos para o mundo?*' no *Estúdio Casa da Árvore*, em Cuiabá (MT). Disponível em: https://vimeo.com/295642394.

Piscadas 5 [Por um mundo das telas amigáveis]: https://oquequeremosparaomundo.com.br/piscadas5

107 [✹] SARKAR, P. R. **Pensamentos de P. R. Sarkar.** Seleção de textos: Áv. Ánandamitrá Ác.; Tradução: Naviin (Niels Nikolaj Gudme), Maniisha, Rochaná e Mayajiita. 3. ed. Brasília: Editora Ananda Marga Yoga e Meditação, 2011. p. 247.

108 [✹] A Educação Neo-humanista foi proferida pelo filósofo e ativista indiano Prabhat Ranjan Sarkar em 1982, como uma proposta consistente para a reinvenção da sociedade. O Neo-humanismo, como uma filosofia, vai além de um método educativo. Ele inclui uma sistematização pedagógica experimentada e vivenciada em escolas neo-humanistas ao redor de todo o mundo. Além de atender às necessidades psíquicas e físicas dos seres humanos e combater as injustiças sociais, oferece uma abordagem viável e prática para uma sociedade dinâmica conectada por uma espiritualidade além dos dogmas. A Educação Neo-humanista reconhece, sobretudo, a importância da aprendizagem

baseada no respeito e no amor a todos os seres vivos. Ela expande a filosofia implícita no humanismo para abranger com amor toda a criação e compreender a inter-relação de todas as coisas. As crianças são estimuladas para que aprofundem e estendam sua preocupação não somente para o bem-estar dos seres humanos, mas também para o de outros seres vivos, a exemplo das plantas e dos animais. São estimuladas a verem o universo integrado, com todos os fenômenos correlacionados e interdependentes. Existem dez princípios que norteiam todo trabalho: 1. Despertar a sede pelo conhecimento e o desenvolvimento de toda a personalidade humana; 2. Educação baseada na ética; 3. O despertar da consciência espiritual; 4. Enfoque integrador da aprendizagem; 5. Cultivo da estética em todas as disciplinas; 6. Valorização da cultura própria e da de outros lugares; 7. Uma nova consciência do meio ambiente; 8. O educador como exemplo; 9. O espírito do serviço; 10. Expansão da consciência social e do sentido de justiça. Conheça a pesquisa "Educação Neo-Humanista: ensaio para uma futura humanidade", de Carla Cristiane Sacramento Costa. Disponível em: https://bdm.unb.br/bitstream/10483/18604/1/2015_CarlaCristianeSacramentoCosta.pdf. Acesso em: 02 nov. 2021.

109 [✷] Tradução minha do texto em inglês de bell hooks (2000, p. 19): "There can be no love without justice. Until we live in a culture that not only respects but also upholds basic civil rights for children, most children will not know love. In our culture the private family dwelling is the one institutionalized sphere of power that can easily be autocratic and fascistic. [...]Unlike women who can organize to protest sexist domination, demanding both equal rights and justice, children can only rely on well- meaning adults to assist them if they are being exploited and oppressed in the home".

110 [✈] Foi em um dia ensolarado de verão, no dia 16 de novembro de 2019, e sem muita coisa para fazer em São Gonçalo do Rio das Pedras (Serro-MG), que produzi com as duas grandes amigas Maia (4 anos) e Luna (5 anos) o micrometragem "A Menina Robô". O filminho possui 1 minuto e 30 segundos e tem a seguinte sinopse: "Maia e Luna brincam de fazer filme ao narrarem a história de uma menina robô que projetou o rio das pedras." A experiência de brincar de fazer filmes é algo mágico, pois ela precisa substituir o brincar por um tempo de experiência com as telas. O ato de fazer um filme, editá-lo, assistirmos com as crianças e suas famílias torna-se um ritual muito especial para todas e todos envolvidos. Tudo isso surgiu em um momento em que as duas meninas estavam brincando e me viram trabalhando no computador. O irmão de Luna havia feito uma fantasia de robô para ela brincar, porém meu computador chamou mais sua atenção, e desejava junto à Maia assistirem a um desenho animado. Perguntei a elas se gostariam de fazer seu próprio filme e elas aceitaram o convite. Começamos então a articular, a partir da escuta delas, as possibilidades de construção de uma narrativa. Gosto muito desse exemplo, pois ele integra a relação entre infância, tecnologia e natureza a partir de uma experiência de *brincar de fazer filmes*, na qual deixei de ser um diretor e pude exercitar minhas práticas de medi(t)ação audiovisual com as crianças. Disponível em: https://youtu.be/DBY_M_rpIvw

111 [●] Conheça mais quem faz parte da *Comunidade de Educadores e Educadoras Audiovisuais*. Disponível em nosso site: www.oquequeremosparaomundo.com.br/sobre-nos

Piscadas 6 [Faça uma doação ao Fundo de Bem com a Tela]: https://oquequeremosparaomundo.com.br/fundo

112 [►]Assista ao episódio educativo "Castelos de Areia" da *websérie* "Em busca das telas amigáveis": https://www.youtube.com/watch?v=-Xdl8SK-W9k

113 [►] Assista ao episódio educativo "4 dimensões das telas amigáveis" da *websérie* "Em busca das telas amigáveis": https://www.youtube.com/watch?v=NkiJvNFcLvU

114 [●] Acesse todos os conteúdos do "Programa de Formação em Educação Audiovisual para Escolas Públicas – Telas Amigáveis 2021": www.oquequeremosparaomundo.com.br/telasamigaveis2021

115 [►] Assista ao longa-metragem "Em busca das telas amigáveis": https://www.oquequeremosparaomundo.com.br/embuscadastelasamigaveis

116 [●] Se você gostou deste livro e acredita nas experiências narradas por ele, não deixe de contribuir para o *Fundo de Bem com a Tela*, criado a partir da iniciativa '*O que queremos para o mundo?*'. É com ele que criamos nossa sustentabilidade financeira para manter a *Comunidade de Educadores e Educadoras Audiovisuais* ativa junto às crianças. Acesse http://www.oquequeremosparaomundo.com.br/fundo e faça sua doação de coração. Não deixe de espalhar essa ideia para todo mundo.